이주로 본 인천의 변화

인천학연구총서 41

이주로 본 인천의 변화

이영민·이호상·손승호·안종천·윤현위

보고사
BOGOSA

머리말

　인천은 참으로 흥미로운 도시이다. 인천은 현재 약 300만의 인구를 수용하여 인구 규모면에서 서울과 부산에 이은 3번째의 도시가 되었다. 그 폭발적인 인구 증가의 속도는, 비록 2000년대 들어서면서 추세가 약화되긴 했지만, 전국 대도시들 중 가장 빨랐다. 제물포라 불리던 한적한 어촌이 불과 백여 년 만에 세계도시와 어깨를 나란히 할 만큼 인구는 빠르게 성장했고, 도시 기능과 경관은 천지개벽을 이루었다. 그런데 필자가 흥미롭다고 한 이유는 인천의 인구가 그처럼 빨리 성장했기 때문만이 아니며, 한국의 그 어느 도시보다도 인구 구성에 있어서 '다문화'적이라는 점, 그러한 '다문화' 특성이 아예 처음부터 태생적으로 이루어졌다는 점 때문이다.

　우리는 흔히 '다문화'라는 용어를 다양한 국적의 해외 이주자들이 많은 비중을 차지하여 문화의 다양화, 혼종화가 일어나고 있는 상황에 적용하여 사용하는 경향이 있다. 그런데 용어 자체의 의미 그대로를 생각해보면, 특정 도시가 '다문화'적이라는 말은 비단 해외 이주자들뿐만 아니라 국내의 다른 지역 출신의 이주자들이 함께 어우러져 있는 상황을 동시에 의미한다. 해외건 국내건 상관없이 서로 다른 지역으로부터 이주해 온 사람들은 자신의 기원지에 뿌리를 두고 있는 문화를 그대로 지닌 채 새로운 정착지에서 살아가기 마련이다. 이러한 과정에서 자신의 문화를 다른 사람들의 문화와 혼합시키면서 새로운 혼종의 문화를 만들어가는 일은 아주 자연스러운 현상인 것이다.

　개항기 이후 근대도시 인천의 성장 과정은, 인구의 측면에서 다양한 문화적 배경의 이주민들이 끊임없이 유입되는 과정이었고, 문화의 측면에서 이들의 다양한 문화들이 공존하면서 문화 접변과 갈등, 그리고 문화 혼종화가 이루어지는 과정이었다. 조선시대까지의 인천의 중심지였던 인천도호부와 부평도호부에 포함되어 살아왔던 진정한 의미의 인천 토박이에 더하여 개항과 더불어 인천으로 밀어닥친 일본인, 중국인, 서양인 이주자들은 자신들의 주거지를 분화시켜가면서 근대도시 인천에 다문화의 씨앗을 뿌렸다. 해방과 한국전쟁의 소용돌이 속에서 새로운 정착지를 찾아 남하했던 황해도를 비롯한 이북 출신 피난민들 역시 궁핍한 달동네에 집적하여 고단한 삶을 이어가면서 인천문화의 혼종화에 일조를 하였다.

　1970년대 이후 한국의 산업화를 선도했던 인천의 고용 증가는 국내 각 지역의 이촌향도 이주민들을 대규모로 끌어들였다. 배를 타고, 기차나 버스를 타고 인천으로 밀려든 다양한 문화적 배경의 국내 이주민들은, 이미 싹을 틔우고 있었던 인천의 다문화적 환경을 더욱 복잡하게 만들었다. 계속해서 1990년대 이후 인천의 산업화는 글로벌 스케일로 확장되었는데, 이러한 세계화 시대를 맞이하여 다양한 국적의 외국인 이주자들이 유입되고 있다. 전통적 제조업에 고용된 제3세계 출신 이주자들은 물론이고, 탈산업도시를 표방하는 송도나 청라의 신도시에는 선진국 출신 이주자들도 증가하고 있다. 한편, 중국과 중앙아시아, 그리고 북한으로부터 새로운 기회를 찾아 유입된 한국계 해외 이주민들과 새터민들도 증가하고 있다. 이렇게 과거 약 1백 년 간의 이주자들의 유입은 각 시기별로 서로 다른 집단들에 의해 각기 독특한 배경을 안고 순차적으로 이루어졌다. 이들 모두는 상이한 문화적 배경을 가진 경계 바깥에 머물러야 하는 존재들, 즉 일종의 '뜨내기'가 아니라, 오늘날의 다채로운 인천문화를 만들어가고 있는 경계 안쪽의 중요한 실천적 주체들, 즉 인천을 인천답게 만들어가는 훌륭한 '자산'인 것이다.

인천을 한때 관문도시로 부르던 시절이 있었다. 중고등학교 지리 교과서에도 등장했던 이 용어는 대단히 서울 중심적인 용어로 오랫동안 사용되었다. 인천의 위상을 축소시킨다는 주장과 함께 일부 비관론자들은 이를 서울로 이어지는 징검다리 같은 도시, 그래서 잠시 머물러가는 도시, 그래서 주인의식이 없는 사람들이 살고 있는 도시라고 다소 냉소적으로 해석하곤 하였다. 그런데 똑같은 대상이나 용어를 다른 관점에서 생각해 본다면, 전혀 다른 해석이 나오게 된다. 관문도시란 지리적 성격이 서로 다른 지역들 사이에 발달한다. 서로 다른 양 지역의 중간에 위치하여 양 지역 간 상호보완성이 형성된다면, 이 중간의 관문도시를 통해 교류가 이루어지게 된다. 양 지역의 경제가 교류하고 문화가 소통하는, 일종의 전이성(liminality)을 띤 도시로서 자리매김하게 된다. 과거 식민제국주의 시대에는 이 관문도시가, 식민지 모국이 식민지를 지배하고 착취하기 위한 전진기지로서의 역할을 충실히 수행하였다.

그러나 근대화 이후 교통기술의 발달에 의한 시공 압축 현상이 진행되고, 신자유주의 이념이 지배하게 된 새로운 국제질서가 형성되면서 인천과 같은 관문도시는 기능적인 면에서 새로운 위상을 부여받게 된다. 민족국가 중심의 국가 간 교류가 주류를 이루었던 산업화, 국제화(internationalization) 시대의 관문도시는 일방적인 소통이 진행되는 거쳐 가는 도시, 징검다리 도시, 적환 도시 등의 성격을 갖지만, 탈영토화가 진행되는 세계화(globalization), 후기산업화 시대의 관문도시는 다양한 소통을 관장하는 중심 도시, 허브 도시, 혼합과 창조의 도시로 기능할 것을 요구한다. 이에 맞물려 관문도시의 문화 특성도 재개념화되어야 한다. 인천은 다양한 문화적 배경을 지닌 국내외의 이주자들로 구성된 다문화적 관문도시이고, 이러한 도시의 문화 특성이 혼종성(hybridity)과 개방성(openness)을 바탕으로 하여 꽃을 피울 수 있다고 보는 데는 이의가 없으리라고 본다. 그러나 그러한 기본적 문화 특성이 과거에는 뜨내기 문화, 흘러가는 문화, 무장소성(placelessness)의 문화로서 도시공간상에 구현되었다면, 이제 새로운 시대에는 섞임의 문화, 창조의 문화, 뿌리내림(embeddedness)의 문화로서 구현되어야 할 것이다.

이 연구는 이러한 정치경제적 국제 환경의 변화에 따른 인천의 사회문화적 특성, 요컨대 인천성(仁川性)을 다문화성, 문화 혼종성, 개방성이라고 규정하고, 그 근본적 씨앗으로서 태생적 특성이라고 할 수 있는 과거 1백여 년 동안의 국내외 이주자들의 이주와 정착 현상을 종합적으로 살펴보고자 하였다. 인천의 이주 현상과 다문화적 특성에 대해서는 여러 학문 분야에서 직, 간접적인 다양한 주제를 설정하여 계속해서 연구가 진행되어 왔다. 과거 개항기와 일제강점기 동안의 인천의 인구 규모와 분포, 그리고 주거지 분화와 관련한 연구들과 산업화 시대와 세계화 시대의 국내 및 국제 이주자들의 유입과 산업구조의 변화에 대한 연구들은 다양한 주제로 세분되어 풍성하게 축적되어 왔다. 그런데 인천으로의 이주와 정착 현상에만 오롯이 초점을 맞춘 종합적이고 체계적인 연구, 특히 단편적인 논문의 수준이 아니라 시대적 연결성과 누적성에 초점을 맞춘 장편적인 단행본 수준의 연구는 아쉽게도 아직 이루어지지 않은 듯하다. 이는 필자들이 의기투합하여 이 책을 집필하기로 합의한 결정적인 이유였다.

5명으로 구성된 필자들은 모두 도시 공간을 연구대상으로 삼아 인문지리학적 연구를 진행하고 있는 학자들이다. 이들은 인문지리학 내에서의 세부 전공 분야에 있어서 문화지리학, 경제지리학, 도시지리학 등 각기 달랐는데, 이러한 다양성은 정량적인 통계 분석 작업을 엄밀하게 진행하면서 동시에 정성적인 문화 이해의 작업을 보완적으로 진행하는 데에도 도움을 주었다. 또한 이들의 출신지역도 각기 달랐다는데, 인천에서 나고 자라 현재에도 인천에 거주하며 연구를 하고 있는 학자가 있는가 하면, 인천에서 나고 자랐지만 인천을 떠나 인천 연구를 하고 있는 학자도 있고, 외지에서 나고 자란 후 직장 생활을 인천에서 처음 시작한 학자, 그리고 외지에서 나고 자랐고 현재에도 인천 밖에 거주하지만 인천을 연구하는 학자도 있다. 이러한 필진의 다양성 역시 연구의 상호보완성과 전체적인 완성도를 높이는데 도움을 주었다. 이처럼 이 연구의 필자 구성을 통해서도 인천이라는 도시가 지닌 태생적 다양성과 혼종성이 그대로 드러나고 있다는 점은 흥미로운 대목이다. 학문적으로나 지역적으로 다양한 배경의 학자들이 모여, 때로는 내부자의 관점에서, 때로는 외부자의 관점에서 인천을 바라보는 작업은 서로에게 상호보완적인 도움을 주면서 완성도를 높여나가는데 크게 기여하였다.

본서의 필자들이 인천의 이주 현상을 시대 순에 따라 종합적이고 체계적으로 연구해보자고 의기투합할 수 있었던 것은 인천학연구원의 저서지원사업 때문이라고 해도 과언이 아니다. 단편 논문에 대한 지원이 아니라 장편의 저서에 대한 지원사업이었기에 필자들이 평소에 가지고 있었지만 감히 시도해보지는 못했던 지난 1백여 년 간의 인천의 이주 현상에 대한 종합적이고 체계적인 분석 작업을 구체화시킬 수 있었다. 이 자리를 빌려 인천학연구원에 감사의 마음을 전하며, 특히 이 연구의 방향을 저서지원사업에 맞게 제시해주시고 격려해주신 남동걸 상임위원님께 감사의 마음을 전하고 싶다. 이 연구서가 부디 훌륭한 인천학연구총서에 추가되어 많은 이들에게 참고가 되고, 더 나아가 많은 후속적인 연구에 자극이 될 수 있기를 바라는 마음이다. 필자들은 이 연구서의 내용에 대해 많은 비판적 견해를 기꺼이 수용하여 논의하고자 하며, 그러한 비판과 논의가 더 훌륭한 인천연구로 발전될 수 있다면 더 바랄 나위가 없다고 생각한다. 필자들은 앞으로도 계속해서 애정 어린 마음으로 후속적인 인천 연구를 진행해나가면서 그러한 작업에 동참할 것이다.

2019년 1월 28일
필자들을 대신하여 이영민 씀

목차

머리말 / 5
표 목차 / 16
그림 목차 / 19

제1장 들어가면서

1. 연구목적 및 필요성 ·· 21

2. 연구 방법 ·· 24

3. 연구내용 ·· 26

제2장 인천 이주 연구의 이론적 기초

1. 이주란 무엇인가? ·· 31

2. 사람들은 왜, 어떻게 이주하는가? ·· 39

3. 글로벌화의 진전과 국제이주현상의 확산 ······························ 45

4. 국제이주의 원인과 과정 ··· 51

5. 다문화도시 인천은 어떻게 형성되고 있는가?
   뜨내기성에서 혼종성으로 ··· 58

제3장 근대도시 인천의 태동

개항기 인구 변화

1. 개항 직전 인천으로의 이주 ·············· 62

   1) 공간적 범위 ·············· 62

   2) 인구 현황 및 특성 ·············· 64

   3) 고지도로 본 인천 ·············· 69

2. 개항 이후 인천으로의 이주 ·············· 72

   1) 국내 문헌으로 본 인구 변화 ·············· 72

   2) 일본 문헌으로 본 인구 변화 ·············· 76

   3) 국내 문헌과 일본 문헌의 비교로 본 인구 변화와
      인천 중심부 형성 ·············· 86

3. 맺음말 ·············· 93

제4장 근대도시 인천의 성장

일제강점기 인구 변화

1. 일제강점기 인천의 인구 추이와 행정구역 변화 ·············· 96

   1) 인구 추이 ·············· 96

   2) 행정구역 변화 ·············· 99

   3) 일제 강점 초기의 인구 분포 ·············· 100

2. 인구 피라미드 및 인구 특성 ·············· 102

   1) 인구 피라미드 ·············· 102

   2) 성비 ·············· 107

  3) 국적별 인구구성 ································ 108

  4) 출생지별 인구구성 ······························ 114

  5) 가구당 인구규모 ······························ 116

 3. 맺음말 ·· 118

제5장 일본인과 중국인 이주자의 주거공간 형성

 1. 들어가는 말 ································ 121

 2. 외국인 이주자의 영역화 ························ 125

 3. 일제강점기 일본인과 중국인의 주거지 분화 ········ 129

  1) 조계 설정과 인구 증가 ···················· 129

  2) 일본인과 중국인의 주거지 분화 ············ 135

 4. 2000년대 외국인 이주자의 주거지 분화 ·········· 142

  1) 주거공간 분리에 대한 진단 ················ 142

  2) 중국 국적의 영역화 ······················ 147

 5. 맺음말 ·· 152

제6장 한국의 산업화를 선도한 인천
이촌향도에 따른 내국인 노동자의 유입

 1. 인천의 산업화와 주요 공장들 ················ 155

 2. 1960~1980년 인천의 인구변화와 이주 ·········· 164

3. 인천에는 왜 충청도 사람들이 많을까? ····················· 170

제7장 근현대의 통계 자료를 통해 본 인천 이주자의 특징

1. 인천의 인구 증가와 이주자 ····························· 185

   1) 주변 지역을 편입하면서 확장된 행정구역 ···················· 185

   2) 매우 빠르게 증가한 인천의 인구 ···························· 188

   3) 인구 증가에 크게 기여한 이주자 ···························· 192

2. 인천시민은 어디에서 태어난 사람인가? ···················· 198

   1) 경기도 출생이 많았던 1930년대 ···························· 200

   2) 현대에 점진적으로 증가하는 인천 출생자 ···················· 208

3. 인천으로 이주한 사람은 어디에서 왔나? ···················· 213

   1) 1980년대 이주자 ···································· 214

   2) 1990년대 이주자 ···································· 218

   3) 2000년대 이주자 ···································· 220

   4) 2010년대 이주자 ···································· 223

   5) 이주자의 출발지 분포 변화 ····························· 225

4. 맺음말 ·· 228

제8장 인천으로 이주한 사람들의 정착지는?

1. 인천 이주자의 정착지 변화 ····························· 233

   1) 전통적 도착지인 부평구의 비중 약화 ························ 233

   2) 각 지방에서 인천의 어느 곳으로 많이 이주했나? ·············· 238

2. 인천 이주자의 정착지 및 출발지 분포의 유사성 ········255

3. 인천으로의 이주 동인 ·····················263

4. 맺음말 ·······························265

참고문헌 / 267
찾아보기 / 274

표 목차

표 2-1. 이주의 유형과 구분 ·· 35

표 2-2. 과거의 이주와 현대의 트랜스이주의 차이 ························· 50

표 3-1. 인천부읍지에 기록된 인천의 공간적 범위 ························· 63

표 3-2. 개항 전후 인천의 인구 현황 ····································· 65

표 3-3. 1759년경 인천의 지역별 인구 분포 ······························· 67

표 3-4. 개항기 전후 인천의 결총(전답) ··································· 68

표 3-5. 우리나라 주요 기관에서 제시한 개항기 인천의 인구 현황 ····· 73

표 3-6. 개항기 일본 주요 문헌에 기록된 인천의 인구규모 ·············· 78

표 3-7. 개항기 인천의 국가별 인구구성 ··································· 83

표 3-8. 개항기 국가별 가구수 및 가구당 인구수 ························· 85

표 3-9. 한국과 일본의 주요 문헌에서 제시한 인천의 인구 비교 ······· 87

표 4-1. 주요 문헌별 인구규모 비교 ······································· 98

표 4-2. 일제강점기 인천의 면적변화 ······································ 100

표 4-3. 일제 강점 초기 주요 문헌에서 제시한 인천의
        국적별 인구 현황 비교 ·· 102

표 4-4. 인천의 성비(1932~1944) ·· 108

표 4-5. 일제강점기 인천의 국적별 인구구성 ······························ 109

표 4-6. 인천의 국적별·연령별 인구구성(1930년) ······················· 112

표 4-7. 인천의 국적별·연령별 인구구성(1935년) ······················· 113

표 4-8. 출생지별 인구 규모(1930년) ······································ 115

표 4-9. 일제강점기의 국적별 가구당 인구수 규모 ······················· 117

표 5-1. 일제강점기 인천의 일본인과 중국인 규모의 변화 ·············· 133

표 5-2. 국적별 상이지수와 상관계수 ······································ 138

표 5-3. 인천의 등록 외국인 인구규모 변화 ······························ 142

표 5-4. 인천시 군·구별 중국 국적과 일본 국적의 특화도와 밀집도
(2015년 기준) ·· 144
표 5-5. 한국계와 비한국계 중국 국적의 분포 변화 ······························ 151
표 6-1. 1950-1960년대 인천의 불하 사업체 ······································· 157
표 6-2. 1960-1980년 인천의 인구변화 ·· 165
표 6-3. 1963년 인천시 구별 인구유동 현황(전입) ····························· 167
표 6-4. 1967년 인천시 구별 인구유동 현황(전입) ····························· 168
표 6-5. 1963년 충남에서 인천으로 전입한 인구가 정착한
상위 10개 행정동 ·· 171
표 6-6. 인천 거주자 중 충남 본적자의 지역별 분포 ························· 172
표 6-7. 인천의 출생지별 인구구성(1985) ··· 173
표 6-8. 충남의 시도별 유입·유출인구 비율 ······································· 175
표 6-9. 1960년대 인천의 시외버스 노선 ·· 178
표 6-10. 충남에서 인천으로 이주한 이유 ·· 179
표 7-1. 인천광역시를 구성하는 지역의 행정구역 변화 ····················· 186
표 7-2. 현재 인천광역시에 포함되는 지역의 인구규모 변화 ············ 189
표 7-3. 우리나라 대도시의 인구성장률(1960-2015년) ····················· 191
표 7-4. 연도별 사회적 인구 증감과 자연적 인구 증감 ····················· 193
표 7-5. 경기도 이외 지방 출생자의 출생지 분포(1930년) ··············· 202
표 7-6. 인천시 인구의 출생지 변화 ·· 209
표 7-7. 1980년대 인천으로 이주해온 사람들의 출발지 분포 ··········· 215
표 7-8. 1990년대 인천으로 이주해온 사람들의 출발지 분포 ··········· 219
표 7-9. 2000년대 인천으로 이주해온 사람들의 출발지 분포 ··········· 221
표 7-10. 2010년대 인천으로 이주해온 사람들의 출발지 분포 ··········· 224
표 8-1. 인천 전입자의 도착지 분포 변화 ·· 234
표 8-2. 경기도에서 온 이주자의 도착지 순위 변화 ··························· 239
표 8-3. 서울특별시에서 온 이주자의 도착지 순위 변화 ··················· 240
표 8-4. 충청남도에서 온 이주자의 도착지 순위 변화 ······················· 242

표 8-5. 강원도에서 온 이주자의 도착지 순위 변화 ·····················243
표 8-6. 전라북도에서 온 이주자의 도착지 순위 변화 ·····················244
표 8-7. 경상북도에서 온 이주자의 도착지 순위 변화 ·····················245
표 8-8. 전라남도에서 온 이주자의 도착지 순위 변화 ·····················246
표 8-9. 충청북도에서 온 이주자의 도착지 순위 변화 ·····················247
표 8-10. 경상남도에서 온 이주자의 도착지 순위 변화 ·····················248
표 8-11. 부산광역시에서 온 이주자의 도착지 순위 변화 ··················249
표 8-12. 대전광역시에서 온 이주자의 도착지 순위 변화 ··················250
표 8-13. 광주광역시에서 온 이주자의 도착지 순위 변화 ··················251
표 8-14. 대구광역시에서 온 이주자의 도착지 순위 변화 ··················252
표 8-15. 제주특별자치도에서 온 이주자의 도착지 순위 변화 ··········253
표 8-16. 울산광역시에서 온 이주자의 도착지 순위 변화 ················254
표 8-17. 세종특별자치시에서 온 이주자의 도착지 순위 변화 ··········255
표 8-18. 인천으로 이주한 사람들의 출발지-정착지별 평균 순위 ·····257
표 8-19. 다른 시도에서 인천으로 이주한 이유 ·····························264

그림 목차

그림 2–1. 배출–흡인 모형 ·· 40

그림 3–1. 동여도상의 인천 ·· 70

그림 3–2. 대동여지도상의 인천 ··· 70

그림 3–3. 인천부지도 ··· 71

그림 3–4. 일본 내각 관보에 게재된 인천에 거주하는
일본인 호구 정보 ·· 81

그림 3–5. 개항기 인천의 인구변화 ···································· 82

그림 3–6. 조선인천제물포각국조계지도 ···························· 90

그림 3–7. 인천항시가전도(1902년) ··································· 92

그림 4–1. 일제강점기 인천의 인구변화 ···························· 98

그림 4–2. 일제강점기 인천의 인구 피라미드1 ··············· 104

그림 4–3. 일제강점기 인천의 인구 피라미드2 ··············· 105

그림 5–1. 외형으로만 남아 있는 일본인 주거지 ············· 123

그림 5–2. 1895년 제물포의 외국인 조계 ······················· 130

그림 5–3. 각국 조계 표지석 ··· 131

그림 5–4. 삼리채 일대의 청국 조계 예정지 ··················· 134

그림 5–5. 인천 개항장 일대의 일본 국적과 중국 국적의 분포(1932년)
·· 136

그림 5–6. 일제강점기의 청국조계 ···································· 137

그림 5–7. 현대의 차이나타운 ·· 137

그림 5–8. 일본 국적과 중국 국적의 비중 차이(1932년) ········· 141

그림 5–9. 인천시 중국 국적 외국인의 분포 변화 ··············· 148

그림 6–1. 인천 주요 공장들의 위치 ································· 156

그림 6–2. 대한제분 전경 ··· 158

그림 6-3. 대성목재 전경 ···································· 159

그림 6-4. 인천제철 제1공장 준공식(1970년) ··············· 161

그림 6-5. 부평국가산업단지 위치 ······················· 162

그림 6-6. 주안국가산업단지 및 인천지방산업단지 위치 ········· 163

그림 6-7. 1963년 인천 지형노 ·························· 164

그림 6-8. 1967년 인천의 인구유동 ······················ 169

그림 6-9. 1920년 당시 오도항의 전경 ··················· 174

그림 6-10. 충남에서 인천시로 이주할 때 이용한 주요 항구 ······ 176

그림 6-11. 인천제철 충청향우회 홈페이지 ················· 183

그림 7-1. 농촌으로 이주하는 영세민 지원 기사 ············· 195

그림 7-2. 일제강점기 인천과 주변 항구를 연결하던 항로 ······· 204

그림 7-3. 1930년 인천 거주자의 인구 피라미드 ············· 205

그림 7-4. 인천 이주자의 출발지 순위 변화(1981-2017년) ········ 227

그림 8-1. 인천 이주자 정착지 분포의 유사성 ·············· 258

그림 8-2. 인천 이주자 출발지 분포의 유사성 ·············· 260

제1장

들어가면서

1. 연구목적 및 필요성

인천은 2016년도에 주민등록인구 기준으로 인구규모가 300만 명을 넘어섰다. 모든 거대도시의 인구성장은 자연적 증가 외에 사회적 증가의 요인이 크게 작용하는바, 인천의 급속한 인구 성장 역시 사회적 증가, 즉 이주(移住)에 의한 증가가 크게 작용한 결과라고 할 수 있다. 20세기를 전후로 한 시기부터 시작된 인천으로의 폭발적인 인구 유입은 지난 세기 내내 지속되었고, 이와 맞물려 도시의 행정구역도 크게 확대되고 분화되어왔다. 유입인구의 질적인 측면에 있어서도 인천은 국내 외 각처로부터 이주해 온 사람들의 비중이 한국의 다른 대도시에 비해 훨씬 크며, 따라서 이들이 인천이라는 도시 공간 내에 함께 거주하게 됨으로써 문화적 다양성과 혼종성의 정도도 매우 큰 특성을 보이고 있다.

이러한 상황과 관련하여 그동안 지역학이라는 연구범주 내에서 인천에 관한 많은 연구가 진행되었으나, 대부분의 연구가 정치·경제·역사적인 측면에서 진행된 반면, 이주의 측면에서 지역을 체계적으로 다룬 연구는 부족한 편이었다. 본 연구는 이에 착목하여 구한말부터 현재에 이르기까지 시대별로 인천으로의 인구 유입과 정착의 양상을 체계적으로 살펴봄으로써 인천의 도시 형성과정을 파악하고 인천성(仁川性)의 토대를 이해하는 것을 기본적인 목적으로 삼았다. 요컨대 인천의 도시형성과 인천성의 토대를 이주라는 개념을 통해서 살펴보려는 것이다. 시대별 이주의 큰 흐름을 파악한다면 인천의 도시사회적 특성과 지역정체성을 규명하는데 기여할 수 있으리라는 판단 때문이다.

개념적인 측면에서 이주는 이민이나 이사와 같이 법적 지위의 변화를 수반하는 공식적인 이동뿐만 아니라 일시적인 이주, 외국인 노동이주 등의 비공적인 부분까지를 모두 포함하는 포괄적인 개념이다. 도시로 유입된 이주 인구는 각기 다른 기원지를 가지고 있고, 그 기원지에 뿌리를 둔 사회문화적 특성을 그대로 유지하면서 새로운 정착지에 적응하면서 살아가기 마련이다. 이주 현상은 과거만의 현상이 아니라 현재에도 진행되고 있는 도시화의 한 부분이고, 따라서 끊임없이 도시 재구성을 견인하는 역동적인 원인이자 과정이다. 이런 점에서, 이주 현상에 대한 체계적인 연구는 현재 인천이 갖고 있는 사회문화적 다양성과 혼종성을, 그리고 이와 연동된 정치경제적 특성의 변화를 보다 세부적으로 이해하는 데 도움을 줄 수 있을 것이다.

이러한 이주와 도시 재구성의 관점에 기대어 인천성의 실체를 파악하려는 궁극적인 목적을 달성하고자 이 연구서에서는 세 가지의 세부적인 목표를 상정하고 있다. 첫째, 지난 1백여년 동안 시기별로 인천에서 진행된 이주의 과정을 파악하는 것이다. 개항을 전후로 한 시기부터 현재에 이르기까지 이루어진 주요 시기별 이주의 흐름을 체계적으로 살펴보고, 이것이 인천의 변화에 어떠한 방식으로 영향을 미쳤는지, 요컨대 이주가 인천의 도시 재구성에 미친 영향은 어떤 것이었

는지에 대해서 고찰하고자 한다. 둘째, 인천의 도시 재구성에 영향을
미친 굵직한 역사적 사건들과 세계화, 대외관계의 변화에 맞물려 인
천으로의 이주 현상이 어떤 흐름으로 진행되었는지, 즉 그러한 거시
적 요인들이 인천의 인구와 사회 변화에 어떻게 영향을 미쳤는지를
관계성의 측면에서 살펴보고자 한다. 개항, 일제의 강점, 해방과 대
한민국의 탄생, 산업화와 이촌향도, 세계화와 국제 이주의 증가 등
한국 현대사의 주요한 사건들과 연동된 인천으로의 이주 현상이 인천
의 인구 및 사회변화를 추동하며 어떠한 관계 속에서 이루어졌는지를
파악하고자 하는 것이다. 셋째, 지리적 스케일에 따른 이주의 의미를
파악하여 현재의 인천과 다른 지역들과의 연결성을 확인하고자 한다.
인천에는 글로벌 스케일에서 국제이주를 단행하여 정착한 외국인 노
동자들과 북한에서 우리나라로 이주한 새터민들, 내셔널 스케일에서
이촌향도 등 전국 각지에서 유입된 이주민들, 도시적 스케일에서 인
천 역내에서 활발하게 이주를 단행한 인천 시민들 등 상이한 지리적
스케일에서 이루어진 다양한 이주 현상들이 펼쳐지고 있다. 이주민들
이 이주하기 전에 생활했던 지역을 파악하고 이전 지역과의 네트워크
가 어떤 방식으로 과거에 작동되었고, 현재에도 작동되고 있는지를
고찰한다면 인천과 다른 지역과의 관계성을 또 다른 측면에서 발견할
수 있을 것으로 기대된다.

　조선시대의 인천은 대규모 취락 형성이나 인구 흡인의 요인으로
작용할만한 요건을 갖추고 있지는 못한 가운데, 19세기 말의 개항이
인구 폭증의 최초의 결정적인 계기가 되었다. 이에 본 연구에서는 개
항기 이후부터의 이주 과정에 초점을 맞추어 살펴보고자 한다. 인천
에 관한 다양한 분야 지역연구들에서는 그동안 개항기 재조(在朝)일

본인, 화교, 그리고 선교사와 무역상들을 중심으로 한 각국 거주지의 외국인들에 대해서는 활발히 연구성과를 축적해 왔다. 그러나 상대적으로 일제강점기 이후에 이주해온 사람들에 관한 체계적이고 상세한 연구는 미흡한 편이다. 해방 이후부터 현재에 이르기까지 순차적으로 유입된 해외귀환 동포들, 한국전쟁 이후 피난민들, 산업화에 따른 이촌향도 이주민들, 국제노동이주민들 등에 대해서도 그동안 비교적 많은 연구들이 진행되어 왔다. 하지만 주로 분과학문별로 파편적인 연구 성과들이 흩어져 있는 한계가 있었으며, 이를 체계적으로 종합한 연구는 없었다. 따라서 이 연구에서는 시대별 이주과정 및 이주와 관련된 인천의 변화양상을 시대의 흐름에 따라 종합적으로 파악하여 지난 한 세기 동안의 인천의 역사와 사회변화를 고찰하고자 한다.

2. 연구 방법

이 연구에서는 인천에서 발생한 이주과정을 연구하기 위해서 문헌연구, 정량적 연구, 정성적 연구 등을 동시에 진행하였다. 문헌연구는 크게 이주 현상의 이론적 논의들을 개략적으로 살펴보고, 인천의 인구 이동 및 분포의 변화와 관련된 다양한 분야의 연구들을 종합하고 정리하기 위해 이루어졌다. 첫째, 이주의 의미와 원인에 관한 이론적인 고찰을 통해서 이주 연구와 관련된 다양한 학문 분야의 관점들을 종합해 보았고, 이를 본 연구의 접근방식 혹은 분석틀로 활용하고자 하였다. 둘째, 그동안 축적되어 온 인천의 이주 현상 관련 연구

들을 시기별로 정리하여 각 시기별 이주 특성과 그 흐름을 살펴보고
자 하였다. 이러한 문헌연구 작업을 통해서는 기존의 관련 연구 성과
들을 종합, 정리해보는 것은 물론이고, 아울러 아직 밝혀지지 못한
부분들을 추출하는 작업을 통해 이 연구서가 추구하는 방향과 향후
관련 연구의 과제도 제시하고자 하였다.

정량적 연구를 통해서는 그동안 인구조사와 지역통계 등을 통해
공식적으로 공표된 이주 관련 자료와 선행연구에서 기초로 활용한
자료들을 수집하고, 이를 적절한 통계분석기법을 통해 처리하여 해
석하는 작업을 진행하였다. 구한말과 일제강점기의 인구관련 통계를
참고하여 작성한 연구와 보고서들은 서로 다른 자료원을 활용하는
경우가 많았다. 그런데 이들이 기대고 있는 1차 자료들 간에 상당한
차이가 있음을 확인할 수 있었는데, 그 이유가 무엇인지, 사실에 좀
더 근접한 자료는 어떤 것인지를 추론하는 작업도 진행하였다. 이는
각각의 서로 다른 자료들을 바탕으로 논의를 전개했던 선행연구들의
주장을 그대로 받아들이기보다는 그것들이 기대었던 통계자료들을
평가하고 문제점과 대안을 제시하고 있음을 의미한다. 이처럼 이 연
구는 1차 통계자료를 바탕으로 철저하게 실증적인 정량적 분석을 진
행하였다. 또한 이러한 자료들을 바탕으로 지도화 작업을 진행하였
는데, 이는 인천 전체의 이주 관련 분포와 흐름 특성을 시각적으로
파악하는 데 도움을 줄 것으로 기대된다.

정성적 연구를 통해서는 정량적 분석으로는 다루기가 곤란한 미시
적인 스케일의 사회문화적 특성을 파악하는데 주력하였다. 한국전쟁
피난민, 새터민, 이촌향도 이주민, 국제이주노동자, 결혼이주자 등
은 통계자료 상에서 전체적인 윤곽을 파악할 수는 있으나, 그들의 구

체적인 분포 특성과 생활 모습을 분석해내는 것에는 한계가 있다. 따라서 비록 소수자이지만 인천의 분명한 구성원이자 인천성의 중요한 특성인 이들을 대상으로 이주의 동기와 과정, 그리고 인천에서의 정착 특성 등을 인터뷰를 통해 밝혀보았다.

3. 연구내용

인천의 이주 현상을 종합적으로 다루고 있는 이 연구는 기본적으로 과거 1백여 년 동안 인천의 인구 이동과 구성, 그리고 정착 특성에 초점을 맞추어 그 시기별 흐름을 분석, 정리하고 있다. 인천의 역사적 뿌리는 물론 문학산 일대의 인천도호부와 계양산 남쪽의 부평 도호부이지만, 본격적인 근대도시로의 변모는 개항과 더불어 이루어졌다고 할 수 있다. 따라서 이 연구서에서는 개항기에 새롭게 조성된 제물포 일대의 원인천 지역을 근대도시 인천의 시발점으로 보고, 이후의 인구 유입과 분포의 변화를 살펴보는 작업을 진행하였다.

우선 2장에서는 인천의 이주현상을 살펴보는 일종의 렌즈로서 관련 이론들을 개괄적으로 살펴보았다. 이주의 원인과 과정, 그리고 그 결과로서의 도시의 변화, 아울러 현대 세계화시대의 국제이주의 확대와 그 원인 및 과정, 그리고 다문화도시 인천의 위상과 지역정체성 형성의 메커니즘을 정리하였다. 이주 현상과 이와 관련된 도시의 사회문화적 재구성에 대한 이론적 논의들은, 특히 다양한 배경의 이주자들이 모여 독특한 문화혼종성을 드러내고 왔던 인천을 맥락적으로 이해하는 데 도움을 준다.

3장에서 8장까지는 인천의 구체적인 이주 현상 특성을 시기별로 나누어 살펴보았다. 먼저 개항기의 이주 현상을 개항 직전과 이후로 나누어 한국인과 일본인 유입 및 정착 특성을 파악하였다. 이는 원인천 일대의 신개발지가, 기존 인천의 중심지였던 내륙의 인천도호부, 부평도호부와 어떻게 얼마나 연결, 혹은 분리되어 발전하였는지를 추정해 볼 수 있는 기회를 제공한다. 이후 일제강점기 동안의 이주 현상에 대해서는 국내와 일본에 흩어져 있는 1자 자료들과 선행연구들을 모아 그 상호 불일치성을 평가하고, 그런 차이가 왜 나타나는지, 그런 차이를 어떻게 해석할 것인지를 논의하고, 이를 바탕으로 필자들이 보기에 가장 적절한 절충안이 무엇인지를 소개하고 있다. 아울러 근대도시로의 빠른 성장에 따라 인구가 어떻게 새롭게 구성되는지, 그리고 인천의 행정구역은 어떻게 확대, 변화되었는지를 논의하고 있다. 특히 개항기와 일제강점기를 관통하여 일본인들과 중국인들이 인천 인구의 중요한 구성원이었음은 널리 알려진 사실인데, 이에 대한 심층적인 통계 분석과 지도화 작업이 이루어졌다. 아울러 지금 현재의 세계화시대를 맞이하여 대거 유입되고 있는 중국 국적 이주자들과는, 이들 과거의 흔적들이 어떤 방식으로 연결되고 있는지도 논의하고 있다.

이후 해방과 한국전쟁 시기의 인천으로의 이주민들에 대한 논의도 진행하였는데, 그 개략적인 흐름과 한국전쟁 피난민들에 대한 내용을 다루었다. 그 중에서도 특히 충청도와 황해도 출신 이주자들이 인천 이주민들 중에 가장 큰 비중을 차지하고 있는 점을, 일제강점기와 1980년대까지 인천을 중심으로 형성되어 있던 여객항로와 비교하면서 밝히고 있는 점이 눈길을 끈다. 그런데 이 혼란기 동안에는 인구

통계 자료가 제대로 정비되어 있지 않아 분석을 위한 마땅한 자료를 구하기가 어려웠다. 이러한 한계 때문에 정확한 통계를 바탕으로 한 내용을 구성하는 것이 불가능했고, 따라서 독립된 장으로 다루지는 못한 채 선행연구들의 내용을 정리하는 수준에 머물렀다는 점은 필자들에게도 역시 많은 아쉬움을 남겼다. 앞으로 이에 대한 보완작업이 후속적으로 이루어질 수 있기를 기대한다.

인천의 폭발적인 인구 성장은 1970년대 한국의 산업화와 더불어 진행되었고, 이에 따른 인천으로의 인구 유입과 인천 내 분포 특성에 대해서 6~8장에서 자세하게 다루고 있다. 한국의 2차 산업 발전의 초석을 이루었던 인천에는 주지하다시피 한반도 각처로부터의 내국인 노동자들이 쏟아져 들어왔다. 특히 앞서 제시된 인천으로 통하는 뱃길을 통하여 충청도 출신 이주자들이 대거 인천으로 들어온 사실에 주목하여 이들에 대한 인터뷰를 진행하였고, 그 내용이 소개되어 있다. 우리는 흔히 인천과 같은 도시를 '다문화'도시라고 일컫는데, 이때 '다문화'란 해외 이주자들이 많이 유입되었다는 의미에만 국한되는 것이 아니라 다양한 지역과 문화를 지닌 국내외 이주자들이 많이 유입되었다는 의미도 함께 지니고 있다. 이러한 점에서 본 연구서를 통해 독자들은 인천이 지니고 있는 태생적인 다문화 특성의 실체가 무엇이고, 그 기원은 무엇인지 살펴볼 수 있을 것이다.

1990년대 이후에는 산업 발전에 있어서의 질적인 변화가 나타나는데, 이른바 경제와 문화의 세계화가 인천에도 그 그림자를 짙게 드리우게 된다. 앞의 산업화 시기 이주 현상에 관한 6~8장의 내용에는 1990년대 이후의 세계화 시기의 이주 현상에 대해서도 함께 다루어지고 있다. 특히 인천 전체의 폭발적인 인구 성장의 추이가 한풀 꺾

이게 되는 2000년대 이후에는 송도, 청라, 영종 신도시 등이 개발됨
으로써 이 곳들이 새로운 인구 흡입 지역으로 부상하게 된다. 이에
따라 이러한 인천 내 신개발지구를 중심으로 인천시 내, 그리고 수도
권 지역 내 인구 이동이 더욱 활발해졌다. 이 연구서에서는 이러한
내용을 깊이 있게 분석하고 있으며, 이를 통해 인천의 미래 인구 성
장과 분포 추이, 그리고 도시 발전의 방향 등에 대해서도 가늠해 볼
수 있는 기회를 제공해 줄 것으로 기대된다.

　서울과 마찬가지로 인천에서도 인천토박이를 찾기가 매우 어렵다.
인천의 인구 형성은 자연적 증가가 아니라 사회적 증가, 즉 이주가
근간을 두고 있기 때문이다. 이러한 이유로 소위 인천성(性)의 본질
은 과거에 뿌리를 두고 있는 확고하고 고정된 전통문화가 아니라, 계
속해서 재구성되는 인구 구성과 그와 관련된 역동적인 과정으로서의
문화에서 찾아야 한다. 따라서 이주의 변화 양상을 시기별로 고찰하
고 있는 본 연구는 인천의 정체성을 규명하는데 미력이나마 기여해
줄 수 있을 뿐만 아니라 도시문화적 측면에서의 미래 발전 방향에 대
해서도 많은 시사점을 줄 수 있으리라 생각된다.

　본 연구서는 또한 인천성의 본질에 대한 인구 구성 측면의 포괄적
인 이해와 더불어 다양한 기원지를 배경으로 한 인구집단들이 서로
를 상호문화적인 관점에서 이해하는 데에도 도움을 줄 수 있을 것으
로 기대한다. 이주의 역사는 특정 집단이 공유하는 집단의 기억이기
때문에 이주에 관한 종합적인 이해는 지역사회 구성원들의 이해도를
높이는 데 큰 도움을 줄 수 있을 것으로 판단되며, 현재 인천에서 자
라나는 학생들에게는 자신의 뿌리가 어디이고 어떤 과정을 통해서
인천이라는 지역에 뿌리내렸는지에 대해 알아 가는데 하나의 길잡이

가 될 수 있을 것이다.

  또한, 이 연구를 통해서 독자들은 인천 사회에서 소수자라고 할 수 있는 이주노동자들의 삶과 그들의 공간을 확인할 수 있을 것이다. 이를 통해 자칫 지나치거나 의도적으로 외면할 수 있는 우리 주변의 이웃들에 대한 인식변화를 기대할 수 있을 것이다. 그 외에도 이주와 관련하여 이 연구에서 다룬 다양한 자료들은 추후에 초·중·고교의 사회과부도나 지역사회와 관련된 수업 등의 자료로도 활용할 수 있을 것으로 기대된다.

/ 이영민

제2장

인천 이주 연구의 이론적 기초

1. 이주란 무엇인가?

이주란 간단히 말해서 사람들이 한 지역을 떠나 다른 지역으로 이동하여 정착하는 현상을 말한다. 공간을 뛰어넘어 특정 지역에 정착하는 인간들의 움직임인 것이다. 이처럼 이주 현상이 공간적인 이동 및 정착과 관련된 현상이라는 점은 이주가 항상 '어디'의 문제, 즉 장소 및 지역과 관련된 문제임을 의미한다. 따라서 이주 현상이 단순히 사람들의 이동으로 끝나는 것이 아니라 전출한 지역과 전입한 지역의 변화를 유발한다는 점에 유의할 필요가 있다. 이주 현상은 사람들의 공간적 이동의 측면과 그에 맞물린 지역의 변화라는 측면을 안고 있는 지리적인 문제인 것이다. 동시에 시간의 흐름에 따라 경제적, 사회적 맥락에 의해 조정되고, 다시 지역 내의 사회적, 경제적 변화로 이어지기 때문에 이주 현상은 역사적이면서도 사회과학적인 문제이기도 하다. 이주 연구가 인문지리학, 역사학, 사회학, 인류학, 정치학, 경제학 등 제반 학문 분야의 중요한 연구 주제가 되고 있는 것은 그러한 이유 때문이다.

이러한 지리적 현상을 엄밀하게 정의하기 위해서는 두 가지 측면이 반드시 고려되어야 한다. 공간을 어떻게 정의하느냐의 문제, 즉 공간의 경계와 규모를 어떻게 설정하느냐의 문제와 시간을 어떻게 정의하느냐의 문제, 즉 이주 현상을 측정하는 시간적 범위를 어떻게 설정하느냐의 문제가 바로 그것이다. 공간의 범위는 넓게는 지구적 차원 전체를, 좁게는 집과 마을 수준의 로컬 규모를 생각해 볼 수 있고, 그 사이의 공간 규모를 다양하게 설정해 볼 수 있다. 그런데 가장 낮은 수준의 행정경계인 읍면동 수준 이내에서의 근거리에서의 인구 이동은 통계로 잡아낼 수가 없다. 가령, 인천광역시의 행정 경계를 기준으로 그곳을 넘나드는 유입 및 유출 인구의 양은 국가 제도적 차원에서 통계자료가 만들어져 있기 때문에 그 경향을 쉽게 파악해 볼 수 있다. 하지만 공간 규모가 로컬 수준으로 좁아지게 되면 인구의 이동이 활발하게 이루어지고 있음에도 불구하고 정확한 통계를 파악하기가 어렵다.

한편, 이주와 정착의 시간적 범위는 특정 지역에 영구적인 뿌리 내림에서부터 매일의 출퇴근에 이르기까지 다양하게 설정될 수 있다. 특히 우리나라의 외국인 이주의 경우 3개월 이상의 장기체류는 반드시 비자를 받아야만 가능하다. 외국인 입국 비자는 체류 목적에 따라 체류기간이 상이하기 때문에 외국인 이주자의 통계 산정은 어떤 기준을 적용하느냐에 따라 달라질 수 있다. 국내이주자의 경우 이주 후 정착 기간에 제한이 없기 때문에 목적지로 이주하여 행정적으로 등록을 한 후 단 하루만 거주하여도 이주자로 잡힌다. 다시 말해 이주 통계를 산정할 때 현실적으로 거주기간을 고려하는 것이 불가능하다. 따라서 여기에서는 인천광역시에서 특정 시점에 등록되어 있는 인구에 기초하여 이들의 이주 관련 특성들을 파악해 보았고, 그 특성들을 좀 더 상세하게 알아볼 필요가 있는 경우에는 직접 인터뷰를 진행하여 전체적인 경향을 파악해 보았다.

이러한 점을 감안하여 본서에서는 현재에 이르기까지 인천의 이주 현상이 어떻게 이루어져 왔고, 현재와 같은 다문화, 혼종화 사회를 어떻게 형성하게 되었는지를 살펴보면서 인천이라는 도시지역의 변화에 초점을 맞추어 논의를 전개하고 있다. 따라서 인구 이동과 정착, 그리고 도시의 변화를 중심으로 지리학을 위시한 제반 사회과학 분야의 이론들을 살펴보고자 한다. 이주 현상은 이주자의 관점에서 보았을 때, 이주를 통해 기원지를 떠나 목적지로 향하는 새로운 장소로의 공간적 이동을 의미하고, 장소의 관점에서 보았을 때, 이주에 의해 구성원의 변화와 그와 관련된 특성의 변화가 수반된다는 것을 의미하는 것이다. 국내적으로는 행정경계를 넘나드는, 국제적으로는 국경을 넘나드는 인간의 공간적 이동은 인간 삶의 터전인 장소의 변화와 연관되어 있다. 즉, 이주가 단지 인간의 움직임이라는 제한된 현상만을 의미하는 것이 아니며, 어디에선가의 정착을 야기하고 따라서 정착의 과정에서 겪게 되는 선주민과 이주민 간의 부딪힘이 필연적으로 수반될 수밖에 없다.

인구이동은 다양한 원인과 과정을 거치는 지리적 이동이면서 동시에 다음과 같은 3가지의 측면에서 특정 지역의 사회와 인간집단의 변화를 야기하는 과정을 수반한다(이희연, 1993). 첫째, 이주는 적응의 과정이다. 어떤 이유에서건 열악한(열악하다고 인식한) 기원지를 떠난 이주자는 양호한(양호하다고 인식한) 목적지로 이동하여 정착을 하게 되는데, 그 과정에서 새로운 사회와 문화 환경에 적응해 가야만

한다. 둘째, 이주는 발전의 과정이라고 할 수 있다. 이주자는 양호한 목적지에서 삶을 영위해 나가면서 개인적인 발전을 도모하게 된다. 이주자의 기원지와 목적지의 지방정부에서도 지역 차원의 발전을 인구이동과 관련하여 추진할 수 있는데, 목적지에서는 새로운 노동력이 충원되면서 지역 발전으로 이어질 수 있고, 기원지에서는 그들의 송금이 유입되면서 역시 지역 발전으로 이어질 수 있다. 셋째, 이주는 선택의 과정이다. 이주를 고려하는 모든 잠재적 이주자들이 이주를 단행하는 것은 아니며, 이주자의 특성에 따라 이동성의 정도는 달라지기 마련이다. 연령별, 성별, 교육수준별, 사회경제적 지위별 등에 따라 이주의 의사결정이 달라지고 선택하는 목표지도 달라지는 것이다.

인간의 이주는 편의상 여러 기준을 적용하여 구분할 수 있다. 이주의 원인과 관련해서 잠재적 이주자는 경제적, 정치적, 사회적, 종교적, 문화적, 환경적 이유 등 다양한 원인과 과정을 거쳐 이주를 하게 된다. 구체적으로는, 가령 교육을 목적으로 하는 청소년세대의 이주, 쾌적한 환경을 취하려고 하는 중산층 노년세대의 이주, 취업을 위해 국경을 넘는 이주노동자들의 이주 등과 같이 다양한 이유에 따라 구분해 볼 수 있다. 시간적인 차원에서 이주는 통근, 여행, 순례, 계절적 이동 등 자신의 삶의 터전은 그대로 유지한 채 이루어지는 단기적 이주와 삶의 터전 자체를 바꾸어 새로운 정주를 모색하는 장기적 이주로 구분할 수 있다. 그런데 사실상 단기적 이주와 장기적 이주의 시간 요소는 명확히 구분하기가 쉽지 않다. 예컨대 우리나라의 인구이동 통계는 주소지의 변화를 기준으로 산정되기 때문에 그 시간성이 고려되지는 않는다. 인천에 거주지가 등록되어 있지만 타지역에

서 주로 활동하거나, 아예 일정 기간 타지역에서 주로 활동하거나,
아예 일정 기간 타지역에 거주지를 등록해 두고 인천에서 활동하는
경우도 있을 수 있는 것이다.

표 2-1. 이주의 유형과 구분

구분	내용
공간적 범위	국내이주, 국제이주
이주 기간과 성격	일시적(방문, 체류) 이주, 영구적 이주, 순환 이주, 귀환 이주
이주 규모	개인 이주, 가족 이주, 집단(종족) 이주
이주 의지	자발적 이주, 강제적 이주
이주 목적	노동 이주, 결혼 이주, 교육 이주, 난민
이주의 법적 상태	합법 이주, 불법(미등록) 이주

* 출처: 이용균, 2016, p.23.

한편, 국가 경계선 가로지르기의 여부에 따라서는 국내이주와 국
제이주로 구분하기도 한다. 또한 이주자의 이주 의지와 목적의 자발
성 여부에 따라 자발적인 이주와 비자발적(강제적) 이주로 구분하기
도 한다.[1] 국제이주의 경우에는 난민들의 이주와 같이 이주자 본인
의 의사와 무관하게 기원지를 떠날 수밖에 없는 상황이 벌어지기도
한다. 물론 이들이 목적지에 와서는 생계를 위해 경제적인 활동을 해
야만 하고, 때로는 경제적인 목적이 이주의 근본적인 이유인데도 자
신의 상황이 난민이라고 위장하는 경우도 있을 수 있다. 즉, 그 구분
이 모호한 경우가 있을 수 있는 것이다.

---

1) 가령, 한 국가 내의 특정 소수민족이 정치적 박해를 피해 국외로 탈출하는 정치 난민이
나 기후온난화로 삶의 터전이 바닷물로 잠식당하여 어쩔 수 없이 국외로 탈출해야만
하는 기후 난민 등이 그 예이다.

하지만 이러한 구분은 어떠한 분석 수준과 도구를 적용할지에 따라 편의적으로 달라지는 것이지 그 구분이 절대적인 의미를 지니는 것은 아니다. 가령, 국내이주와 국제이주는 국경 넘기의 여부에 의해 편의적으로 구분할 수는 있지만, 결국 국제이주자가 후속적으로 국내이주를 단행하고 있으며, 국내이주자도 잠재적으로 국제이주를 꿈꿀 수 있다는 점에서 그 구분은 모호하다 할 수 있다. 또한 자본주의 경제의 글로벌화가 확장되면서 최근 정착과 이주를 수시로 단행하며 양국 혹은 다국을 넘나드는 이주자들도 늘어가고 있으며, 정치적 난민의 처지에 놓일 수밖에 없는 비자발적 이주자라 할지라도 경제적 삶의 질을 높이려는 자발적 이주의 측면을 동시에 가지고 있는 경우도 있다. 따라서 편의적 구분의 어느 한쪽만으로 간주하기가 곤란할 수도 있다.

인류역사에 있어서 인간은 농경의 시작과 더불어 인간은 한 장소를 바탕으로 삶을 영위해 가는 정주의 시대를 살아가게 되었다. 본질주의적 장소관에 의하면, 장소는 애당초 주어져 있던 자연환경의 조건과 어우러진 독특한 경제적, 문화적 특성을 지닌 것으로, 그래서 본질적으로 경계가 명확히 획정될 수 있는 지역 구획의 기초로 간주되었다. 모더니즘의 시대를 거치면서 이러한 장소와 지역 간 경계의 획정은 더욱 확고하게 진행되었고, 상상적 공동체로서의 민족국가를 구체적으로 실현하는 도구로서 국경선은 더욱 뚜렷하게 획정되었다. 내부적으로 농업 중심의 사회적 구조는 사람들의 이동을 최대한 억제하게 되었고, 이는 안정된 국민국가의 발전에 토대가 되었다.

이러한 정주의 시대는 국민국가 단위의 산업화 및 도시화가 진행되면서 특히 서구사회에서 새로운 국면으로 진입하게 되었다. 고용

기회를 찾아 이촌향도의 대규모 이주가 본격적으로 시작되었고, 이는 국가 경계선 내의 인구이동을 촉진하였다. 서구의 식민지가 전 지구적으로 확대되면서는, 식민주의적 관계에 기초한 초국가적 이주가 점차 늘어났으며, 이러한 국내, 국외 이주 현상의 증가 양상은 식민 제국주의 시대가 종식된 이후에도 계속되었다. 20세기 중반 이후 거세게 몰아닥친 자본주의 경제의 글로벌화 물결은 바야흐로 국가 간 이주의 폭증으로 이어졌다. 교통 기술의 획기적인 발달로 국경을 뛰어넘는 원거리 이동이 용이해졌고, 인터넷을 위시한 정보통신 기술의 발달은 국경을 뛰어넘는 지역 간 연결성이 전례 없이 확대, 강화되는데 기여하였다. 이와 관련한 글로벌 금융과 문화 영역의 글로벌화의 확산도 사람과 정보의 이동성을 획기적으로 높여 주었으며, 이제 바야흐로 초국가적 이주의 시대가 도래하게 되었다.

공간과 시간상에서 이루어지는 인간들의 이주 과정은, 특히 근대화의 과정을 거치면서 일정한 규칙적인 패턴을 보이며 이루어진다. 젤린스키(Zelinsky)의 "이동변천 가설(hypothesis of mobility transition)"에 따르면, 특정 지역의 역사는 전통사회 → 초기 전환사회 → 후기 전환사회 → 진보된 사회 → 미래지향적 초발전 사회 등의 5단계를 거쳐 발전하며 각 단계에서는 독특한 인구이동 현상이 발생한다(한주성, 1999). 전통사회는 농경 정착 생활을 기반으로 하기 때문에 이주 현상은 거의 이루어지지 않는다. 이어서 도래하는 전환사회는 도시 중심의 2차 산업으로 바뀌는 시기이고, 이때 농촌에서 도시로의 이주현상이 본격적으로 이루어진다. 그러나 전환사회가 완성되는 시기에 가까워지면 그러한 이촌향도의 이주는 점차 줄어들게 되고, 상대적으로 도시와 도시 간, 그리고 도시 내에서의 인구이동이 늘어나게 된다. 마지막으로 진보된 사회, 미래지향적 초발전 사회에 이르게 되면 정보, 기술이 고도로 발달하면서, 사람들의 이주는 더 이상 필요하지 않게 된다고 보았다.

개항을 전후로 한 시기부터 현재에 이르기까지 인천의 이주 특성도 이 틀에서 크게 벗어나지 않는다. 개항 직전까지 인천도호부와 부평도호부 중심의 지역은 전통사회의 모습을 그대로 지니고 있었고, 경계를 넘나드는 이주 현상은 매우 제한적으로만 이루어졌다. 이후 개항과 더불어 도시 중심의 전환사회로 진입하면서 제물포에 새롭게 입지한 인천 도시지역에는 농촌지역을 떠나 도시로 향하는 이촌향도의 큰 흐름이 발생하기 시작한다. 이러한 변화는 해방과 산업화로 이어지는 20세기 후반까지 계속되었는데, 후기산업사회로 진입하면서는 인접한 서울로부터의 인구 유입이 크게 증가하게 된다. 도시 간, 도시 내 이주 현상이 본격화되었던 것이다. 미래지향적 초발전 사회로서의 인천은 그 실체가 무엇이고 과연 그런 사회가 앞으로 도래할지에 대해서는 논란이 있을 수 있으나, 분명한 것은 최근 2000년대 이후 인천으로의 이주는 그 증가세가 크게 둔화되었고 이에 따라 안정된 인구규모를 유지하고 있는 것으로 보인다. 이러한 인천의 이주 흐름의 역사적 변화 과정은 이동변천 가설에 대체로 들어맞는 것으로 보인다. 물론 이 가설이 구체적이고 미시적인 사례까지도 모두 설명해낼 수 있다고 볼 수는 없지만, 후기 전환사회/진보된 사회에 이르기까지의 대체적인 이주 흐름을 보여주기에는 적절해 보인다.

2. 사람들은 왜, 어떻게 이주하는가?

이주의 원인과 과정에 관한 설명 모형 중 가장 고전적인 모형은 배출-흡인 이론이라고 할 수 있다. 이는 기원지에서 목적지로의 이주는 기원지를 떠나게 만드는 배출 요인과 목적지로 향하게 만드는 흡인 요인이 결합되어 이루어진다고 보는 아주 간단한 논리이다. 기원지의 배출 요인은 과밀한 인구와 노동력, 빈곤한 생활수준, 저임금과 고용기회의 감소, 정치적·종교적·인종적 억압, 문화시설의 부재, 주택 부족, 자연재해와 환경문제 등과 같이 기원지가 갖고 있는 여러 가지 불리한 조건들이다. 반면 목적지의 흡인 요인은 높은 생활수준, 고임금과 고용기회의 증가, 정치적·종교적·인종적 자유, 편리한 문화시설, 쾌적한 환경, 신규 택지개발 등과 같이 잠재적 이주자들에게 매력적으로 다가갈 수 있는 조건들이다(한주성, 1999). 그런데 배출 요인과 흡인 요인이 생성된다고 해서 이주가 항상 이루어지는 것은 아니다. 설사 그런 조건이 생성되었다고 해도 이동 비용, 심리적 비용, 이주나 노동 관련 법적 규제 등 장애 요인이 영향을 미칠 수도 있기 때문이다. 이와 아울러 이주 개인의 성, 연령, 소득 수준, 건강 상태, 혼인 상태와 자녀수 등 개인적인 요인도 이주의 의사결정과 실행에 영향을 미치게 된다. 국내이주와 국제이주에 공히 적용될 수 있는 이 이론은 이주자의 의사결정과정에 영향을 미칠 수 있는 여러 조건들을 기원지와 목적지로 나누어 간단하게 구분하고 있어 복잡한 현상을 간단하게 이해하는 데 도움을 준다.

이를 인천으로의 이주에 적용해 보자. 한반도와 인천을 둘러싼 상황의 변화는 국내외의 많은 사람들이 인천으로 유입되는 원인을 제

지리적인 거리, 정치적인 국경선,
이동 비용, 가족 간의 유대감 등

현거주지   + 배출 요인   목적지
                          − 흡인 요인
                          0 중립 요인

* 출처: Lee, 1970(한주성, 1999, p.260에서 재인용).

그림 2-1. 배출-흡인 모형

공해 주었다. 개항을 통해 형성된 인천의 고용기회는 크게 증가하였고, 이를 좇아 한반도 내의 한국인은 물론이고 그 밖으로부터의 일본인과 중국인이 물밀듯이 유입되었다. 해방과 한국전쟁의 혼란기에는 한반도 북부지역의 난민들이 정치적, 종교적 자유를 찾아 인천으로 유입되었다. 1970년대 산업화의 전진기지였던 인천은 한반도 농촌지역의 과밀인구가 고용기회를 얻기 위해 대거 유입되는 소위 이촌향도의 목적지였다. 1990년대부터는 저숙련 제조업 분야와 일반서비스업 분야의 고용기회를 찾아, 그리고 결혼을 목적으로 수많은 외국인 이주자들이 인천으로 유입되었다. 이 중에는 물론 조선족을 위시한 동포 이주자들의 유입이 포함되어 있다. 2000년대에 들어서서 인천은 대규모 간척에 의해, 송도신도시, 청라신도시 등 신규 택지와 업무지구가 조성되었고, 이곳의 저렴한 주택과 쾌적한 주거환경은 역시 흡인 요인으로 작용하여 많은 중산층 인구가 유입되기에 이르렀다. 이처럼 배출-흡인 이론은 인천의 이주를 큰 틀에서 적절하게 설명해준다고 볼 수 있다.

하지만 이 이론이 주는 간단명료함에도 불구하고 각 세부지역이 가지고 있는 상세한 특성들을 고려하지 못하고 있다는 점, 그리고 이주자의 이주 원인과 과정은 실제 현실세계에서 매우 중첩적이고 복잡한 양상으로 전개된다는 점 등은 비판의 대상이 되고 있다. 가령, 부평구와 미추홀구 등 전통의 주거지역에서는 내국인 인구의 경우 배출 요인이 작용하여 인구의 유출이 일어나고 있지만, 동시에 조선족 동포를 위시한 외국인 이주자의 경우 저렴한 주거비가 흡인 요인으로 작용하여 유입이 증가하고 있다. 또한 잠재적 이주자의 소득 수준에 따른 이동력의 차이라든지, 잠재적 이주자가 지니고 있는 이주 관련 정보의 정확성 여부 등을 세세하게 고려하지는 못하고 있는 한계가 있다.

한편, 이주의 거시경제 이론(Macroeconomic Theories of Migration)에서는 임금의 지역 간 차이를 이주의 원인으로 들고 있으며, 그러한 지역 차에 대한 반응으로 이주가 이루어진다고 본다. 일명 거시적응 모델(macroadjustment model)이라고 하는 이 이론은 신고전경제학파의 논리에 기대어 저임금 지역에서 고임금 지역으로 노동력이 이주하며, 결국 그 과정이 지속되면서 저임금 지역은 노동력이 감소하고, 고임금 지역은 노동력이 증가하여 상호간에 임금 수준의 조정이 일어나서 균형을 맞추게 된다고 본다(이희연, 1993). 이는 기원지의 저임금 상황이 배출 요인으로 작용하고, 목적지의 고임금 상황이 흡인 요인으로 작용한다는 면에서 앞서 살펴본 배출-흡인 이론의 범주에 포함된다고 할 수 있다. 인천의 경우, 1970년대 제조업 분야가 특화되며 고용이 대규모로 창출되었고, 당시의 한반도 대부분 지역은 1차 산업 중심의 전 산업단계에 머물러있었기 때문에 농촌과 도시 간의 임금 격차가 점점 벌어지고 있는 상황이었다. 따라서 전국 각처의 농촌지역 노동력이 인천으로 지속적으로 몰려들게 되었다.

그러나 이 이론 역시 몇 가지 문제점을 안고 있다(이희연, 1993). 첫째, 이 이론은 저임금 지역에서 고임금 지역으로 노동력 이주에 있어서 엄연히 존재하고 있는 이주의 장애물, 특히 국제이주에 있어 가난한 국가 출신의 이주자에게 높게 설정되어 있는 국경이라는 장애물의 비투과성을 간과하고 있다. 즉, 가난한 지역의 사람들이 먼 거리를 이동하는 데 소요되는 비용이라든지 가족 이별과 같은 심리적 비용은 물론이고, 선진국 정부의 제3세계 노동자들에 대한 선별적 정책 등은 고려하지 않는 한계가 있다. 세계 경제의 공간적 불평등 속에서 국가 간 장벽은 여전히 존재하고 있는데, 특히 가장 가난한 국가 내에서도 가장 가난한 사람들이 부유한 국가로 이동하는 것 자체가 완전히 막혀 있는 경우가 많은 것이다. 인천으로 들어온 해외 출신 이주노동자의 경우, 제3세계 출신자들로 구성되어 있지만, 이들이 한국으로 이주가 가능했던 이유는 그들의 자발적인 의지가 전적으로 영향을 미친 것은 아니며, 오히려 까다로운 선별의 기준을 적용하고 있는 한국 정부의 의지가 더 큰 영향을 미쳤던 것이다.

이 이론의 두 번째 문제점은 기원지와 목적지에 위치하고 있는 노동력이 모두 동질적이라고 본 가정이 현실세계와는 맞지 않다는 점이다. 직업에 따라, 노동자 개인의 교육수준이나 숙련도에 따라, 다양한 질적인 특성을 지니고 있는 노동자들의 이주 의식과 행태는 상당히 다른 모습으로 진행될 수 있는 것이다. 세 번째 문제점은 이주자 개인이 습득한 정보력의 양과 질에 있어서도 개인별 편차가 클 수 있지만, 이에 대한 고려는 전혀 이루어지지 않는다는 점도 한계라고 할 수 있다. 네 번째, 노동력의 이주에 의해 기원지와 목적지 양 지역 간 임금 수준의 격차가 해소될 것이라는 가정도 현실적이지 못하다는 비판이 있다. 노동력의 이주로 인해, 특히 저임금 지역의 고급노동력의 유출이 계속되는 누적적 인과의 효과가 나타나면서, 오히려 양 지역 간 사회적, 경제적 양극화는 심화되는 현상이 드러나고 있다. 다섯 번째 문제점은 이 이론이 이주의 다양한 요인과 변수들을 섬세하게 고려하지 못하고 모든 원인을 임금의 차이로만 수렴하여 지나치게 단순화시켜 설명하고 있다는 점이다.

위와 같은 거시적 접근은 미시적 수준에서의 이주 당사자의 행태를 상세하게 포착하지 못한다는 한계가 분명하고, 이에 미시행태적 이론이 이를 극복하기 위해 제시되었다. 미시행태적 이론의 가장 큰 차이는, 거시경제 이론이 규범적인 측면에서 이주자를 경제인(economic man)으로 가정하고 있는 데 비해 만족자(satisfier)로 간주한다는 점이다. 즉, 이주자는 이주 관련 모든 정보를 취득하고 이를 완벽하게 분석해낼 수 있는 능력을 가진 경제인이라는 가정은 잘못된 것이며, 오히려 이주자는 제한된 정보를 자기 수준에서 분석하여 의사결정을 하는, 그래서 최선의 결과를 낳지 않더라도 일정 부분 만족만 할 수 있다면 이주를 단행하는 제한적 합리성을 소유한 만족자로 가정하는 것이 적절하다고 이 이론은 주장한다. 이를 통해 거시적 접근이 놓치고 있는 개개인의 인지적이고, 심리적인 행태에 주목하고, 미시적인 수준에서 이주와 관련된 여러 가지 의사결정과정이 어떻게 이루어지는지에 초점을 맞추어 분석을 진행한다. 그런데 그 점 때문에, 즉 이주자 개인의 주관적, 심리적 세계가 객관적으로 존재하고 있는 세계와 불일치하고 있다는 점 때문에 이주 관련 행태를 측정하고 계량화하는 것이 어렵다는 비판을 받고 있다.

이주의 흐름에는 이주자 자신과 같은 미시적 주체와 경제적 상황과 같은 거시적 맥락만이 영향을 미치는 것이 아니라, 중앙 및 지방 정부기관, 주택 관련 공기업이나 사기업, 부동산 중개업체 등과 같은 여러 가지 제도적 요인들도 개입하곤 한다. 가령, 정부의 토지이용 관련 도시계획이나 금융기관의 주거비 융자 등의 정책 변화는 도시 내의 주거지 형성과 변화에 큰 영향을 미쳐 사람들의 주거지 이동을 촉진하거나 억제한다. 결국 이들의 정책과 활동은 도시의 변화를 야기하고, 이에 따라 인구의 유입과 유출, 인구구성의 질적 변화가 일어나게 된다. 인천의 경우, 구도심의 좁은 범위에 한정되었던 인구가 도시화 면적의 확대로 크게 증가했는데, 인천시는 물론이고 수도권 개발의 주체인 인접 지자체와 국가 수준의 도시개발 정책기관이 복합적으로 영향을 미쳐 많은 신주거지들이 개발되었고 이에 따라 인천의 인구는 폭증해 왔다. 최근의 송도와 청라, 그리고 논현 지구 등의 개발과 거주자 유입에는 이 같은 중앙 및 지방 정부기관, 주택 관련 기업, 금융기관 등의 역할이 복합적으로 작용했다.

이주 현상을 설명하는 또 하나의 이론은 정치경제학적 접근이다. 마르크시즘 철학에 입각하여 이 이론은 지역과 사회의 구조적인 특성을 이주 현상의 과정과 결과로 설명한다. 즉, 모든 사회현상은 자본주의 생산방식과 연관되어 있으며, 따라서 이주 문제의 분석에서 반드시 필요한 부분이 자본주의 생산방식에 대한 이해인 것이다(이희연, 1993). 이 이론에 따르면 도시재구조화와 이에 따른 국내 및 국제 이주에는 자본이 가장 큰 영향력을 발휘한다고 본다. 자본의 축적과 순환에 초점을 맞추는 이러한 구조적 접근은 이주 현상을 단순한 결과로만 파악하는 구조/현상 이분법의 틀에 머물러있다는 비판을 받게 된다. 이주 현상을 자본의 논리에 귀속시켜 이주자의 의사결정과 정에서의 자율적 역할을 상대적으로 경시하고 있는 것이다.

한편 사람들의 이주 현상은 그 주체의 라이프사이클과 밀접한 관계가 있음을 주목해야 한다. 특히 라이프사이클의 흐름에 따라 주거 수요의 양상이 달라지는데, 가령 교육과 직장과 결혼을 위해 부모로부터 독립하는 청년세대, 이후 자식을 낳고 기르면서 가족 규모를 확대해 나가는 중년세대, 다시 자식들의 분가로 가족 규모가 축소되는 장년세대, 그리고 건강이 약화되고 활동력이 떨어지는 노년세대 등 각 세대별로 필요로 하는 주거공간이 달라지면서 계속해서 이주를 통한 재입지가 이루어지게 된다. 이러한 개인적 수준의 라이프사이클과 더불어 가족제도와 공동체 의식에 대한 최근의 사회문화적 변화도 주목할 만하다. 결혼과 출산의 비율이 크게 감소하고 이혼은 증가하고 있는 가운데 1인 가구가 폭발적으로 증가하고 있는 한국사회의 현실은 이주 현상의 양적인 증가와 질적인 변화를 일으키고 있다.

3. 글로벌화의 진전과 국제이주현상의 확산[2)]

앞서 기술한 이주의 원인과 과정에 대한 이론들은 국내이주와 국제이주에 모두 적용될 수 있는 일반적인 이론들이다. 이주 현상은 국가라는 제도 내에서 이루어지는지, 혹은 국가 영역 안팎을 넘나들며

---

2) 3절과 4절의 내용은 〈이영민, 2013, "이주: 장소와 문화의 재구성", 『현대문화지리의 이해』, 7장, 한국문화역사지리학회 편〉에서 내용을 발췌하여 본서에 맞게 재구성하였음.

이루어지는지에 따라 크게 국내이주와 국제이주로 구분해 볼 수 있다. 국제이주기구(International Organization for Migration)에서는 국제이주를 국가 간 경계를 뛰어넘는, 혹은 국가 내에서의 인간(집단)의 이동이라고 간단히 정의하고 있다[3]. 국제이주의 핵심키워드는 바로 국가와 국경인 것이다. 국제이주는 국내이주와 달리 법적 규정이 엄격하게 설정되어 있어 자유로운 이주를 제한하고 있기 때문에 국내이주와 비교해 보았을 때 그 규모 면에서 큰 차이가 있다. 즉, 국경이라는 제약적 실체가 이를 뛰어넘고자 하는 잠재적 이주자들의 의사결정을 억제하는 효과를 발휘하고, 질적인 측면에서도 법적 규제를 피하고자 하는 우회 경로가 생성되어 이를 통해 국경을 넘는 이주가 이루어지기도 한다. 이 절에서는 위의 이주 관련 일반 이론들에 국가와 국경이라는 실체와 글로벌화와 초국가주의 이념의 특성을 반영하여 국제이주현상의 원인과 과정을 살펴보고자 한다.

글로벌화의 진전과 이에 연동하여 더욱 활발해진 지역 간 물질적, 비물질적 교류, 그리고 전례 없이 증가한 국내 및 국제이주는 인문학 및 사회과학 전반에 걸쳐 소위 '새로운 이동성 패러다임'을 불러일으켰다(Sheller and Urry, 2006). 바야흐로 글로벌화와 이주의 시대가 도래하여 이전과는 다른 인간들의 행태와 도시 공간구조가 출현하게 되었으며, 시-공 압축된 지구촌 사회에서 국제이주자들에 의한 네트워크가 확장되고 있다. 이러한 변화는 인간 삶의 특성을 정주성과 안정성, 항상성 등에서 찾으려는, 그래서 변치 않는 본원적 거대이론과 원리를 추구하려 했던 기존의 고정성 패러다임의 한계를 드러내 주

---

3) http://www.iom.int/cms/en/sites/iom/home/about-migration/key-migration
   -terms-1.html#Migration

었다. 이에 더 나아가 인간은 애당초 유목적 존재임을 새삼 재평가하여 그 이동성과 가변성, 그리고 새로운 관계 맺기에 의한 혼종성 등에 초점을 맞추는 인문사회과학 연구의 새로운 변화가 일어나고 있는 것이다. 이러한 인문사회과학의 패러다임 전환을 촉발한 한 요인이 바로 국제이주현상이라고 할 수 있다.

이처럼 인간 현상들의 정착적이고 고정적인 특성으로부터 이동적이고 유동적인 특성으로 초점을 이동시켜 사회연구를 수행하는 새로운 패러다임을 '이동성 전환(mobility turn)'이라고 한다(Cresswell, 2011). 이에 앞서 80년대부터는 인간 생활에 있어서 공간(성)의 중요성을 간과하거나 무시해 왔던 이전까지의 연구 경향에 대한 반성과 비판이 확산되어 시간 및 역사성, 그리고 사회 및 사회적 관계의 중요성만큼이나 공간(성)이 중요하게 다루어져야 한다는 주장이 설득력을 얻게 되었는데, 이를 '공간적 전환(spatial turn)', '장소적 전환(placial turn)'이라고 한다(Warf & Arias, 2009). 이러한 공간과 장소에 대한 고조된 관심 역시 이주자들의 급증에 의한 이동성의 문제와 더불어 이주자들이 어딘가에 정박 혹은 정착하게 됨으로써 불러일으키는 공간과 장소의 변화 문제와 관련이 있다. 우리가 인천의 이주 현상에 주목하는 이유도 결국 인천이라는 도시 공간과 사회가 어떻게 변모해왔는지, 그래서 소위 인천성(仁川性)이 어떻게 관계적으로 재구성되는지의 문제와 연결되기 때문이다.

최근의 공간 장소에 대한 관심은 과거의 전근대 및 근대의 공간과 장소 개념으로부터 탈피한, 즉 그 일정한 공간과 장소의 특성은 그 안에 원래부터 내재되어 있다고 보는 본질주의적 공간 개념이 아닌, 다공질의 유연한 경계 너머의 것들과 관계 맺기의 과정 중에 형성된다고 보는 관계적 혹은 구성적 공간 개념으로 공간을 재개념화하는 것으로부터 시작된다. 도시 공간의 지리적 본질 내지는 특성을 고정되어 있는 것으로 간주하여 그것을 파악하고자 하는 기존의 정적인 사회과학이 새로운 국면으로 진입하게 되었고, 이러한 변화의 중심에는 다름 아닌 인간들의 활발한 이주가 자리 잡고 있다. 산업사회로 넘어오면서 크게 증가하게 된 국내이주는 물론이고, 글로벌화 사회로의 진전에 따라 국경을 넘는 국제이주가 또한 크게 증가하고 있다.

인간의 삶은 안정적인 정착을 추구하면서 또한 부단한 이동을 통해 이루어진다. 집에서, 고향에서, 조국에서 안정적 정주를 위해 노력하지만, 또한 생계를 위한 노동을 위해, 휴식과 여가활동을 위해, 정치적 목적 달성을 위해 끊임없이 이동을 실천하거나 희구하기도 한다. 인간은 특정 장소에 묶여진 정적인 존재로서 정주 지향성을 지니고 있으며, 또한 동시에 공간 탈주를 꿈꾸고 실천하는 유목적인 존재로서 이동 지향성을 지니고 있다. 이러한 이동 지향성에 대한 관심이 최근에 와서 증폭되고 있는 것은 글로벌화 시대의 국경을 넘나드는 인간의 이주가 크게 증가하고 있기 때문이다. 하지만 좀 더 깊이 있게 생각해 보면, 인간의 이주는 고래로부터 계속되어온 현상이기에 단순히 그 규모가 크게 증가했다는 이유만으로 새로운 패러다임의 전환이 유발되었다고 보는 것은 적절치 않다. 주목해야 할 부분은 인간 이주의 원인과 결과가 전에 비해 훨씬 다양하고 복잡해졌으며, 그와 연결되어 있는 물질과 사상의 교류 및 이동도 질적인 변화가 수반되었고, 또한 그 충돌과 혼성을 둘러싼 다양한 권력들의 개입과 결과가 이전과는 확연히 다른 모습으로 전개되고 있다는 사실이다.

이러한 질적인 특성 변화에 착목하여, 최근의 새로운 방식의 이주를 단순히 국제이주(international migration)가 아닌 초국가적 이주(trans-national migration), 간단히 줄여서 트랜스이주(trans-migration)[4]라고 칭하기도 한다. 글릭 쉴러 등(Glick Schiller, et. al., 1992:1)에 의하면, 트랜스이주자란 국경을 횡단하는 이주자가 기원지와 목적지의 두 사회를 가족적, 경제적, 사회적, 종교적, 정치적 유대를 통해 연결하여 단일한 사회적 장으로 결합함으로써 자신의 삶을 영위해 가는 이주자라고 정의될 수 있다. 그들은 초국가성(transnationality)을 '이주자들이 자신의 기원국과 정착국 간을 연결하여 확장시킨 사회적 장(social fields)을 구축하는 과정'이라고 정의하면서, 그러한 사회적 장을 구축하는 이주자들을 '트랜스이주자(transmigrants)라 명명하였다. 즉, 트랜스이주에 의해 기원지와 목적지는 이제 더 이상 단절된 기억과 향수의 장소로만 인식되는 것이 아니라, 실천적이며 상상적으로 구성되고 상호 연결된 생활세계로 거듭나게 되었다. 국경의 이쪽과 저쪽의 장소들 모두가 삶의 현장이자 생활세계의 구성요소가 된 것이다.

---

4) transnational(ism)을 한국에서는 초국가(주의), 초국적(주의) 등으로 번역하는 것이 일반적이다. 그런데 영어의 'trans-'는 경계를 넘나든다는 의미를 가지고 있기에, 이 의미를 충실하게 전달하기 위해서 여기서는 'trans-'를 영어 그대로 '트랜스-'로 쓰고자 한다. 왜냐하면, 한국에서 흔히 쓰는 번역어, '초(超)'가 '막강한', '광범위한' 등과 같은 영어의 'super'의 의미를 은연중에 내포하고 있기 때문이다. 같은 한자문화권인 중국에서는 타넘을 '跨(과)'를 붙여 '跨國'이라고 하고 있으며, 일본에서는 넘을 '越(월)'을 붙여, '越境'이라고 하거나, 혹은 원어 그대로 '트랜스내셔널'이라고 하고 있다. 이처럼 'transnational'에 대한 중국과 일본의 번역은 경계를 넘는다는 의미에 한정하여 사용하고 있다. 이에 따라 본서에서는 학계에서 관례적으로 써오고 있는 초국가주의라는 용어를 그대로 사용하되, '경계 넘나들기'의 의미를 특별히 강조하고자 할 때는 'trans-'를 원어 그대로 '트랜스'로 표기하여 사용하고 있다.

표 2-2. 과거의 이주와 현대의 트랜스이주의 차이

	과거의 이민	현대의 트랜스이주
기원국과 연결 정도	기원국과 제한적 연결	기원국과의 다양한 관계 유지
문화와 정체성	기원국의 가족, 제도와 분리된 삶	기원국의 가족, 제도와 결속된 삶
정착국에서의 삶	문화변용과 동화 수용, 진행	기원국, 정착국 문화 모두에 관심
이주자 네트워크	정착국에 제한된 이주자 네트워크	글로벌하게 확대된 이주자 네트워크
기원국 정부와의 관계	국적 상실(단일국적)	유연적인 연대 요구(이중국적)

현대의 트랜스이주자들은 과거의 이주자 혹은 이민자들과는 분명 다른 이주 목적과 과정과 결과를 보이고 있다(표 2-2 참조). 과거의 국제간 인구 이동은 기원지를 완전히 떠나 목적지에서의 성공적인 정착을 지향하는, 다시 말해 기원지와의 사회적·문화적 단절이 필연적인, 그리고 목적지에서의 적응과 동화가 최우선적으로 추구되는 영구 이민(permanent migration)의 특성을 보여주었다. 하지만 현재의 이주는, 비록 국경을 뛰어넘는 이동이기는 하나, 여러 생활공간에 동시에 소속되고 쌍방향 이동이 활발하게 전개되는 방식의 이주, 즉 트랜스이주로 새롭게 자리매김하고 있다.

이제 트랜스이주자는 과거의 이주자처럼 본국과의 단절에 이은 정착국에서의 적응과 동화만을 추구하는 것이 아니라, 오히려 기원국과의 다양한 관계를 이어가며, 더 적극적으로는 기원국의 사회문제에 직·간접적으로 관여하기도 한다. 기원국과 정착국은 물론이고 그외 국가와 지역까지도 포섭하는 글로벌하게 확대된 이주자 네트워크에 기대어 자신의 생활공간을 크게 확대해가고 있다. 이러한 가운데, 이주자들의 생활에 영향을 미치는 인자들은 훨씬 다양하고 복잡해져, 세계 경제 활동의 주기적인 부침은 물론이고, 여러 관련 정부들

의 규제 방식, 정착국 시민들의 우호적 수용 여부 등이 복합적으로
영향을 미치고 있다. 기원지와 목적지의 경제적 상황과 이주자들의
단호한 의지와 희망 및 실천 행위에 주로 초점을 맞추었던 과거의 이
주 연구로는 그 실태를 정확히 파악하기가 어렵게 되었다.

　이러한 국제 이주의 흐름에 비추어 인천의 상황을 간략하게 살펴
보자. 1990년대 이후 인천은 제조업 분야의 고용이 크게 증가하였는
데, 특히 고용규모가 작은 중소 제조업체의 노동력이 부족하기 시작
했다. 이 같은 저임금 노동 분야에서 국내이주 노동력의 수급 불균형
이 발생하였고, 따라서 외국인 노동력이 점차 증가하기 시작했다. 아
울러 결혼 목적의 국제이주도 급증하게 되었고, 이에 따라 다문화 가
족이 이제는 낯익은 모습으로 우리에게 다가오고 있다. 이외에도 외
국인 유학생과 외국국적 동포들도 점차적으로 증가하고 있으며, 이
들의 숫자가 급증하면서 민족 집거지역이 곳곳에 형성되고 있다. 이
들의 삶은 인천의 주거공동체의 일원이 되어 인천의 지역정체성의
한 줄기로 뻗어가고 있으며, 이들의 네트워크가 국경을 뛰어넘어 기
원지와 정착지 간에 형성되어 새로운 지구촌 사회를 엮어가고 있다.
바야흐로 국제이주의 네트워크가 글로벌화와 로컬화를 동시에 진전
시키며 동전의 양면처럼 기능하고 있는 것이다.

4. 국제이주의 원인과 과정

　국제이주 의사결정과 관련하여 거론되는 가장 고전적인 이론은 앞의
국내이주에서도 언급한 19세기 말 지리학자 라벤스타인(Rabenstein)에

의해 제시된 배출-흡인 이론이다. 이는 이주자 개인이나 집단을 분석 단위로 하여 기원지에서의 열악한 상황이 그들을 밀어내고 있으며, 목적지에서의 우월한 상황은 그들을 끌어당김으로써 결국 이주가 실행 된다고 보는 이론이다(이희연, 1993). 가령 기원지의 빈곤, 실업, 정치적 불안정, 전쟁, 자원 고갈과 같은 환경 위기 등과 같은 열악한 상황이 배출요인이 되고, 목적지의 경제 활성화 상황과 취업 기회, 문화적 혜택, 더 나은 삶에 대한 기대, 자녀 교육, 의료 기술, 정치적 탄압으로 부터의 자유 등과 같은 우월한(우월하리라고 기대되는) 상황이 흡인 요인 이다.

특히 그러한 다양한 요인들 중에서도 임금 격차로 구체화되는 기 원지와 목적지 간의 경제적 상황의 차이가 이주자들이 가장 민감하 게 반응하는 이주의 원인으로 다루어지는 경향이 있다. 이에 따르면 이주자들은 경제적 동기에 따라 움직이는 합리적인 경제 주체라고 간주되며, 따라서 선진국을 향한 이주자들의 이주는 자연스러운 현 상인 것이다. 이러한 배출-흡인 요인은 흔히 가난한 국가나 지역에 서 부유한 국가나 지역으로의 이주를 설명하는 데 주로 사용되어 왔 으며, 그 원인을 이원론적으로 아주 뚜렷하게 정형화시킴으로써 이 주 현상을 명쾌하게 이해하는 데 도움을 주고 있다는 점에서 의의가 있다.

그러나 이주의 분석단위를 이주자 개인과 집단으로 한정하여, 그들 의 의사결정에 영향을 미치는 원인이 무엇인가만을 다루고 있다는 점 은 분명한 한계가 아닐 수 없다. 가령, 기원국의 배출요인들이 이주자 개인 혹은 집단에 영향을 미친다는 점에만 관심을 두고 있을 뿐, 그러 한 배출요인들이 어떻게 형성된 것인지, 그리고 지리적인 관점에서

기원국의 상황과는 어떻게 연계되어 있는 것인지에 대해서는 아무런
언급이 없다. 또한 이주자들은 배출요인과 흡인 요인을 합리적이고
적절하게 분석해내는 일종의 '경제인'으로 간주되었는데, 실제로 이런
능력을 소유한 이주자는 그리 많지 않다. 이는 먼저 이주한 친지나
친구의 도움에 전적으로 의지하며 똑같은 과정을 거치는 연쇄이주
(chain migration)가 훨씬 더 광범위하게 일어난다는 점으로 통해 확인
할 수 있다. 그리고 국제이주를 둘러싸고 실제 벌어지고 있는 다양한
현상들과 그에 영향을 미치는 구조적인 요인들을 체계적이고 세부적
으로 고려하지 못하고 있다는 한계도 분명하다(Sammers, 2013).
　이주의 원인과 과정에 관한 구조주의적 접근은 위의 한계를 극복
하고, 좀 더 글로벌한 차원의 구조 및 체계의 변화에 주목한다. 특히
글로벌 차원에서 벌어지고 있는 자본주의 체계의 변화, 즉 글로벌 경
제의 재구조화와 교통 및 통신 수단의 혁신에 따른 이주 양상의 변화
에 초점을 맞춘다. 이주자 개인이나 집단보다는 글로벌 경제나 글로
벌한 동인 자체에 주목하고, 이 같은 글로벌화와 맞물려 재구성되고
있는 글로벌 도시를 분석단위로 삼아 좀 더 거시적인 분석을 시도하
고 있는 것이다. 글로벌 자본주의 시스템 내에서 공간적, 구조적 불
평등에 초점을 두고 있는 이러한 구조주의적 접근은 글로벌화나 글
로벌 정치 경제와 관련해서 구조 조정, 신자유주의 정책 등과 같은
개념을 집중적으로 다룬다. 이를 통해 가난한 국가들의 열악한 경제
상황뿐만 아니라 더 잘사는 국가들 및 그 도시들에서 심화되고 있는
사회-공간적 양극화 문제와 불평등한 노동 수요에도 주목함으로써
국제이주 현상의 원인과 과정을 보다 세밀하게 다루고 있다.
　가령 부유한 국가에 자리 잡고 있는 소위 글로벌 도시가 겪고 있는

사회경제적 양극화와 노동 수요의 차별화는 고소득 이주와 저임금 이주를 동시에 끌어당기고 있으며 초국가적 이주의 양상을 더욱 복잡하게 전개시켜가고 있다. 인천의 경우, 송도, 청라, 영종 지구에서 추진되고 있는 해외자본의 유치 전략이 결국 고소득 국제이주자의 유입을 촉진하기 위한 것이라고 볼 수 있다. 하지만 그 가능성과 성공 여부는 아직 진행 중이므로 판단을 내리기가 어렵다. 그런데, 전형적인 제조업 밀집 지구인 주안, 부평, 남동 공단에는 저렴한 노동력 수요가 상존하고 있고, 내국인 노동자들의 유입이 급격히 줄어든 상황에서 제3세계 출신 외국인노동자들이 급증하고 있다. 아울러 부평구 등 전통 주거지에는 서비스업 부문의 저급 노동력으로 유입된 조선족을 위시한 해외동포 이주자들이 증가하고 있다.

하지만 이러한 구조주의적 접근도 역시 분명한 한계를 가지고 있다(Sammers, 2013). 우선 글로벌 구조의 영향력에 주로 초점을 맞춤으로써 다양한 스케일에서 작동하는 국가 및 지방정부의 역할을 제대로 파악하지 못하는 한계가 있다. 또한 미시적 스케일에서 작동하는 인간의 행위주체성(agency)이나 그와 관련된 가족, 제도, 네트워크 등에 대한 깊이 있는 분석에는 미치지 못하고 있다. 구조적인 접근 중에서도 특히 '글로벌화' 개념에 토대한 논의들에서 자주 등장하는 교통·통신 발달로 인한 이동성 증가도 이주와 관련하여 획일적인 모습으로 전개되는 것이 아니라, 이주자 집단과 장소에 따라 다양한 방식으로 투영되고 영향을 미치고 있음을 간과해서는 안 된다.

위와 같은 구조주의적 접근의 기본 틀을 수용하고, 더 나아가 기원지와 정착지 간의 관계와 국가의 개입 양상을 분석틀로 삼고자 하는 '이주-발전 연계(migration-development nexus)'와 관련된 논의들은

선진국과 개발도상국 사이의 이주 흐름과 그 관계를 좀 더 명확하게
이해하는 데 도움을 준다(신지원, 2016; 조영희, 2014). 개발도상국에서
선진국으로 노동력이 이동하는 것은 개발도상국의 실업률을 완화시
키는 효과로 나타나고 있고, 또한 남아있는 가족, 친지들에게 보내주
는 송금은 개인과 집단 수준에서 생활 여건을 개선하는 데 큰 도움을
준다. 그 외에도 기원지 커뮤니티의 학교, 도로, 공동체 시설, 종교
시설 등과 같은 인프라 건설에도 도움을 준다. 이러한 송금의 승수효
과에 착안하여 일부 국가에서는 국가적 차원에서 노동력 송출과 송
금을 경제 발전의 중요한 전략으로 관리하고 있다. 가령, 필리핀에서
는 해외계약노동자(OCW, Overseas Contract Worker) 프로그램을 운영
하면서, 해외의 노동력 수요를 파악하여 필리핀의 노동자를 직접 공
급하고 있다. 그러나 이주에의 의존성 심화, 사치재 소비의 증가, 지
역사회의 양극화 심화, 귀환이주가 아닌 두뇌유출의 고착화 등과 같
은 여러 가지 문제로 인하여 기원지의 상황이 오히려 악화되고 있다
는 지적도 있다.

　이상에서 살펴본 배출-흡인 요인과 같은 행위자 중심의 접근과 글
로벌화와 신자유주의에 주목하는 구조주의적 접근은 각각 개인의 행
위 주체성과 글로벌 차원의 구조에만 집중함으로써 상호 간의 영향
력을 간과하고 있으며, 따라서 제한된 방법의 적용에 따른 편협한 결
과의 도출에 이르게 되는 한계가 있다(이용균, 2016). 이를 극복하기
위해 최근 많이 논의되고 있는 개념이 이주 네트워크(migration
network)이다. 이에 따르면 이주자들의 이주 결정과 과정에 더 큰 영
향을 미치는 것은 기원지와 목적지 사이에 형성되어 있는 경제적 불
평등보다는 공간을 가로질러 연계된 이주 커뮤니티와 그 네트워크이

다. 일반적으로 이주 네트워크는 기원지와 정착지를 가로지르는 친
척이나 친구, 혹은 동일민족 집단 간의 유대와 구체적인 연결을 일컫
는다.

　이를 통해 이주자들은 생계의 기반이 되는 구직 정보는 물론이고,
거류지 혹은 은신처, 음식과 기타 서비스, 의료 및 건강, 종교, 여가
활동 등 다양한 생활 정보를 취득하고 공유한다. 이주에 필요한 정착
지의 정보를 취득하는 원천이자 정착지 이주 후에는 현지 생활을 지
속할 수 있도록 해주는 기반으로서의 역할을 한다. 결국 자본주의 경
제의 글로벌화와 관련된 구조적 동인들이 이주자 개인이나 집단 수
준에서 구체적으로 어떻게 수용되고 있고 의사결정으로 이어지는지
를, 그리고 국경을 넘어 기원지와 정착지 쌍방 간에 어떻게 상호 연
결되어 있는지를 거시적이면서도 미시적으로 분석할 수 있다는 장점
이 있다.

　그렇지만 이주 네트워크가 정부라고 하는 또 다른 중요한 주체의
개입 없이 탈공간적이고 탈맥락적으로 형성되고 기능하는 것이 아니
라는 점을 명확히 할 필요가 있다. 즉, 이주자들만으로 구성되는 네
트워크상에서만 이주가 결정되고 단행된다는 가정으로부터, 다시 말
해 네트워크만이 일종의 구조적인 동인으로서 영향력을 행사한다는
가정으로부터 벗어날 필요가 있다. 네트워크가 가로지르는 공간은
결코 국경이나 비자(visa) 정책을 관장하는 국가 정부의 힘으로부터
자유로울 수 없다. 각 국가 사회 속에서 자행되는 인종차별이라든지
저임금 이주근로자 차별 같은 장애물 역시 큰 힘을 발휘하곤 한다.
국가나 제도가 구체적인 정책을 통해 이주자에게 개별적으로 미치는
영향력은 실로 막강하며, 따라서 이에 대한 섬세한 분석이 필요하다.

글로벌화라는 것이 탈공간적으로 탈맥락적으로 이주자에게 획일적인 영향력을 미치면서 전개된다는 가정도 문제가 있다(Sammers, 2013). 가령, 통신비용은 저렴해졌지만 항공운임료는 여전히 저소득 이주자들에게는 큰 부담이 되고 있으며, 일부 이주자들의 경우는 저소득에 따른 이동력의 제한으로 인하여 '공간에 갇힌' 채 정착지에서의 삶을 영위하고 있기도 하다. 그들에게 소위 원거리 이동에 따른 경제적, 심리적 부담은 이주 관련 현상에 여전히 영향을 미치는 중요한 변수가 아닐 수 없다.

여기서 우리는 행위자 중심의 접근과 구조주의적 접근, 그리고 최근의 이주네트워크 분석 등이 모두 공간적 관점을 경시한 채로, 그리고 스케일 개념을 무시한 채로 이주 현상을 분석해 왔음을 알 수 있다. 국가적, 로컬적 스케일의 공간 특성을 무시한 초국가적 분석 단위가 우선시되고, 이동성과 흐름만을 강조한 네트워크 분석틀이 강조되면서 상대적으로 공간의 효과는 경시되었다. 영역(territory)은 영원불멸한 것은 아니지만 '일시적으로' 고정되며, 개인, 제도, 구조, 사회적 네트워크에 '일시적으로' 영향을 미친다. 다양한 스케일의 장소는 이주자의 행위를 구성하는 물질적 토대라고 할 수 있으며, 그 위에서 실천되는 이주자의 행위들은 다시 장소 구성에 영향을 미친다. 이렇듯 이주 현상은 공간의 문제이자 지리의 문제가 아닐 수 없다. 원론적으로 보았을 때 이주란 사람들의 공간적 흐름, 즉 공간상에서 벌어지는 움직임과 관련된 현상이기에 공간의 특성 및 변화와 밀접하게 연결되어 있다. 구조주의적 접근에서 이주의 원인과 과정으로 논의하고 있는 글로벌 자본주의의 지역 간 불균등성 문제도 결국 공간의 문제이며, 행위자 중심의 인간주의적 접근에서 삶의 터전인 지역과 장소가 이주에 의해 그 특성이 변화하고, 또한 그렇게 변화된 지역과 장소가 다시 자본주의의 재생산의 바탕이 되고 있다는 점도 결국 공간의 문제인 것이다. 이주는 장소의 영향을 받는 결과이자 동시에 장소를 바꾸어놓는 변인이며, 따라서 이주와 지리는 대단히 긴밀하게 관계를 맺고 있는 것이다. 장소는 이민자 같은 '외부인'에게도 개방된, 다양하고 범세계적인 곳일 수도 있고, 그 내부 구성원들 중 일부에 의해 '외부인'이 차별적으로 규정되어 격리될 수 있는 '배타적인' 곳일 수도 있다(이영민, 2013).

5. 다문화도시 인천은 어떻게 형성되고 있는가? 뜨내기성에서 혼종성으로

개항 전 문학산 일대의 한적한 인천도호부 시절로부터 송도와 청라를 위시한 첨단 국제도시에 이르기까지 인천의 도시 특성은 순차적으로 밀려들어온 이주 인구의 역동적 움직임에 의해 끊임없이 재구성되어 왔다. 개항기 시절, 일본인, 중국인, 기타 외국인 등이 유입되면서 인천은 외래 문물의 한반도 유입의 전초기지 역할을 해왔다. 한국전쟁을 거치면서는 황해도 출신들이 주가 되어 북한으로부터의 대량의 피난민들이 인천에 둥지를 틀었다. 산업화 시기에는 남한 각 처의 농촌지역으로부터 대규모의 인구가 고용기회를 좇아 인천으로 유입되었다. 특히 뱃길이 형성되어 있던 서해안을 따라서 충청도와 전라도 출신들이 인천으로 대거 몰려들었다. 1990년대 글로벌 시대가 시작되면서부터는 외국인 이주자들도 모여들고 있으며, 인천의 외국인 이주자 인구비율은 전국 대비 가장 높은 수준을 보이고 있다(신성희, 2009; 홍미희, 2010). 최근에는 수도권이 비대해지면서 서울과 경기도의 인구가 주택과 고용을 찾아 활발하게 유입되고 있다.

이들 모두가 바로 인천의 문화를 혼종적으로 구성하고 실천해온 주체적 존재였음이 분명하다. 그런데 한때는 이들을 인천 역내에 존재하지만 경계 밖에 있는 존재들로 치부하기도 했었다. 소위 '뜨내기'론이라는 타자화의 기제가 작동되어 이들을 잠시 머물다 떠날 생각을 가진 사람, 인천에 뿌리가 없기에 인천에는 별관심이 없는 사람, 그래서 인천다움을 찾아내는 데 별 도움이 안 되는 사람들로 간주되었다. 이런 질서화/경계화의 기제가 갖는 문제점은 단지 다름에 대한 타자화에 한정되지 않고, 그러한 타자를 질서/경계 내의 동질적인 무언가에 잠재적인 위험이라고 간주하게 될 때 발생된다. 이러한 식민주의적인 사고는 일종의 변형된 인종주의로 탈바꿈될 수 있고, 질서/경계가 교란되고 불안정할 때 마녀사냥식 폭력의 빌미가 될 수 있다는 점에서 주의가 요망된다.

이러할진대 인천의 유입된 다양한 주체들을 새로운 관점에서 바라보는 것이 필요하다. 인천을 구성하는 주체들 간의 경계를 걷어내고 혼종적인 관점에서(Sharp, 2009), 기존의 질서를 찾고 유지하는 것이 아니라 새로운 질서를 구성해가는 역동적인 문화화에 초점을 맞추어 그 주체들을 바라보는 것이 요망된다. 위에 언급한 국내외 각처에서 유입되어 온 인천사람들을 통해 우리는 인천이 분단의 아픈 현실을, 한국의 급속한 산업화의 공과 실을, 그리고 제3세계 노동자들에 의한 아래로부터의 글로벌화의 실상, 수도권 비대화와 지가 상승과 연관된 현대사회의 양극화의 문제를 오롯이 안고 있음을 확인할 수 있다. 동시에 그들에 의한 혼종적인 문화의 실천을 여러 흔적과 장소를 통해 확인할 수 있다.

인천 구도심 일대의 구릉지를 덮고 있던 달동네들은 한국전쟁 피난민과 한반도 전역에서 이촌향도한 저소득층 이주자들을 수용하고 있었다. 이곳은 최근 뉴타운개발, 도심재생사업 등으로 그 모습을 잃어가고 있지만, 수도국산 달동네 박물관을 통해 복원되고 박제화되었다. 인천 곳곳에 산재해 있는 공업단지들은 전통제조업이 밀집된 인천 근대화의 요람으로서 여전히 가동 중이지만, 후기산업사회로 진전되면서 점차 과거의 유산으로 변모해가고 있다. 저급 노동력의 수요는 여전히 존재하여 인구구성의 변화를 이끌어내고 있지만, 토지이용의 측면에서 다른 용도로의 전환도 함께 이루어지고 있다. 과거의 것으로 점차 사장되어 버릴 수도 있는 이들 공업지역은 각처로부터 유입되어 고단한 삶을 살아왔던 내국인, 외국인 노동자들의 삶을 오롯이 안고 있다.

이 외에도 이주자들의 삶을 안고 있는 로컬의 현장들은 인천 전역에 독특한 모습으로 펼쳐져 있다. 각 지방의 향우회라는 이름으로 활동하고 있는 인천의 이주자들은 인천의 독특한 정치, 경제, 사회, 문화를 만들어가는 주체로서 나름대로의 역량을 발휘하고 있다. 중국행 여객선터미널과 차이나타운이 모여 있는 중구 일대에는 민간인 차원의 한중 교류가 활발하게 진행되고 있음을 보여주는 상업경관들이 집결해 있다. 송도신도시에 국제학교가 문을 열고 글로벌캠퍼스가 조성되는 것은 많이 알려졌지만, 도화동에 제법 큰 규모의 무슬림센터와 모스크가 존재하고 있다는 사실은 별로 알려지지 않았다. 최근 송도유원지 부근에서는 이슬람의 기념일을 맞아 큰 규모의 무슬림 행사가 개최되

었다. 부평시장 일대는 수도권 일대 미얀마 출신 이주노동자들이 주말
을 즐기기 위해 모여드는 미얀마인 디아스포라 네트워크의 결절지가
되고 있다는 사실을 우리는 잘 모르고 있다. 이들의 문화와 문화경관은
모국으로부터 단지 들고 와 이식해 놓은 그래서 순수성을 간직하고
있는 문화와 문화경관일까? 그들이 처해 있는 맥락 속에서, 다시 말해
그들이 인천이라는 공간에서 접하게 되는 다양한 문화들과의 교류 속
에서 혼종되고 재구성된 문화와 문화경관이 아닐까? 따라서 인천을
인천스럽게 만드는 훌륭한 자산이라고 할 수 있지 않을까?

/ 이영민

제3장

근대도시 인천의 태동

개항기 인구 변화

1. 개항 직전 인천으로의 이주

1) 공간적 범위

1883년 일본에 의해 강제로 개항하기 직전, 인천의 인구에 대한 정보를 제공하는 조선시대 마지막 자료는 『인천부읍지(仁川府邑誌)』라고 할 수 있다. 『인천부읍지』는 당대의 사람들이 자신이 거주하고 있는 지역의 성격과 특징을 기록해 놓은 종합적인 지리지이다.

전국을 대상으로 편찬하는 전국지리지인 여지(輿地)와는 달리 읍지(邑誌)는 인천과 같은 특정 지역의 시간적·공간적·자연적·인문적 제 현상에 대해 체계적이고 종합적으로 기록한 지리지이다. 읍지는 정치·사회·경제·행정 등 각 분야에 걸쳐 상세하게 기록되므로 역사서에서 기록하지 못하는 각 지역에 대한 종합적인 정보를 수록하기 때문에 그 당시의 지역을 이해하는 데 도움을 준다.

이 절에서는 개항 이전 19세기 인천의 인구를 살펴보기 위하여 3개년도(1842년, 1871년경, 1899년)에 편찬된 인천부읍지 자료를 활용하

표 3-1. 인천부읍지에 기록된 인천의 공간적 범위

행정구역	세부 마을(방리)
부내면	- 동촌·승기리·서촌·산성리·남산리·비랑리 등
먼우금면 (遠又亇面)	- 관문으로부터 서쪽으로 10리 - (1842, 1899) *옹암리·묵암리*·동막리·망해리·척전리·한진리·함박리·대아도리·소아도리·야동·옥동 등 - (1871)망해리·척전리·한진리·함박리·대아도리·소아도리·야동·옥동 등
다소면	- 관문으로부터 북쪽으로 10리 - 도마교·사미리·송림리·충훈부·화동·선창리·장천리·고잔리·독정리·비랑리 등
주안면	- 관문으로부터 동쪽으로 10리 - 상십정리·하십정리·석촌리·간촌리·성리·구월리·지상리·전자리 등
남촌면	- 관문으로부터 동쪽으로 10리 - 염촌·냉정리·능동·논현리·도림리·오봉산·고잔리·사리동·여무실리·발이동·경신리 등
조동면	- 관문으로부터 동쪽으로 15리 - (1842, 1871)노상리·수월리·일리·담방리·동곡·설래리·상음실리·하음실리·연락동·만의리 등 - (1899)노상리·수월리·일리·담방리·곡촌·설래리·상음실리·하음실리·연락동·만의리 등
신현면	- 관문으로부터 동쪽으로 30리 - 산정리·후음리·시산리·다안리·사동·방곡리·검암리·행정리·대아동·제강동 등
황등천면	- 관문으로부터 동쪽으로 40리 - (1842)목과동·각하리·중림리·*두길리*·계일리·고공리·구음리·내동리·풍동 등 - (1871, 1899)목과동·각하리·중림리·*송길리*·계일리·고공리·구음리·내동리·풍동 등
전반면	- 관문으로부터 동쪽으로 40리 - 양지리·안현리·가대리·매착리·장락동·도이현·도두리·신촌·진촌·강창리·검의동·율도리·백전리·능내리·무지천리 등
이포면	남양의 경계로 바로 들어가며, 관문으로부터 남쪽으로 백리

* 자료 : 인천광역시 역사자료관 역사문화연구실, 2004, 『인천역사문화총서9: 역주 인천부읍지』, p.15; 123; 173.
* 주 : 세부 마을(방리)에서 기울임체는 시기별 해당 마을이 상이한 것을 의미

였다. 개항 이후 대한제국시대에 편찬된 1899년 인천부읍지를 활용한 이유는 이 읍지가 조선의 관점에서 인천을 기록한 마지막 지리지이기도 하지만, 동일한 읍지에 담고 있는 정보 특히, 인구의 변화를 시계열적으로 비교함으로써 그 당시 인천의 인구 변화를 보다 종합적으로 이해하기 위해서이다. 또한, 이들 읍지는 모두 지방관아가 편찬한 관찬(官撰) 지리지이기 때문에 개인이 작성한 지리지보다 시계열 비교 측면에서 자료의 통일성을 확보할 수 있다는 장점을 가진다.

당시 인천부읍지에서는 대상 지역으로 부내면, 먼우금면, 다소면, 주안면, 남촌면, 조동면, 신현면, 황등천면, 전반면, 이포면 등 10개의 면을 제시하고 있는데(표 3-1), 이를 통해 당시 인천의 공간적 범위를 이해할 수 있다. 현재 문학초등학교 자리에 위치했던 관아를 중심으로 동서남북으로 거리를 표시하고 있으며, 관아가 위치한 부내면에서부터 멀게는 100리 거리에 위치한 이포면(현재의 화성시 남양면과 비봉면 일대로 추정)까지 포함하고 있다. 각 연도별 공간적 범위를 살펴보면, 먼우금면의 경우 1842년 읍지에 포함되었던 옹암리, 묵암리, 동막리 등의 지역이 1871년 읍지에서는 누락되었으나 다시 1899년 읍지에서는 포함되어 있으며, 황등천면의 경우 1842년 읍지에 포함되었던 두길리 대신에 1871년과 1899년 읍지에서는 송길리가 포함되어 있는 등 약간의 변화를 보이고 있다.

2) 인구 현황 및 특성

시기별 인구 변화를 살펴보면, 1842년에는 7,999명이던 인구가 1871년에는 9,150명, 1899년에는 20,189명으로 나타나 개항 이후 인구가

급증한 것을 알 수 있다(표 3-2). 1842~1871년 동안(29년) 4.1% 증가한
인구가 1871~1899년 동안(28년)에는 무려 76.6%가 증가하였다. 가구
당 인구수에서도 1842년에는 3.1명에 불과하던 인구가 1871년 3.4명,
1899년 4.2명으로 증가하였는데, 이는 인천으로 가족 단위의 이주인구
가 증가하였거나, 출생아수가 증가하였음을 의미한다.

한편, 여성 100명에 대한 남성의 수를 의미하는 성비를 통해 개항기
전후 인천의 인구 특성을 살펴보면, 성비의 변동이 매우 큰 특징을
보이고 있다. 1842년 130.8로 남초현상이 매우 높게 나타난 이후 1871
년에는 반대로 여초현상(86.4)이 두드러졌으며, 이후 다시 1899년에는
남초현상(124.1)을 나타낸다. 이는 이 당시의 인천이 해안가에 위치하며
수도권에 대한 방어 기능을 지닌 지역이라는 지정학적 특징을 잘 보여주
는 것으로 해석할 수 있다. 즉, 조선에 대한 본격적인 개항의 물결이
일기 전인 1842년에는 어업 활동과 군사 활동에 유리한 남성이 많았지
만, 본격적인 개항의 물결과 더불어 찾아온 양요와 운요호사건 등의
군사적 충돌은 남성의 수를 감소시키는 원인으로 작용했으며, 개항
후 조계(1914년 철폐)가 형성되고 본격적인 초기 관문도시의 기능을 가지
게 되면서 인천항이나 관련 산업, 물류 관련 일자리가 급증하면서 남성
인구의 유입을 증가시킨 것으로 이해할 수 있을 것이다.

표 3-2. 개항 전후 인천의 인구 현황

연도	가구수(호)	인구수(명)	가구당 인구수(명)	성비
1842	2,615	7,999(남 4,533, 여 3,466)	3.1	130.8
1871	2,723	9,150(남 4,242, 여 4,908)	3.4	86.4
1899	4,808	20,189(남 11,181, 여 9,008)	4.2	124.1

* 자료 : 인천광역시 역사자료관 역사문화연구실, 2004, 『인천역사문화총서9: 역주 인천부읍지』
　　　참조 작성.

인천부읍지에서는 면 단위별 인구 정보가 없기 때문에, 인천의 세부 지역(면)별 인구 자료를 제공하는 『여지도서(輿地圖書)』를 통해서 인구의 공간적 분포 특성을 살펴볼 수 있다. 여지도서는 1757년(영조 33)~1765년(영조 41) 동안 전국 각 군현에서 편찬한 읍지를 모아 엮은 전국 지리지로, 인천의 인구 자료에 대한 기준을 1759년의 호적자료로 제시하고 있다. 여지도서는 1842년의 인천부읍지보다 83년 정도 앞서 작성된 자료이지만, 공간적 범위가 1842년 읍지의 범위와 동일한 10개의 면지역으로 구성되어 있고 면지역의 위치도 관아를 중심으로 유사하게 위치하고 있어 당시 인천의 지역별 인구 분포를 이해하는 데 도움을 준다.

1759년 기준 인천의 총가구수는 2,934호, 총인구수는 9,932명(남자 4,752명, 여자 5,180명)을 나타내어 1842년의 총가구수 및 인구수보다 많았음을 알 수 있다. 세부 지역별로는 지금의 청학동, 옥련동, 동춘동, 연수동 등으로 구성된 먼우금면이 가장 많은 1,523명이 분포하여 전체 인구의 15.3%를 차지하였으며, 다음으로 남촌면(13.7%), 다소면(12.2%), 황등천면(11.4%), 주안면(10.7%), 신현면(106%) 등의 지역에서 1,000명 이상 분포하였다. 반면 관아를 기준으로 가장 먼 곳에 위치한 이포면에서는 206명(2.1%)이 거주하여 가장 낮은 분포 비중을 나타냈으며, 그 외에 관아가 있던 부내면(9.5%)을 비롯하여 전반면(7.8%), 조동면(6.8%)은 상대적으로 인구규모가 작은 지역으로 나타났다(표 3-3).

표 3-3. 1759년경 인천의 지역별 인구 분포

지역	가구수	인구수			위치
		합계	남자	여자	
부내면	335	941	435	506	관문에서 동서로 각 5리
조동면	265	673	289	384	부의 동쪽 15리
신현면	459	1,053	476	577	부의 동남쪽 30리
전반면	303	773	338	435	부의 동남쪽 40리
황등천면	371	1,128	576	552	부의 동쪽 40리
남촌면	316	1,362	683	679	부의 남쪽 10리
먼우금면	247	1,523	796	727	부의 서남쪽 10리
다소면1)	353	1,207	588	619	부의 서쪽 15리
주안면	238	1,066	450	616	부의 북쪽 10리
이포면	47	206	121	85	부의 동남쪽 120리(육로), 수로는 30리
합계	2,934	9,932	4,752	5,180	

* 자료 : 국사편찬위원회 편, 1973, 한국사료총서 제20집 여지도서 상(http://db.history.go.kr).

개항기 인구 변화와 관련하여 인천부읍지에 나타난 「결총(結摠)」과 「전부(田賦)」 자료를 활용하면 또 다른 흥미로운 사실을 발견하게 된다. 결부제(結負制)란 토지를 절대 면적으로 계량화하는 것이 아니라, 생산량을 기준으로 토지를 구획하는 방법이다. 즉, 척박한 땅은 비옥한 땅보다 더 넓은 면적을 1결(結)로 정하여 절대 면적이 달라도 같은 1결로 계량된 토지에서는 동일한 곡식이 생산되고, 이에 근거하여 1결당 동일한 세액을 부과하였다. 당시 인천의 농지(전답)에 대한 생산

---

1) 다소면과 남촌면의 경우 여지도서와 인천부읍지에서 위치가 상이함. 다소면은 여지도에서는 서쪽 15리, 1842년 이후의 인천부읍지에서는 북쪽 10리, 1872년 인천부지도에서는 서쪽 10리로 기록. 남촌은 여지도서에서는 남쪽 10리, 인천부읍지와 인천부지도에서는 동쪽 10리로 기록. 이는 다소면이 관아를 기준으로 서북쪽, 남촌면은 동남쪽에 위치하기 때문에 각 자료에서 표현을 달리한 것으로 판단됨.

성 또는 비옥도(1~6등급)에 대한 정보가 없기 때문에 읍지에 나타난
결총(전답의 총면적) 정보를 통하여 전체 농지의 면적을 추정하는 것
은 어렵지만, 인구변화와 결총의 변화를 비교함으로써 둘 간의 관계
를 유추할 수 있을 것이다.

　1842년과 1871년은 모두 2,282결 5부(負) 1속(束)으로 결총이 같지
만, 1899년에는 1,879결 3부 1속으로 383결 이상 줄어들었다(표
3-4). 1871~1899년 동안 인구가 11,039명 증가한데 반해, 결총이 줄
어든 것은 개항기를 거치면서 전답이 다른 용도로 전환되었거나 토
지의 비옥도에서 변화가 이루어진 것으로 해석할 수 있다. 왜냐하면,
1842년과 1971년에는 새로이 경작하게 된 농지가 각각 1천결 이상
증가하였음을 제시하였는데 반해, 1899년에는 농지의 증가가 없는
가운데 결총이 줄어든 것이기 때문에 개항 이후 조계 등을 통해 증가
하는 인구를 수용하기 위한 비농업적 용도로 농지가 전환되었거나
개항에 따른 새로운 농업기술의 유입 등으로 단위면적당 생산량이
증가한 것으로 볼 수 있다.

표 3-4. 개항기 전후 인천의 결총(전답)

연도	결(結)	부(負)	속(束)	비고
1842	2,282	5	1	신규로 경작하게 된 논밭은 1,174결 84부 9속
1871	2,282	5	1	신규로 경작하게 된 논밭은 1,092결 165부 6속
1899	1,879	3	1	-

* 자료 : 인천광역시 역사자료관 역사문화연구실, 2004, 『인천역사문화총서9: 역주 인천부읍지』,
　　p.23; 132; 182.
* 주 : 10속이 1부(혹은 1복(卜)), 100부가 1결임. 1결의 쌀생산량은 400두.

3) 고지도로 본 인천

인천부읍지는 개항기 전후 인천의 공간적 범위와 인구의 변화를 이해하는 데 도움을 준다. 하지만, 인천부읍지에서는 인천의 공간적 범위를 지역명으로 제시하고 있을 뿐 지도는 제공하고 있지 않아 보다 정확한 공간적 범위를 알 수는 없다. 또한, 읍지에서 제시한 이들 지역명이 일제강점기를 거치면서 개명되거나 시간의 흐름에 따라 사라지고 행정경계가 변경되는 등 많은 변화를 수반하여 당시의 지역을 현재의 지역과 정확히 일치시키기 어려운 문제가 있다. 따라서 이러한 문제를 보완하기 위하여 고지도를 활용하여 당시 인천의 공간적 범위를 이해하고자 하였다.

이 절에서는 개항 직전 인천의 공간적 범위를 나타내고 있는 동여도와 대동여지도, 그리고 1872년 지방지도(군현지도)를 중심으로 살펴보았다. 먼저, 19세기 중반에 김정호가 제작하여 대동여지도의 저본(底本)으로 삼았던 것으로 추정되는 「동여도(東輿圖)」와 1861년에 김정호가 제작한 「대동여지도(大東輿地圖)」에서는 인천의 경계를 실선으로 표시하여 개략적인 공간적 범위를 이해하는 데 도움을 준다(그림 3-1 및 그림 3-2).

인천을 중심으로 동쪽으로는 시흥, 서쪽은 월미도, 영종도 등을 포함한 도서, 남쪽은 안산, 북쪽은 부평과 경계를 이루고 있으며, 당시에는 월미도가 인천의 경계 밖에 위치하는 모습을 보이고 있다. 당시의 공간적 범위는 현재의 동구, 미추홀구, 중구, 연수구, 남동구 일대와 일부 시흥시를 포함하고 있다. 문학산 아래에 관아가 위치하고 있으며, 동여도에서는 그곳에 부내(府內)를 기입함으로써 당시 인천

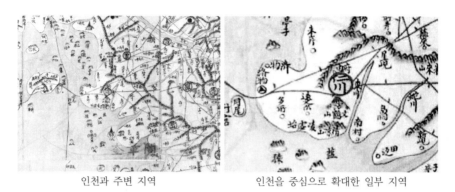

<table>
<tr><td>인천과 주변 지역</td><td>인천을 중심으로 확대한 일부 지역</td></tr>
</table>

* 자료 : 규장각 한국학연구원(http://kyujanggak.snu.ac.kr).

그림 3-1. 동여도상의 인천

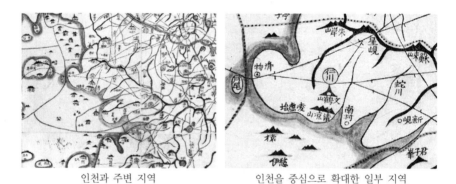

<table>
<tr><td>인천과 주변 지역</td><td>인천을 중심으로 확대한 일부 지역</td></tr>
</table>

* 자료 : 규장각 한국학연구원(http://kyujanggak.snu.ac.kr).

그림 3-2. 대동여지도상의 인천

의 중심지 기능을 수행한 것을 알 수 있다.

　1872년 지방지도는 개항기 흥선대원군의 주도 하에 지방의 실정을 파악하기 위하여 1871년 읍지 편찬사업을 실시한 후 이듬해인 1872년에 국가 주도로 제작된 전국의 군현 지도집이다. 앞의 동여도와 대동여지도는 거리의 정확성을 추구한 방안식(方眼式) 지도인 데 반하

 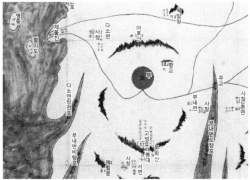

전체 지역	관아를 중심으로 확대한 일부 지역

* 자료 : 규장각 한국학연구원(http://kyujanggak.snu.ac.kr).

그림 3-3. 인천부지도

여, 이 지방지도는 정확도는 다소 낮지만 지역 전체의 개략적인 경관
과 이미지를 표현해 주는 회화식(繪畵式) 지도이다. 1872년 지방지도
의 「인천부지도(仁川府地圖)」에 나타난 공간적 범위도 동여도와 대동
여지도와 비슷하게 현재의 동구, 미추홀구, 중구, 연수구, 남동구 일
대와 일부 시흥시를 포함하고 있다(그림 3-3). 동여도와 대동여지도
에서는 원 안에 인천으로 표시하였지만(그림 3-1 및 그림 3-2), 인천부
지도에서는 인천 지역만을 나타낸 지도이기 때문에 원 안에 부(府)를
표시하여 관아의 위치를 표시하고 있다. 앞의 두 지도에서는 월미도
등 서쪽의 도서들을 인천의 경계 외부에 표시하였지만, 인천부지도
에서는 영종, 월미, 물치(작약) 등 도서를 표시하여 하나의 권역으로
인식하고 있다(그림 3-3). 또한, 인천부지도에서는 인천부읍지(1842,
1871, 1899)에서 제시한 공간단위인 면(面)과 관문으로부터의 거리를
표시해 주고 있으며, 인천부읍지와 인천부지도의 지역구성이 유사한

특징을 보이고 있어 당시의 개략적인 공간 범위를 파악하는 데 도움을 주고 있다. 물론, 인천부읍지의 지역과 인천부지도를 상세하게 비교하고 당시의 지역명을 현재의 지역명과 비교할 경우 당시 인천의 공간적 범위를 보다 정확히 추적하는 데 도움이 될 것이다.

2. 개항 이후 인천으로의 이주

1) 국내 문헌으로 본 인구 변화

1876년 2월 일본과의 강제적인 강화도조약 체결을 통해 부산 (1876), 원산(1880)에 이어 인천항이 개항된 1883년부터 1910년 8월 일제강점기 이전까지 개항기 동안 인천의 전체적인 인구 특성을 상세하게 기록한 문헌은 많지 않은 편이다. 따라서 이 절에서는 크게 인천의 인구와 관련하여 우리나라에서 기록한 문헌과 일본(인)이 작성한 제한적인 문헌에 의존하여 개항기 인천의 인구 특성을 고찰하고자 하였다.

먼저, 우리나라에서 개항기 인천의 인구 자료를 제시하고 있는 주요 기관으로는 관세청 인천세관본부, 인천발전연구원, 인천광역시청, 인천부(仁川府) 등이 있다. 하지만 이들 자료는 개항기 모든 시기의 인구를 제시하기보다는 특정 연도의 인구를 제시하고 있어 개항기 전체의 시계열 변화를 고찰하기는 어려운 문제를 지니고 있다. 또한, 인천부에서 작성한 인천부읍지의 경우에는 앞서 개항기 직전의 인구 특성에서 살펴본 바와 같이, 10개 면을 대상으로 인구를 20,189명으로 제시한 반면 다른 기관의 자료에서는 구체적인 공간적 범위

표 3-5. 우리나라 주요 기관에서 제시한 개항기 인천의 인구 현황

주요 기관	연도	인구수
관세청 인천세관본부	1883	4,700명 (외국인 348명 포함)
인천광역시 역사자료관	1883	4,700명
인천발전연구원	1887	14,280명 (한국인 8,943명, 일본인 3,949명, 중국인 1,331명 포함)
인천광역시	1889	26,021명
	1897	26,621명
	1907	31,265명
인천부	1899	20,189명

* 자료 : 관세청 인천세관본부, 2003, 『인천세관 120년사(1883~2003)』.
　　　인천광역시 역사자료관, 2010, 『인천역사문화총서60, 인천역사 7호: 인천 지리의 재발견』.
　　　인천발전연구원, 2014, 인천의 도시연표.
　　　인천광역시, 2017, 『1883-2014 인천의 도시계획』.
　　　인천광역시 역사자료관 역사문화연구실, 2004, 『인천역사문화총서9: 역주 인천부읍지』.

를 제시하지 않고 있으며, 해당 연도의 인구수에 대한 근거가 없어 자료의 정확성을 신뢰하기 어려운 문제점을 지니고 있다. 즉, 역사의 흐름 속에서 도시는 끊임없이 변화하는 특성을 보이고 있지만, 도시의 규모와 같은 공간적인 크기의 변화를 고려하지 않은 채 막연한 인구규모를 제시하는 것은 도시에 대한 잘못된 정보를 제공할 수 있게 된다.

제한된 자료를 이용하여 인천의 인구를 살펴보면, 인천이 개항한 1883년 인구에 대해서는 관세청과 인천광역시 역사자료관에서 4,700명으로 제시하고 있으나 4년 후인 1887년에는 약 3배 이상 증가한 14,280명(인천발전연구원), 그리고 2년 후인 1889년에는 다시 1.82배 증가한 26,021명(인천광역시)으로 증가한 것으로 나타났다. 그 이후

1897년까지 8년 동안은 6백 명 증가에 그쳤으며, 10년 후인 1907년에 는 1.17배 증가한 31,265명(인천광역시)을 나타냈다(표 3-5).

이들 자료에 따르면, 인천의 인구가 1883년 개항 이후 1889년까지 단기간에 급속한 성장을 이룬 후 8년 동안은 정체기를 경험하였으 며, 이후 10년 동안은 약간의 성장을 경험한 것으로 해석할 수 있다. 하지만, 앞서 언급한 바와 같이 이들 인구규모에 대해서는 근거와 공 간적 범위가 제시되어 있지 않기 때문에 이들 자료를 그대로 받아들 여 인천의 인구규모를 단정 짓는 것은 바람직하지 않다.

먼저, 1883년의 인구수를 다시 살펴보면 외국인 348명을 포함하 여 4,700명으로 제시하였지만, 이는 개항 직전에 작성된 1871년의 인천부읍지에서 제시한 인구규모(9,150명)보다 작으며, 외국인(일본 인) 348명을 제외할 경우 1871년의 약 48% 규모에 불과한 수준이다. 따라서 1883년의 인구규모는 상당히 과소 추정되었거나 대상 범위가 인천부읍지의 공간적 범위보다 상당히 작았을 것으로 유추할 수 있 다. 만약, 공간적인 범위를 인천부읍지와 동일한 10개의 면 지역으로 설정할 경우 4,700명을 훨씬 넘는 10,000명 가까운 인구규모를 나타 냈을 것으로 추정할 수 있다. 왜냐하면, 인천부읍지에서 인천의 인구 가 57년 동안 지속적으로 성장하는 추세[2]에 있었으며, 특히 개항 전 후 시기인 1871~1899년에는 인구 증가규모가 더욱 컸기 때문에, 1883년 당시 외국인(일본인) 인구(348명)까지 고려하면 인천의 내외 국인으로 구성된 총인구수는 최소 10,000명 이상이었을 것으로 추정 할 수 있다. 반면, 4,700명으로 제시한 공간적 범위를 유추하면, 면

---

2) 1842년 7,999명, 1871년 9,150명, 1899년 20,189명.

저 외국인(일본인)이 거주한 제물포 개항장을 중심으로 한 그 주변 지역으로 설정할 수 있을 것이다. 왜냐하면, 당시 개항장이 제물포였으며 1883년에 일본조계가 설정되면서 일본인의 거주가 본격화되었고, 개항 관련 새로운 기회들이 이 지역으로 집중됨으로써 제물포를 중심으로 한 지역이 인천의 새로운 중심지 역할을 했기 때문이다. 또한, 1759년의 여지도서에서 제시한 면 지역별 인구 구성을 보면, 제물포와 그 주변 지역에 속하는 지역(부내면, 다소면, 먼우금면)의 인구가 3,671명으로 124년 동안의 인구증가와 1883년 외국인(일본인) 인구를 합하면 약 4,000~5,000명 정도에 이를 것이기 때문에 4,700명의 인구규모는 제물포 일대의 인구수로 이해하는 것이 타당할 것이다.

1883년 인천의 전체 지역 인구를 약 10,000명으로 가정할 경우 외국인수를 반영한 1887년 인구규모(14,280명)는 개항기 인구규모 추이에서 크게 벗어나지 않는 것으로 보인다. 하지만, 1889년 인구(26,021명)와 1897년 인구(26,621명)는 인구규모와 공간범위의 유추에 어려움이 있다. 왜냐하면 불과 2년(1887~1889년) 만에 11,741명이 증가한 이후 8년(1889~1897년) 동안에는 불과 600명 증가에 그치고 있으며, 그리고 이들 인구규모가 이후 시기인 1899년(인천부읍지)의 인구규모(20,189명)보다 오히려 크게 나타나고 있기 때문이다. 만약, 인천부읍지가 외국인수를 포함하지 않은 반면, 1889년과 1897년 자료에서는 외국인수를 포함하고 있을 경우 전체적인 규모가 유사하겠지만, 1889년의 인구규모에 대해서는 급격한 인구증가를 유인한 요인을 구체적으로 유추하기 어려운 실정이다. 따라서 한 지역의 인구규모에 대해서는 자료 및 논리에 근거한 체계적인 연구를 토대로 지역

내 기관 간 통일된 정보를 제공하여 혼란을 방지할 필요가 있다.

2) 일본 문헌으로 본 인구 변화

개항기 인천의 인구와 관련해서는 많은 부분 일본(인)이 작성한 문헌에 의존하고 있는 편이다. 그 이유는 개항기 동안 당시 조선을 둘러싼 청일전쟁, 러일전쟁 등의 전쟁과 대한제국의 건국과 종말 등 대내외 혼란기의 틈에서 자주적인 기록문화가 쇠퇴하였으며, 간행된 자료들도 일제강점기를 거치면서 상당부분 유실되었기 때문이다. 반면, 조선에 대한 지속적인 지배 야욕을 드러낸 일본은 개항과 동시에 본격적으로 각종 자료를 수집하고 축적하였기 때문에 개항기 인천의 인구자료는 더욱 일본(인)의 문헌에 의존할 수밖에 없다.

개항기 인천의 인구 정보를 제공하는 자료는 야쿠시지 지로(藥師寺知朧)와 오가와 유조(小川雄三)가 공동 편찬한 『신찬 인천사정(1898)』, 가즈키 겐타로(香月源太郎)의 『한국안내(1902)』, 아이자와 니스케(相澤仁助)의 『한국 2대항 실세(1905)』, 인천개항 25년 기념회에서 기획하고 시노부 준페이(信夫淳平)가 편찬한 『인천개항 25년사(1908)』, 가세 와사부로(加瀨和三郎)의 『인천개항 25년사(1908)』 그리고 인천부청(仁川府廳)에서 편찬한 『인천부사(1933)』 등이 있다(표 3-6).

『신찬 인천사정(新撰 仁川事情)』의 저자들은 인천 지방지인 조선신보의 기자, 가즈키 겐타로는 관문시보의 통신원, 아이자와 니스케는 조선일보 기자였으며, 일본개항 25년사는 일본 입장에서 개항 25년이 되는 1908년에 개항 25주년 기념제를 개최하면서 편찬한 것으로 가세 와사부로는 저널리스트이면서 조선타임즈의 이사였고, 시노부 준페이는 인천 이사청(영사관) 이사관이었다. 『인천부사(仁川府史)』는 1910년 10월 1일 조선총독부가 지방행정조직을 개편하면서 만든 행정구역인 인천부(仁川府)에서 인천 개항 50주년을 기념하여 작성한 것으로 기관지 성격을 지닌다. 이는 인구 측면에서 보면, 인천에 대해서 초창기에는 기자나 통신원의 입장에서 실무적으로 필요한 정보를 최대한 조사, 수집, 정리하여 인천을 일본에 소개하려고 노력하였으며, 개항 25년사와 인천부사는 각각 일본의 입장에서 개항 25주년과 50주년을 기념하여 그동안의 성과를 집대성한 것으로 상당부분 개항 이후 제시된 정보들을 수용한 특징을 지니고 있다. 그 대표적인 사례가 1883년부터 1931년까지 인천의 인구정보를 제공하는 인천부사에서 잘 나타나는데, 인천부사는 시노우 준페이가 편찬한 인천개항 25년사의 1894년까지 인구자료를 그대로 수용하고 있으며, 시노부 준페이의 문헌은 또한 아이자와 니스케의 한국 2대항 실세 자료를 거의 그대로 활용하고 있다. 인천부사는 1895년부터, 한국 2대항 실세에서는 1901년부터 일본 이외 국가의 인구자료를 포함하고 있음을 감안하면 한국 2대항 실세는 시노부 준페이의 인천개항 25년사에 영향을 주었고, 이는 다시 인천부사에 영향을 주었음을 알 수 있다. 또한, 모든 문헌들이 일본인 중심의 인구에 초점을 두고 있으며 특히 신찬 인천사정과 인천개항 25년사는 모든 자료가 일본인 중심으로 되어 있다.

이들 6가지 문헌에서 제시한 개항 당시 인천의 인구규모와 관련하여 신찬 인천사정과 가세 와사부로의 인천개항 25년사는 나머지 3개의 문헌과 상대적으로 큰 차이를 보이고 있다. 따라서 개항 당시 인천의 인구규모를 보다 정확히 파악하기 위하여 그 당시 일본 내각의

표 3-6. 개항기 일본 주요 문헌에 기록된 인천의 인구규모

연도	신찬 인천사정 (1898)	한국안내 (1902)	한국 2대항 실세 (1905)	인천개항 25년사 (시노부 준페이) (1908)	인천개항 25년사 (가세 와사부로) (1908)	인천부사 (1933)
1883	348	348	348	348	348	348
1884	401	401	116	116	116	116
1885	561	561	562	562	562	562
1886	706	706	706	706	706	706
1887	855	855	855	855	855	855
1888	1,359	1,359	1,359	1,359	1,359	1,359
1889	1,401	1,361	1,361	1,361	1,361	1,361
1890	1,616	1,616	1,616	1,616	1,616	1,616
1891	2,466	2,466	2,332	2,331	2,332	2,331
1892	2,540	2,540	2,540	2,540	3,949	2,540
1893	2,504	2,504	2,504	2,504	2,504	2,504
1894	4,499	4,499	3,201	3,201	3,206	3,201
1895	4,148	4,148	4,148	4,148	4,148	8,876
1896	3,904	3,904	3,904	3,904	3,906	10,660
1897	3,949	3,949	3,949	3,949	2,540	14,280
1898	-	4,301	4,301	4,301	4,301	13,496
1899	-	4,218	4,218	4,218	4,218	13,001
1900	-	4,209	4,215	4,215	4,215	16,445
1901	-	4,703	17,432	4,628	4,628	17,499
1902	-	-	15,895	5,136	5,136	15,970
1903	-	-	17,048	6,433	6,433	17,152
1904	-	-	19,586	9,484	9,484	19,596
1905	-	-	24,665	12,711	12,185	26,330
1906	-	-	-	12,937	13,289	32,638
1907	-	-	-	11,467	12,937	26,265
1908	-	-	-	-	12,607	29,095
1909	-	-	-	-	-	25,950

관보를 활용하여 6개 문헌의 인구 정보와 비교를 시도하였다. 물론, 당시 시노부 준페이가 인천의 영사관에 근무하였기 때문에 그가 편찬한 인천개항 25년사와 일본 내각 관보의 인구규모가 동일할 수도 있지만, 관보는 국가의 공식 기관지이기 때문에 당시 공신력 있는 정보라는 차원에서 검토의 가치가 있다고 볼 수 있다.

관보에서는 수시로 인천의 인구 관련 정보를 외보란에 소개하고 있는데, 6개 문헌의 자료와 일치성을 검토하기 위하여 해당 시기의 연말을 기준으로 관보에 제시된 인구 자료를 중심으로 살펴보았다. 자료는 일본 국립국회도서관의 디지털컬렉션에서 제공하는 자료를 활용하였으며, 관보에서는 인천의 인구정보를 보통 1~2개월 늦게 게재하고 있다.

먼저, 인천의 인구규모와 관련하여 연말을 기준으로 제공하는 가장 오래된 관보인 1888년 3월 12일자 관보(제1407호)에서는 1887년 말 기준 인천의 인구수를 855명으로 제시하고 있어 상기 6개 문헌의 인구 자료와 동일한 것을 알 수 있다. 그러나 1890년 1월 21일자 관보(제1966호)에서는 1889년 말 기준 인천의 인구를 1,361명으로 제시하여 신찬 인천사정의 인구수(1,359명)와 상이하였으며, 1890년 1월 21일자 관보(제1966호)에서도 1889년 말 기준 인천의 인구를 1,361명으로 제시하여 신찬 인천사정의 인구수(1,401명)와 상이하였다. 또한, 1892년 1월 15일자 관보(제2560호)에서는 1891년 말 기준 인천의 인구를 2,331명으로 제시하여 신찬 인천사정과 한국안내(2,466명)의 인구수와 차이를 보였으며, 1893년 1월 14일자 관보(제2861호)에서는 1892년 말 기준 인천의 인구를 2,540명으로 제시하여 가세 와사부로의 인천개항 25년사에 제시된 인구수(3,949명)와 큰 차이를 보였다(그림 3-4).

(역주) 조선
○ 인천항 거류 일본인 호구:
1887년 12월 인천항 거류 일본인
수는 855명(남 557명, 여 298명)
이며, 호구 수는 121호임(외무성)

자료: 내각관보국, 1888년 3월 12
일 관보(제1407호)

* 자료 : 大藏省印刷局 [編], 明治21年, 官報. 1888年 03月 12日 (http://dl.ndl.go.jp/).

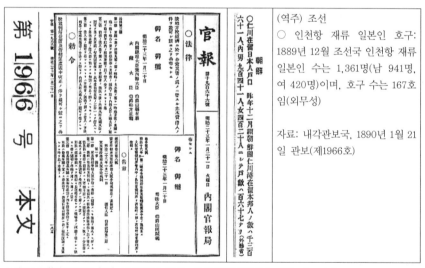

(역주) 조선
○ 인천항 재류 일본인 호구:
1889년 12월 조선국 인천항 재류
일본인 수는 1,361명(남 941명,
여 420명)이며, 호구 수는 167호
임(외무성)

자료: 내각관보국, 1890년 1월 21
일 관보(제1966호)

* 자료 : 大藏省印刷局 [編], 明治23年, 官報. 1890年 01月 21日 (http://dl.ndl.go.jp/).

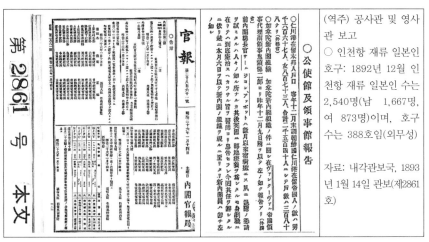

* 자료 : 大藏省印刷局 [編], 明治26年, 官報, 1893年01月14日(http://dl.ndl.go.jp/).

그림 3-4. 일본 내각 관보에 게재된 인천에 거주하는 일본인 호구 정보

　　개항기 인천의 인구정보를 제공하는 주요 6개 문헌과 당시의 관보를 비교한 결과, 6개 문헌 중 일부는 지속적으로 연말을 기준으로 조사한 반면 일부는 연말과 연중의 특정 월을 병행 사용한 것으로 추정되며, 한국 2대항 실세와 시노부 준페이의 인천개항 25년사, 그리고 인천부사에서 제시한 인구규모가 관보의 연말인구 규모와 같은 것으로 나타났다. 따라서 이 절에서는 관보의 인구자료와 동일할 뿐만 아니라 1883년부터 1931년까지 가장 장기간의 인구자료를 제시하고 있어 시계열 비교에 상대적으로 효과적이며 1895년부터는 일본 이외 국가의 인구자료까지 제시하고 있어 국가 간 비교에도 효과적인 인천부사의 자료를 중심으로 인천의 인구를 고찰하고자 한다.

　　인천부사를 기준으로 개항기 인천의 인구 특성을 살펴보면, 1883년 348명의 인구에서 1910년에는 31,011명으로 27년 동안 무려 8,811%

증가한 것으로 나타난다(그림 3-5 및 표 3-7). 하지만, 인천부사에서
제시하는 것처럼 이 인구자료에는 1895년에 이르러서야 당시 조선인이
포함되고, 1897년에 중국인과 기타 외국인이 포함되어 있듯이 인천
전체의 인구 규모를 제시하는 것이 아님을 알 수 있다. 또한, 공간적인
범위에서도 1883년 기준으로 348명에 그치고 있어 개항장과 조계가
형성된 제물포 일대로 범위가 국한되어 있음을 알 수 있다.

　인천부사 자료에 따르면 1884년 일본인 인구가 116명으로 급감한
것을 제외하면 전체적으로 인구가 지속적으로 증가하는 추세를 보이
고 있다. 1884년 일본인의 급감은 그해 12월 발생한 갑신정변의 영
향이 큰 것으로 보이는데, 그 이유는 앞서 관보의 사례에서 살펴보았
듯이 인천부사에서는 인천의 인구자료를 매년 12월 말을 기준으로
작성하였기 때문에 12월에 발생한 갑신정변이 12월 말의 인구규모에
큰 영향을 준 것으로 해석할 수 있다.

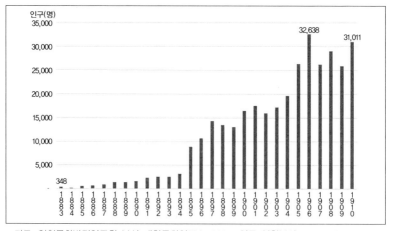

* 자료 : 인천문화발전연구원 부설 개항문화연구소, 2004, 역주 인천부사: 1883~1933.

그림 3-5. 개항기 인천의 인구변화

표 3-7. 개항기 인천의 국가별 인구구성

연도	총인구	일본	비중 (%)	조선	비중 (%)	중국	비중 (%)	기타 외국인	비중 (%)
1883	348	348	100.0	–	–	–	–	–	–
1884	116	116	100.0	–	–	–	–	–	–
1885	562	562	100.0	–	–	–	–	–	–
1886	706	706	100.0	–	–	–	–	–	–
1887	855	855	100.0	–	–	–	–	–	–
1888	1,359	1,359	100.0	–	–	–	–	–	–
1889	1,361	1,361	100.0	–	–	–	–	–	–
1890	1,616	1,616	100.0	–	–	–	–	–	–
1891	2,331	2,331	100.0	–	–	–	–	–	–
1892	2,540	2,540	100.0	–	–	–	–	–	–
1893	2,504	2,504	100.0	–	–	–	–	–	–
1894	3,201	3,201	100.0	–	–	–	–	–	–
1895	8,876	4,148	46.7	4,728	53.3	–	–	–	–
1896	10,660	3,904	36.6	6,756	63.4	–	–	–	–
1897	14,280	3,949	27.7	8,943	62.6	1,331	9.3	57	0.4
1898	13,496	4,301	31.9	7,349	54.5	1,781	13.2	65	0.5
1899	13,001	4,218	32.4	6,980	53.7	1,736	13.4	67	0.5
1900	16,445	4,215	25.6	9,893	60.2	2,274	13.8	63	0.4
1901	17,499	4,628	26.4	11,158	63.8	1,640	9.4	73	0.4
1902	15,970	5,136	32.2	9,803	61.4	956	6.0	75	0.5
1903	17,152	6,433	37.5	9,450	55.1	1,160	6.8	109	0.6
1904	19,596	9,403	48.0	9,039	46.1	1,063	5.4	91	0.5
1905	26,330	12,711	48.3	10,866	41.3	2,665	10.1	88	0.3
1906	32,638	12,937	39.6	18,361	56.3	1,254	3.8	86	0.3
1907	26,265	11,467	43.7	13,362	50.9	1,373	5.2	63	0.2
1908	29,095	11,283	38.8	15,711	54.0	2,041	7.0	60	0.2
1909	25,950	10,907	42.0	12,903	49.7	2,069	8.0	71	0.3
1910	31,011	13,315	42.9	14,820	47.8	2,806	9.0	70	0.2

* 자료 : 인천문화발전연구원 부설 개항문화연구소, 2004, 『역주 인천부사: 1883~1933』.

일본 이외 국가들의 인구규모를 포함하여 기록한 1895년부터 국가
별 인구를 살펴보면, 일본은 1897년과 1901년을 제외하면 지속적으
로 30~40%대의 비중을 보였다. 특히 1904년과 1905년에는 48%대
의 높은 비중을 차지하였는데, 이는 이 당시에 발생한 러일전쟁과 관
련된 것으로 보인다. 일본은 전체적으로 1883~1910년 동안 348명에
서 13,315명으로 무려 3,726%의 인구 증가를 보였다. 당시 조선인은
1895년에야 인천부사에 기록되었는데, 1895년 4,728명(53.3%)에서
1910년 14,820명(47.8%)으로 인구규모는 213% 증가하였으나, 국가
별 비중에서는 오히려 5.5%감소하였다. 1895년 이후 1910년까지 우
리나라 국민의 전체적인 비중은 40~60%대를 차지하였다.

1897년부터 기록에 나타나기 시작한 중국인의 인구수는 1897년
1,331명에서 1910년에는 2,806명으로 111% 증가하였지만, 국가별
비중에서는 9.3%에서 9.0%로 약간 감소하였다. 중국인의 경우 1900
년에 비중이 13.8%를 차지하였으나, 1906년에는 3.8%를 나타내는
등 인구규모의 연도별 부침이 심하며, 특히 1905년 10.1%에서 1906
년 3.8%로 급감하였는데, 이 역시 러일전쟁 등 그 당시의 정세와 관
련된 것으로 보인다. 그 외의 기타 외국인의 경우에는 1897년 57명
에서 1910년에는 70명으로 약간 증가하였으며, 전체적인 비중도
0.2~0.6% 정도에 불과하였다.

한편, 개항기 국가별 가구수와 가구당 인구수를 살펴보면(표 3-8),
1883년에서 1894년까지는 일본인만을 대상으로 한 자료로 이 당시
에는 가구당 4.5명에서 많게는 8.8명까지 거주하였다. 일본의 경우
1888년(8.8명)과 1889년(8.1명)을 제외하고는 1906년까지 대체로 가
구당 4~6명 수준을 나타내다가 1907년부터는 4명 미만으로 줄어든

표 3-8. 개항기 국가별 가구수 및 가구당 인구수

(단위 : 명, 호)

연도	총 인구	총 가구수	가구당 인구수	일본		조선		중국		기타 외국	
				가구 수	가구당 인구수	가구 수	가구당 인구수	가구 수	가구당 인구수	가구 수	가구당 인구수
1883	348	75	4.6	75	4.6	–	–	–	–	–	–
1884	116	26	4.5	26	4.5	–	–	–	–	–	–
1885	562	109	5.2	109	5.2	–	–	–	–	–	–
1886	706	116	6.1	116	6.1	–	–	–	–	–	–
1887	855	112	7.6	112	7.6	–	–	–	–	–	–
1888	1,359	155	8.8	155	8.8	–	–	–	–	–	–
1889	1,361	167	8.1	167	8.1	–	–	–	–	–	–
1890	1,616	255	6.3	255	6.3	–	–	–	–	–	–
1891	2,331	338	6.9	338	6.9	–	–	–	–	–	–
1892	2,540	388	6.5	388	6.5	–	–	–	–	–	–
1893	2,504	425	5.9	425	5.9	–	–	–	–	–	–
1894	3,201	511	6.3	511	6.3	–	–	–	–	–	–
1895	8,876	1,855	4.8	709	5.9	1,146	4.1	–	–	–	–
1896	10,660	2,539	4.2	771	5.1	1,768	3.8	–	–	–	–
1897	14,280	3,333	4.3	792	5.0	2,360	3.8	157	8.5	24	2.4
1898	13,496	3,038	4.4	973	4.4	1,823	4.0	212	8.4	30	2.2
1899	13,001	2,971	4.4	985	4.3	1,736	4.0	222	7.8	28	2.4
1900	16,445	3,521	4.7	990	4.3	2,274	4.4	228	10.0	29	2.2
1901	17,499	3,630	4.8	1,064	4.3	2,296	4.9	239	6.9	31	2.4
1902	15,970	3,718	4.3	1,221	4.2	2,257	4.3	207	4.6	33	2.3
1903	17,152	4,061	4.2	1,340	4.8	2,452	3.9	228	5.1	41	2.7
1904	19,596	4,297	4.6	1,772	5.3	2,250	4.0	237	4.5	38	2.4
1905	26,330	6,676	3.9	2,853	4.5	3,479	3.1	311	8.6	33	2.7
1906	32,638	6,776	4.8	3,067	4.2	3,485	5.3	186	6.7	38	2.3
1907	26,265	6,600	4.0	2,922	3.9	3,227	4.1	414	3.3	37	1.7
1908	29,095	8,699	3.3	3,830	2.9	4,458	3.5	383	5.3	28	2.1
1909	25,950	6,990	3.7	3,025	3.6	3,515	3.7	419	4.9	31	2.3
1910	31,011	7,790	4.0	3,446	3.9	3,794	3.9	524	5.4	26	2.7

* 자료 : 인천문화발전연구원 부설 개항문화연구소, 2004, 『역주 인천부사: 1883~1933』.

특징을 보이고 있다. 우리나라의 경우 1906년 가구당 5.3명을 제외하면 대부분 3~4명의 수준을 보이고 있다.

반면 중국의 경우 전체적으로 3~10명으로 13년 동안 매우 불안정한 모습을 보이고 있으며, 그 외 국가들의 경우 1.7~2.7명대로 가구당 인구수가 매우 낮은 특징을 보이고 있다. 이는 중국의 경우 중국 자체의 큰 인구규모와 가구구성의 특성 그리고 지리적인 인접성과 당시의 정세 등을 반영한 것이며, 기타 외국의 경우에도 지리적인 거리와 중국 및 일본과는 상이한 직업적 이유 등으로 인하여 상대적으로 안정적인 상태에서 낮은 가구당 인구수를 구성한 것으로 이해할 수 있을 것이다. 전체적으로 조선인 인구가 포함되기 시작한 1895년 이후 1910년까지 전체 가구수는 1,855호에서 7,790호로 320% 정도 증가하였으며, 가구당 인구수는 일본인만을 대상으로 한 1894년까지는 4~8명으로 변동이 심했던 반면에 1895년 이후에는 대체로 3~4명대로 안정적인 가구당 인구수를 나타내고 있다.

3) 국내 문헌과 일본 문헌의 비교로 본 인구 변화와 인천 중심부 형성

우리나라의 주요 문헌과 일본의 주요 문헌들에서 제시한 개항기 인천의 인구를 비교하면, 전체적으로 우리나라 문헌에서 제시한 인구규모보다 일본 문헌의 인구규모가 작게 나타난다(표 3-9). 1895년부터 인천부사에서 일본인 이외 국가의 인구를 포함시켰음에도 불구하고, 비교연도(1897년, 1899년, 1907년) 모두 일본 문헌의 인구규모가 상당히 작은 특징을 보이고 있다. 이는 인천의 인구를 나타내는 공간

적인 단위의 차이, 인구 국적의 포함 여부에 따른 차이 등을 주요 요
인으로 들 수 있을 것이다.

표 3-9. 한국과 일본의 주요 문헌에서 제시한 인천의 인구 비교

연도 문헌	1883	1887	1889	1897	1899	1907
관세청 (인천세관 120년사)	4,700명 (외국인 348명 포함)	–	–	–	–	–
인천시 (인천지리의 재발견)	4,700명	–	–	–	–	–
인천발전 연구원 (인천의 도시연표)	–	14,280명 (한 8,943, 일 3,949, 중 1,331 포함)	–	–	–	–
인천시 (인천의 도시계획)	–	–	26,021명	26,621명	–	31,265명
인천부 (인천 부읍지)	–	–	–	–	20,189명	–
인천부 (인천부사)	348명	855명	1,361명	14,280명 (한 8,943, 일 3,949, 중 1,331, 기타 57)	13,001명 (한 6,980, 일 4,218, 중 1,736, 기타 67명)	26,265명 (한 13,362, 일 11,467, 중 1,373, 기타 63)

인천부사에서는 1894년까지 일본인만을 인천의 인구로 제시하였
다. 하지만, 우리나라 문헌들에서는 1883년에 4,700명(인천부읍지와
동일한 공간단위로 볼 경우 10,000명 이상으로 추정), 1887년에는 외국인
을 포함하여 총 14,280명으로 제시하고 있어 일본의 것과 큰 차이를
보이고 있다. 또한, 1887년의 경우에는 일본인의 규모도 3,949명과

855명으로 큰 차이를 보이고 있다. 이는 인천발전연구원과 인천부에서 대상으로 삼은 공간적 범위의 차이에서 기인하는 것으로 볼 수 있다. 즉, 인천부사에서는 조계를 중심으로 한 제물포 주변 지역에 국한한 반면, 인천발전연구원은 인천부읍지에 나타난 행정구역과 유사한 경계를 공간적 범위로 설정한 것으로 유추할 수 있다. 또한, 그 이후 1887년부터 1907년까지 인구비교에서도 우리나라의 문헌에서 제시한 인구규모가 큰 것도 일본이 대상으로 삼은 공간적 범위보다 큰 것으로 볼 수 있다. 1902년 가즈키 겐타로(香月源太郞)가 저술한 『한국안내(韓國案內)』에서는 조계를 중심으로 한 인구(1902년 1월 기준 4,703명)와 인천 부근 한국인의 수(1901년 말 기준 11,158명)를 제시하면서, 인천 부근 한국인의 경우 호적을 활용한 감리서 조사결과자료라고 언급하고 있다. 그리고 이 인구규모(11,158명)는 인천부사에서 제시하고 있는 그해 인구규모와 일치한다. 따라서 인천부사에서 한국인을 포함시킨 1895년 이후부터 인천의 한국인 인구수는 감리서의 자료를 토대로 하고 있음을 알 수 있다. 하지만, 감리서 자료를 토대로 한국인 규모를 제시하고 있음에도 불구하고, 우리나라 문헌의 인구규모와 차이가 나타나는 것은 당시 감리서의 관할 범위가 인천부읍지에서 제시하는 10개 면보다 작은 일부 제물포 주변 지역만을 대상으로 하였거나 조사의 범위를 한정했기 때문으로 유추할 수 있다.

한편, 인천의 도시계획에서는 외국인의 포함 여부를 제시하지 않았지만, 인천부읍지는 호적에 바탕을 둔 것이기 때문에 우리나라 국민만을 대상으로 조사가 이루어진 것으로 볼 수 있다. 따라서 1899년을 기준으로, 우리나라 국민 20,189명에 인천부사에서 제시하고 있는 외국인 6,021명을 합할 경우 26,210명이라는 규모를 갖게 된다.

또한, 인천부사의 공간적 범위가 인천부읍지의 규모보다 작다고 볼 경우, 당시의 전체 인구는 약 26,000~30,000명에 이를 것으로 추정할 수 있다. 왜냐하면 면 지역별 인구를 제시한 여지도서(1759년)에서 제물포 주변 지역에 해당하는 부내면, 다소면, 먼우금면이 전체 지역(9,932명)에서 차지하는 인구 비중(37%)과 인천부읍지(1899년)의 인구(20,189명) 대비 인천부사(1899년)의 한국인(6,980명)이 차지하는 비중(35%)이 비슷하게 나타나기 때문에, 이 비중을 그대로 적용하여도 인천 전체 지역의 인구는 약 26,000명이 되며, 인천부사에서 조사한 공간범위가 제물포 중심이지만 실제 부내면, 다소면, 먼우금면보다 작을 수 있기 때문에 조사대상에 속하지 않은 3개 면의 잔여 지역 인구를 합할 경우 그 이상도 가능하기 때문이다.

이렇게 추정할 경우 인천의 도시계획에서 제시한 1897년의 인구규모(26,621명)는 외국인을 포함한 인천의 전체 인구규모와 크게 차이가 나지 않게 된다. 즉, 개항기의 인구는 인천부사 자료만을 활용할 경우에는 공간적인 범위를 제물포와 그 주변 지역으로 국한시킬 필요가 있으며, 인천부읍지와 같이 인천 전체 지역으로 확대하여 인구규모를 추정할 경우에는 인천부사에서 제시한 인구규모에 그 이외의 지역을 고려하여 추정할 필요가 있다.

개항기 당시의 중심지는 제물포를 중심으로 한 조계지(그림 3-6)와 그 주변 지역이었음이 가즈키 겐타로의 『한국안내』 중 제2편 인천편에서 잘 나타난다. 그는 1901년 12월말 기준 조사에 의하면 이 지역 인구는 4,703명, 가구수는 1,077호이며, 이 중에서 일본인 거류지 인구가 1,376명, 각국 거류지 인구 2,342명, 조선인 거주지 인구 834명, 청국거류지 인구 151명으로 구성되어 있다고 제시하고 있다.

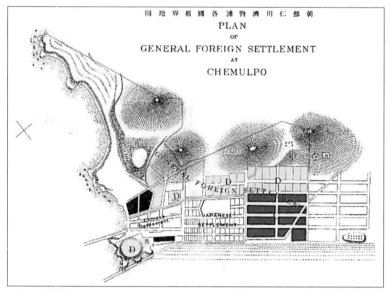

* 자료 : 인천일보(http://www.incheonilbo.com), 통감부, 1908, 한국조약유찬: 부 · 각국관세대조
표, pp.653~654(http://dl.ndl.go.jp/).

그림 3-6. 조선인천제물포각국조계지도

또한, 인천 부근 한국인의 수를 1901년 말 기준으로 11,158명으로 제
시하면서 제물포를 중심으로 한 주변부 일대를 중심지역으로 설정하
고 그 인근 일대를 주변부로 상정하고 있음을 알 수 있다. 그리고 그
가 제시한 거류지별 인구자료를 통해 당시 외국인의 공간적 분포를
개략적으로 추정할 수 있다. 즉, 한국안내의 조선인 거주지 인구(834
명)를 제외한 외국인 인구(3,869명)와 인천부사의 외국인 인구(총
6,341명; 일본 4,628명, 중국 1,640명, 기타 73명)에서 차이가 나는 인구
(2,472명)는 조계지 외의 지역에 거주한 것으로 유추할 수 있다. 이는
당시 외국인 인구의 약 39%가 조계지 외의 지역에서 거주한 것으로
외국인의 활동 범위가 확장되었음을 의미한다.

또한, 거류지별 인구에서도 가즈키 겐타로의 『한국안내』와 인천부사의 외국인 인구를 비교하면, 1883~1884년에 걸쳐 설정된 일본, 청국, 그리고 각국 조계지에 실제로 살고 있는 인구는 해당 국민에 국한된 것이 아님을 알 수 있다. 대표적인 사례가 각국 조계지로, 『한국안내』에서는 면적(약 14만 평)이 가장 큰 각국 조계지에 2,342명이 거주하는 것으로 제시하였지만, 인천부사에서는 일본과 중국인을 제외한 기타 외국인의 인천 거주인구가 고작 73명에 불과하여 큰 차이를 보이고 있다. 이는 각국 조계지에 기타 외국인들보다 훨씬 많은 외국인이 거주하는 것을 의미하는 것으로, 시간이 지남에 따라 조계는 형식에 그쳤을 뿐 일본의 영향력이 러일전쟁 이전부터 매우 컸음을 알 수 있다. 왜냐하면 청국 조계에서도 『한국안내』에서는 151명이 거주하는 것으로 되어 있지만, 인천부사에서는 중국인구가 1,640명인 것으로 보아 중국인들이 청국 조계지(5,000여 평)에서 제대로 권한을 누리지 못한 채 흩어져 분포한 것으로 이해할 수 있으며, 반면, 일본인은 일본 조계지(1883년 7,000여 평, 1884년 3,800여 평 확장)에도 1,376명이 살고 있으면서도 3,000여 명의 인구가 일본 조계 이외 지역에서도 거주하는 것으로 나타났기 때문이다. 즉, 일본인들은 일본조계는 물론 청국과 각국 조계지뿐만 아니라 그 외의 지역으로 지속적으로 침투하여 영역을 확장하였던 것으로 볼 수 있다.

개항 이후 인천의 중심부가 조계를 중심으로 조계 형성 당시보다 약간 확장되어 있음을 가즈키 겐타로의 『한국안내』에서 알 수 있다. 일본조계와 청국조계, 자유공원 일대의 각국조계를 나타내고 있는 1884년경의 각국조계지도와 비교하여 가즈키 겐타로의 문헌에서 제시한 인천항시가전도에서는 조계지도의 공간범위에 더하여 시가지

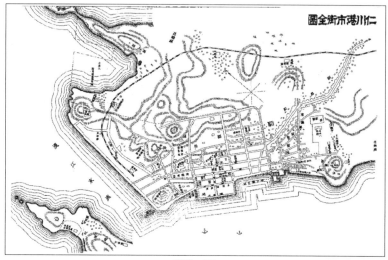

전체 지도

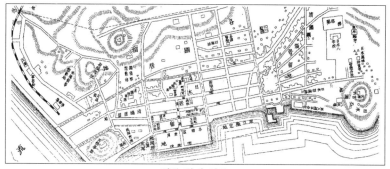

일부 확대 지도

* 자료 : 가즈키 겐타로, 1902, 「한국안내」, pp.121~123의 낱장 지도를 한 장으로 편집.

그림 3-7. 인천항시가전도(1902년)

가 동남쪽으로 확장된 것을 보여주고 있다. 가즈키 겐타로는 단순히 인천의 소개 차원에서 인천항시가전도를 제시하고 있지만, 이 지도를 통해서 이 당시의 시가지 확장이 기존 중심지와 신중심지를 연결하는 초기 단계였다고 해석할 수도 있다. 그 이유는 개항 당시 행정

중심지였던 지금의 관교동 일대의 중심지 기능이 제물포 개항장 주변으로 이전하면서 관교동 일대는 구중심지, 제물포 개항장 일대는 신중심지로 기능이 변하였으며, 신중심지의 기능과 역할이 확대되면서 새로운 도시적 용도의 공간적 확장이 필요한 가운데 구중심지가 위치한 동남쪽으로 시가지가 확대한 것이기 때문이다.

또한, 가즈키 겐타로의 지도에서는 제물포 개항장 일대의 개략적인 토지이용에 대한 정보를 제공하고 있다. 기본적으로 일본거류지, 청국거류지, 각국 거류지 등 조계뿐만 아니라 조선인 주거지(조선정)와 조계 밖 10리 이내의 공간으로 여겨진 삼리채(현재 경동사거리 일대) 일원의 청국 확장 거류지 등 주거지에 대한 사항과 1900년에 본격 개통한 경인선과 신문사, 공원, 학교, 병원, 영사관, 세관, 매립예정지 등 각종 시설의 위치 정보를 제공하고 있다. 물론, 이 지도는 현재 인천여상 자리에 위치했던 일본공원과 신사 등 일본 관련 정보의 양이 많아 일본중심적인 성격을 지니고 있다(그림 3-7).

3. 맺음말

이 장에서는 비록 분석에 활용한 자료들이 명확한 공간적인 범위와 내국인 및 외국인의 포함과 같은 인구구성 등의 정보 제공에 있어서 한계를 지니고 있기 때문에 직접적인 적용은 곤란하지만, 자료 간 상호비교와 고지도 및 관보 등의 보완자료를 통해서 개항기 인천의 인구 특성과 변화를 유추하고 이해하고자 하였다. 개항기 동안 인천의 인구 변화를 살펴본 결과, 격동기의 지정학적 특성이 인천의 인구와 공간에 고스란히 반영된 것으로 정리할 수 있다.

먼저, 인천의 공간적인 범위를 인천부읍지에 따른 10개의 면부로 구성된 지역으로 설정하고 내외국인 인구 모두를 포함할 경우, 개항 당시 인천의 인구규모는 최소 1만 명에서 일제 강점이 시작된 1910년에는 약 4만 명 이상으로 추정할 수 있다. 이는 인천부사를 중심으로 한 일본의 문헌들에서 제시한 인구 규모(인천부사 기준으로 개항 당시 인구 348명, 1910년 31,011명)와 큰 차이를 보이는 것이다. 인천부읍지와 일본의 문헌들이 제시한 인구 규모의 차이는 당시 인천을 바라보는 공간적인 범위의 차이에서 비롯되었다고 볼 수 있다. 즉, 일본의 문헌들에서는 인천의 공간적인 범위를 시가지를 중심으로 한 일부 지역에 국한된 반면, 인천부읍지에서는 시가지는 물론 주변 농어촌지역까지 포함한 10개 면부를 대상으로 하였기 때문에 인구 규모에서 차이가 발생한 것이다. 물론, 인천부읍지와 일본의 문헌들이 상정한 인천의 공간적인 범위의 차이에 의해 인천의 전체적인 인구 규모에서는 차이를 보이고 있지만, 17년이라는 개항기 동안 인천의 인구 증가 규모에서는 모두 3만 명 이상 급증한 것으로 추정 또는 확인할 수 있다. 개항기 인천의 급속한 인구 성장은 그동안 인천에 잠재하고 있었던 지정학적 중요성이 개항과 동시에 가히 폭발적으로 대내외에 인식된 결과라고 할 수 있다.

또한, 이 시기는 강제적인 조계의 설정과 더불어 외국인의 유입이 증가하였을 뿐만 아니라 외국인의 국적도 다양화하여 다국적의 국제도시로 성장하는 초기단계에 진입한 시기이기도 하다. 물론, 이 시기에는 대내외 여건변화에 따라 인구규모와 구성이 수시로 급변하였는데, 일본과 중국의 경우 특정 사건에도 매우 민감하게 반응하여 출입국하는 등 불안정한 거주 특징을 보이기도 하였다. 특히, 중국의 경우에는 전체적으로 가구당 인구수가 다른 국적의 가구당 인구수보다 많았을 뿐만 아니라 3~10명 정도로 매우 불안정한 모습을 보였는데, 이는 당시 중국의 인구학적 특성뿐만 아니라 인천과의 지리적 인접성과 당시의 대내외 정세 등을 반영한 것으로 해석할 수 있을 것이다.

이 시기의 공간적 특성을 보면, 개항과 더불어 관교동 일대의 중심지 기능이 제물포 개항장 주변으로 이전하면서, 제물포 일대가 새로운 중심지로 급성장하였다. 외국인 거주지의 경우 초기에는 개항장 주변의 조계 일대에 집중되었으나 시간의 변화에 따라 주변 지역으로 확장하였으며, 도시적 토지이용도 초기의 제물포에서 주변부로 확장하여 기존의 구중심부와 연결을 시도하는 모습을 보이는 등 시가지의 초기 확장이 나타난 시기로 정리할 수 있다.

최근 일제강점기 인천의 인구와 관련하여 당시의 인구를 기록한 일본 문헌에 대한 지속적인 번역과 다양한 연구가 수행되고 있어 인천의 인구 특성을 이해하는 데 많은 도움이 되고 있다. 그럼에도 불구하고 개항기 인천의 공간적인 범위, 인구의 구성 등에 대한 보다 체계적인 검토와 분석에 기초한 연구는 미흡한 편이다. 이 장에서도 기존의 문헌 자료와 고지도 등을 포괄적으로 검토함으로써 개항기 인천의 인구 변화와 특성을 보다 체계적으로 이해하는 데 도움을 주고자 하였으나 자료의 제약으로 인하여 한계가 있음을 부인할 수 없다. 따라서 인구가 공간상에 분포하기 때문에 막연한 인천의 인구가 아닌 명확한 공간적 범위의 설정과 정확한 자료에 기초한 인천의 인구에 대한 체계적인 연구가 지속적으로 이루어질 필요가 있다.

/ 안종천 · 이호상

제4장

근대도시 인천의 성장
일제강점기 인구 변화

1. 일제강점기 인천의 인구 추이와 행정구역 변화

1) 인구 추이

1910년부터 1945년까지 일제강점기 동안 인천의 인구를 살펴보기 위하여 주로 조선총독부의 자료를 이용하였다. 개항기 자료와 일관성을 유지하기 위하여 1931년까지는 인천부사 자료를 활용하였으며, 이후 1932~1942년까지는 통계청 통계도서관[1]에서 제공하는 조선총독부 통계연보를 활용하였다. 조선총독부에서 편찬한 조선총독부 통계연보의 경우 해당 연도 통계자료는 대부분 1년 3개월 정도 이후에 발간되었고 1943년 이후 자료는 활용할 수 없었기 때문에 제2차 세계대전과 관련하여 전시용으로 임시 조사한 1944년 간이국세조사 결과보고 자료를 추가로 활용하였다. 이들 자료 이외에도 조선총독부의 경기도 통계연보와 1925년부터 시작된 (간이)국세조사 자료 등을 활용하였다.

---

1) http://lib1.kostat.go.kr/

먼저, 인천의 전체적인 인구 추이를 살펴보면, 1925년에 처음으로 5만 명을 넘어선 이후, 불과 11년 후인 1936년에 10만 명, 그리고 다시 6년 후에는 20만 명을 돌파하는 등 인구가 배로 증가하는데 소요되는 기간이 짧아졌으며, 1910~1944년 일제강점기 동안 31,011명에서 213,833명으로 무려 590%라는 비약적인 인구 증가를 경험하였다(그림 4-1).

한편, 1910년 이후 주요 시기별 인구를 인천부사와 통계연보, 국세조사 자료를 이용하여 비교하면, 1935년까지는 우리나라 최초의 인구주택총조사라고 할 수 있는 국세조사의 인구자료가 인천부사와 통계연보에서 제시하고 있는 인구규모보다 약간 더 크게 나타났지만 1940년에는 통계연보의 인구규모가 국세조사의 인구규모보다 큰 것을 알 수 있다(표 4-1). 이는 인천부사와 통계연보는 매년 말을 기준으로 등록된 인구를 대상으로 통계가 작성된 반면, 국세조사는 당시 10월 1일을 기준으로 거주하는 인구를 대상으로 조사하였기 때문에 조사시기와 방법 등의 차이로 인해 인구규모에서 차이가 발생한 것으로 이해할 수 있지만, 일제강점기의 국세조사가 세원확보, 징병 등을 목적으로 수행하였음을 고려하면 당시의 실제 거주인구를 보다 정확하게 나타낸 것이라고 할 수 있다. 국세조사를 기준으로 인천의 인구를 살펴보면, 1925년에서 1930년, 1930년에서 1935년에는 매 5년 동안 20%대의 비교적 큰 인구증가율을 보였다. 그러나 1935~1940년 기간에는 82,997명에서 171,665명으로 무려 107%나 증가하였다. 이는 1936년과 1940년 두 차례에 걸쳐 이루어진 행정구역 확장에 큰 영향을 받은 것으로 보인다. 그 후 1940~1944년 기간에도 다시 25%의 높은 인구증가율을 보이고 있다.

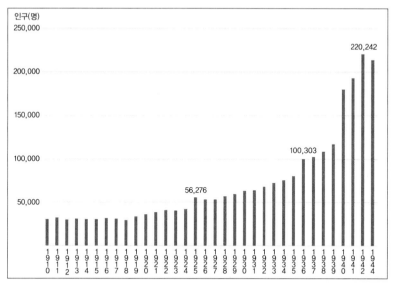

* 자료 : 1910~1931년까지는 인천문화발전연구원 부설 개항문화연구소, 2004, 역주 인천부사:
1883~1933.
1932~1942년까지는 조선총독부 통계연보 각 년도.
1944년은 조선총독부 인구조사결과보고 자료.
* 주 : 인천부사에서 1918년 자료는 부정확하다고 표시하였으나, 조선총독부 통계연보에서도 동일
한 수치를 나타내므로 그대로 사용함.

그림 4-1. 일제강점기 인천의 인구변화

표 4-1. 주요 문헌별 인구규모 비교

연도	인천부사	통계연보	국세조사
1925	56,276	53,593	56,295
1930	63,658	63,655	68,137
1935	–	80,420	82,997
1940	–	180,216	171,665
1944	–	–	213,833

* 자료 : 인천부청, 1933, 인천부사; 조선총독부 통계연보, 각년도; 조선총독부 국세조사결과보고
각년도.

2) 행정구역 변화

일제강점기 인천의 인구성장에는 몇 차례에 걸친 행정구역 개편, 즉 인천의 공간적인 변화가 큰 영향을 주었다. 일본은 1910년 8월 29일, 강제적인 국권침탈을 통해 조선총독부 지방관제를 발표하여 구한말의 1수부 13도 11부 317군 체계였던 행정구역을 13도(한성부를 경기도에 편입) 12부 317군으로 개편하였으며, 인천은 종전과 같이 경기도의 인천부를 유지하였다. 이 당시 인천의 행정구역은 개항 당시와 같은 10개 면으로 알려져 있으나(인천광역시, 2017, 1883~2014 인천의 도시계획), 경기도 통계연보에서는 이와 상이한 자료를 제시하고 있다.

즉, 조선총독부에서 발간한 경기도 통계연보(1912년 기준)에서는 인천부가 13개 면, 116개 동리로 구성되어 있으며 면적은 25방리로 제시하고 있다. 관할구역이 부내면, 다소면, 구읍면, 서면, 남촌면, 조동면, 신현면, 전반면, 황등천면, 주안면, 영종면, 용유면, 덕적면 등 13개로 기존의 인천부읍지와 비교하면 이포면이 제외되었고, 1895~1906년에 형성된 영종면, 용유면, 덕적면, 구읍면이 추가되었다. 1912년 당시 면적 25방리는 약 385.6㎢(1방리는 15.42347㎢)에 해당하는 것으로 매우 큰 공간적 범위를 가지고 있었다. 하지만, 1913년에는 관할구역이 13개 면, 116개 동리에서 46개 리정으로 변경됨과 동시에 면적도 0.54방리(8.3㎢)로 대폭 줄어들었다. 이는 조선총독부에서 각지의 실정을 조사하여 관할구역의 조정을 시행한 1914년보다 1년 빠른 것으로 본격적인 조정에 앞서 조선총독부에서는 변경된 행정구역을 경기도 통계연보에 먼저 반영한 것으로 보인다. 1936년에는 부천군 다소면(현 율목동 일대) 전역과 문학면(현 관교동 일대)

일부를 편입하여 면적이 27.1㎢로 확대하였고, 이후 1940년에 부천 군 서곶면(현 연희동), 부내면(현 산곡동), 남동면(현 만수동), 문학면(현 관교동)을 편입하여 면적이 165.8㎢로 크게 확대하였다(표 4-2).

표 4-2. 일제강점기 인천의 면적변화

연도	면적(方里)	면적(㎢)	연도	면적(方里)	면적(㎢)
1912	25	385.6	1918	0.412	6.4
1913	0.54	8.3	1935	0.436	6.7
1914	0.54	8.3	1936	1.759	27.1
1915	0.54	8.3	1940	–	165.8

* 자료 : 1912~1915년은 조선총독부 경기도 통계연보 각 연도(http://lib1.kostat.go.kr/).
　　　1918년은 조선총독부 임시토지조사국, 1918, 조선지지자료.
　　　1935년과 1936년은 인천광역시 역사자료관 역, 2011, 역주 인천부세일반(1935~1936).
　　　1940년은 인천광역시, 2017, 1883-2014 인천의 도시계획.
* 주 : 면적(㎢)은 문헌에 기록된 방리를 토대로 계산한 것임(1방리 = 15.42347㎢)

3) 일제 강점 초기의 인구 분포

경기도 통계연보에서는 인구자료와 관련하여 인천부 전체의 인구 와 시가지 인구를 별도로 제시하고 있어 인천부사의 인구자료와 비 교를 통해 당시 인구의 분포 특성을 이해하는 데 도움을 준다. 경기 도 통계연보의 경우 정식 행정구역 개편이 이루어진 1914년부터 인 천 전체 인구와 시가지 인구가 같게 되므로, 1912년과 1913년 전체 인구와 시가지 인구 규모를 통해서 인구의 분포 특성을 이해할 수 있 다. 1912년에는 전체 인구가 62,124명, 1913년에는 62,697명으로 제 시되어, 인천부사에서 제시하는 인구(각각 30,408명, 31,622명) 보다 거의 2배 가까운 인구규모를 가지고 있으며, 경기도 통계연보의 시 가지 인구(각각 26,440명, 26,453명)의 약 2.35배 정도를 차지하고 있다(표 4-3).

이는 인천부사에서 제시한 인구규모의 공간적 범위가 경기도 통계연보의 시가지가 차지하는 공간적 규모보다 약간 더 크지만, 인천 전체의 지역을 포괄하지 않고 있음을 의미하는 것이기도 하고, 한편으로는 개항 이후 인구가 시가지를 중심으로 지속적으로 집중하고 있음을 의미하는 것이기도 하다. 1910년대 초반의 인천부사 자료와 경기도 통계연보 자료의 비교는 1883년부터 기록된 인천의 인구규모를 이해하는데 중요한 시사점을 제공한다고 볼 수 있다. 초기에는 일본인 위주로 기록되다가 조선인을 포함한 중국인과 기타 외국인을 포함하여 인구규모를 기록하였지만, 여전히 1913년까지는 각종 문헌에서 기록된 인구규모가 인천 전체 지역을 포괄하지 않고 있었다는 것이다. 그리고 1914년의 경우 인천부사(30,829명)와 경기도 통계연보(30,725명)에서 제시하는 인구규모가 거의 비슷하게 제시되고 있어 행정구역이 개편된 1914년 이후부터 당시의 행정구역에 맞는 인구규모가 제대로 제시되고 있음을 알 수 있다.

또한, 경기도 통계연보에서는 국가별 인구 분포에서 일본, 중국, 기타 외국인은 시가지에 집중적으로 분포하고 있는 반면, 우리나라 국민들은 약 27% 정도만 시가지에 분포하고 있을 뿐 나머지 인구는 시가지 이외 지역에 거주하고 있음을 알려주고 있다(표 4-3). 국가별 인구 비중에서도 시가지를 포함한 인천의 일부 지역만을 대상으로 인구규모를 제시한 인천부사를 기준으로 할 경우에는 일본인이 30% 후반을 차지하고, 조선인은 50%대를 차지하였으나, 1912~1913년의 전체 인구에 대해서는 일본인이 10% 후반으로 낮아지고 조선인의 비중은 70% 후반으로 높아진다. 그리고 1914년부터 경기

도 통계연보에서 제시하는 전체 인구와 시가지 인구 규모가 유사해
지는 것으로 보아 시가지를 중심으로 행정구역이 확정되었음을 알
수 있다.

표 4-3. 일제 강점 초기 주요 문헌에서 제시한 인천의 국적별 인구 현황 비교

(단위: 명, %)

	연도	총인구	일본인		조선인		중국인		기타 외국인	
			수	비율	수	비율	수	비율	수	비율
인천부사	1912	30,408	11,930	39.2	16,731	55.0	1,677	5.5	70	0.2
	1913	31,622	11,609	36.7	18,413	58.2	1,531	4.8	69	0.2
	1914	30,829	11,745	38.1	17,366	56.3	1,659	5.4	59	0.2
	1915	31,264	11,898	38.1	18,185	58.2	1,125	3.6	56	0.2
	연도	총인구	일본인		조선인		중국인		기타 외국인	
			수	비율	수	비율	수	비율	수	비율
경기도 통계연보	1912	62,124	11,932	19.2	48,348	77.8			1,844	3.0
	시가지	26,440	11,838		12,978		1,549		75	
	1913	62,697	11,839	18.9	49,066	78.3			1,792	2.9
	시가지	26,453	11,440		13,442		1,503		68	
	1914	30,725	11,745	38.2	17,266	56.2			1,714	5.6
	1915	31,264	11,898	38.1	18,185	58.2			1,181	3.8

* 자료 : 인천문화발전연구원 부설 개항문화연구소, 2004, 역주 인천부사: 1883~1933
　　　조선총독부 경기도 통계연보 각년도. (http://lib1.kostat.go.kr/)
* 주 : 경기도 통계연보에서는 전체 인구의 경우 중국을 별도로 구분하지 않고 기타 외국인으로 구분.

2. 인구 피라미드 및 인구 특성

1) 인구 피라미드

인천의 인구 발전단계 및 인구 변동의 역사적 과정을 나타내 주는

인구 피라미드를 통해 인천의 사회적 특성과 인구 추세를 파악하고
자 하였다. 분석에 활용한 자료는 공간적 범위의 혼란을 최소화한 가
운데 시계열적으로 비교하기 위하여 연령별 자료를 제시하고 있는
1914년의 경기도 통계연보와 3개년(1925~1935년)에 걸친 국세조사
자료를 활용하였다. 먼저, 1914년도 기준 한국인의 10세 단위로 나타
낸 인구 피라미드이다. 총인구 30,725명으로 성비는 129.5로 남자
인구가 매우 높은 특징을 보인다. 특이한 사항은 0~10세 이하의 어
린 연령대 인구가 가장 많고 모든 연령대에서 성비가 높은 특징을 보
인다. 특히, 41세 이상부터는 성비가 급증하는데 41~50세에는 성비
가 163.2, 51~60세는 236.2, 61~70세는 470.1, 71~80세는 860,
81~90세에는 모든 인구가 남자일 정도로 고령화가 될수록 성비가
높아지고 있다. 남자의 경우 10세 이하 인구 다음으로 21~30세의 인
구가 많고 60대를 넘어가면서 인구가 급격히 줄어들고 있다. 여자의
경우 연령대별로 인구가 감소하다가 30대 인구가 증가한 양상을 보
이고 이후 40대부터 1,000명 이하로 줄어들면서 고령으로 갈수록 급
감하는 모습을 보이고 있다.

　1925년 간이국세조사에 따른 인천 전체 인구의 5세 단위 인구 피
라미드를 보면 총인구는 56,295명이고, 성비는 118.7로 여전히 높은
남자의 구성비를 보인다. 0~4세에는 성비가 100.3으로 남자와 여자
의 수가 거의 비슷한 후 59세까지는 성비가 100 이상으로 남자의 구
성이 많으나 60세 이후부터는 성비가 100 이하로 여자의 인구가 많
은 특성을 보이고 있다. 특히, 35~44세 구간의 성비가 140을 넘고
있어 이 연령대에서는 남자의 비중이 매우 높음을 알 수 있다. 모든
연령 중에서 0~4세 이하의 인구가 가장 많으며, 남자의 경우 15~19

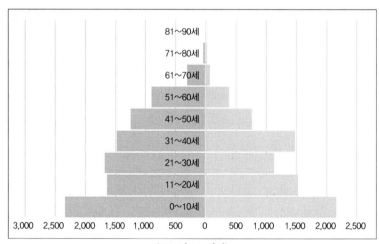

(1914년; 조선인)

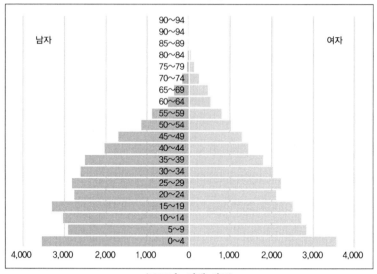

(1925년: 전체 인구)

* 자료 : 1914년은 조선총독부 경기도 통계연보, 1925~1935년은 국세조사결과보고 각년도.

그림 4-2. 일제강점기 인천의 인구 피라미드 1

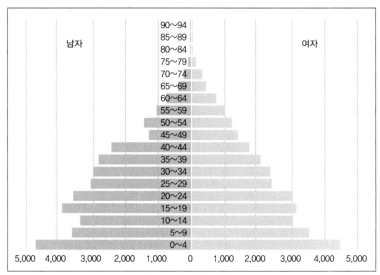

(1930년: 전체 인구)

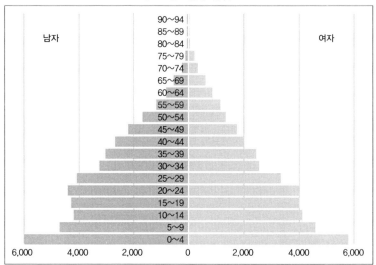

(1935년: 전체 인구)

* 자료 : 1914년은 조선총독부 경기도 통계연보, 1925~1935년은 국세조사결과보고 각년도.

그림 4-3. 일제강점기 인천의 인구 피라미드 2

세, 10~14세 등 10대의 인구가 많은 특징을 보이고 여자의 경우에는 20~24세 인구가 급격히 줄어든 후 다시 25~29세에 증가한 후 이후 연령대부터 점진적으로 줄어드는 모습을 보이고 있다. 남녀의 경우 15~19세에서 성별 인구 차이가 가장 많이 나타나는 특징을 보인다.

1930년에는 총인구 68,137명에 성비는 115.9이다. 1925년과 비교하면, 40~44세 연령의 성비가 가장 높지만 1925년과는 달리 성비가 140을 넘지 않고 있다. 이 당시 인구 피라미드에서도 0~4세의 인구가 가장 많은 모습을 보여준다. 남녀 모두 5~14세까지 줄어들다가 15~19세에 증가한 후 이후부터 대체로 감소하는 모습을 보이고 있다. 물론, 남자의 경우 45~49세에 급감한 이후 50~54세에 잠시 증가하였다가 이후부터 다시 감소하고 있다. 45~49세를 제외하면 59세까지는 남자가 여자보다 많으나 60세 이후부터는 90~94세를 제외하면 여자의 수가 많은 특징을 보이고 있다.

1935년에는 총인구 82,997명에 성비가 110.4로 이전보다는 낮아졌지만, 여전히 남자의 인구가 많은 특징을 보인다. 40~44세의 성비가 132.6으로 가장 높은 가운데 54세까지는 성비가 100을 상회한 후 55세부터는 100 이하로 낮아졌다가 80세 이후에는 성비가 30대로 급속히 낮아지는 특징을 보인다. 1935년의 경우에도 남녀 모두에서 0~4세의 인구가 가장 많은 모습을 보이고 있다. 남자의 경우 29세까지, 여자의 경우에는 24세까지 모든 연령에서 4천 명 이상의 규모를 보인 후 30세 이후부터 점진적으로 줄어드는 경향을 나타낸다. 남자는 0~4세 이후 10~14세까지 점진적으로 줄어들다가 24세까지는 다시 증가한 이후 줄어드는 모습을 보인다. 또한, 1935년의 경우에는 이전과는 달리 54세까지 남자의 수가 많다가 55세부터 여자의 수가 많아져서 이전의 모습과는 상이한 모습을 보이고 있다(그림 4-2 및 그림 4-3).

4개 조사 연도 모두 피라미드의 가장 아랫단을 구성하는 0~4세의 규모가 가장 크고, 1914년을 제외하면 20대 중반 이후부터 남녀 모두 계단식의 피라미드 형태를 보이면서 인구가 줄어드는 모습을 보이고 있다. 폐쇄형 구조일 경우 가장 많은 인구규모를 이루는 0~4세 인구가 5년 후에는 5~9세에 상당부분 그대로 반영되어야 하지만, 실제 5~9세, 10~14세의 감소 폭이 크게 나타나고 있으며, 특히 남자의 경우 감소 폭이 크고 대체로 여자보다 변동 폭이 심한 것으로 보아 당시 인천의 인구는 일제강점기라는 특수성과 수도권에 위치한 개항장이라는 사회경제적 요인에 영향을 크게 받은 것으로 보인다.

2) 성비

1914~1935년 동안 성비가 129.5에서 110.4로 낮아졌지만, 여전히 110 이상으로 남자초과지역의 특성을 보이고 있다(표 4-4). 1914년에는 모든 연령대에서 성비가 100 이상을 보였으며, 특이하게도 고연령대에서 성비가 훨씬 높은 특징을 나타냈다. 1925~1935년 국세조사에서는 전체 연령 구간 중에서 40~44세의 성비가 가장 높아 당시 인천의 인구에서 이 연령대의 남자인구에 대한 수요가 많았음을 유추할 수 있다. 그리고 성비가 대체로 60대 이상부터 낮아지는 경향을 보였다.

조선총독부 통계연보의 1932~1942년 전체적인 성비를 살펴보면, 인천은 전체적으로 성비가 100 이상으로 남자 초과 지역이라는 특징을 보이고 있다. 이 당시 최저 성비가 약 105, 최고 성비가 약 113으

표 4-4. 인천의 성비(1932~1944)

연도	남	여	성비
1932	35,236	32,953	106.9
1933	37,805	35,056	107.8
1934	38,929	36,631	106.3
1935	41,180	39,240	104.9
1936	52,902	47,401	111.6
1937	52,823	49,650	106.4
1938	55,707	53,067	105.0
1939	60,333	56,765	106.3
1940	95,744	84,472	113.3
1941	101,326	91,723	110.5
1942	115,383	104,859	110.0
1944	113,303	100,530	112.7

* 자료 : 1932~1942년은 조선총독부 경기도 통계연보, 1944년은 국세조사결과보고.

로 나타났으며, 1940년대에 접어들면서 110으로 이전보다 높아지는 경향을 나타냈다.

3) 국적별 인구구성

1914년 이후 일제강점기 동안 인천의 국적별 인구구성을 살펴보면, 일본인의 경우 1918년을 제외하면 1920년까지는 전체 인구의 30% 이상을 차지하다가 1921년 이후 1927년까지는 20%대, 그리고 1928년 이후부터는 10%대(1942년은 9.9%)로 지속적으로 감소하는 특징을 보이고 있다. 반면, 우리나라 국민의 비중은 1914~1917년까지는 50%대, 1918~1924년까지는 60%대, 1925~1931년까지는 70%대, 1932년부터는 80%대로 지속적으로 비중이 증가하여 1940년부터는

표 4-5. 일제강점기 인천의 국적별 인구구성

(단위: 명, %)

연도	총인구	일본인		조선인		중국인		기타 외국인	
		수	비중	수	비중	수	비중	수	비중
1910	31,011	13,315	42.9	14,820	47.8	2,806	9.0	70	0.2
1911	32,701	15,148	46.3	15,978	48.9	1,505	4.6	70	0.2
1912	30,408	11,930	39.2	16,731	55.0	1,677	5.5	70	0.2
1913	31,622	11,609	36.7	18,413	58.2	1,531	4.8	69	0.2
1914	30,829	11,745	38.1	17,366	56.3	1,659	5.4	59	0.2
1915	31,264	11,898	38.1	18,185	58.2	1,125	3.6	56	0.2
1916	32,399	11,925	36.8	19,266	59.5	1,173	3.6	35	0.1
1917	31,662	11,725	37.0	18,636	58.9	1,262	4.0	39	0.1
1918	29,989	8,973	29.9	20,211	67.4	753	2.5	52	0.2
1919	34,004	11,585	34.1	21,628	63.6	739	2.2	52	0.2
1920	36,490	11,281	30.9	23,855	65.4	1,318	3.6	36	0.1
1921	39,003	11,099	28.5	26,516	68.0	1,360	3.5	28	0.1
1922	41,692	11,099	26.6	28,782	69.0	1,786	4.3	25	0.1
1923	40,932	11,228	27.4	28,093	68.6	1,579	3.9	32	0.1
1924	42,425	11,420	26.9	29,260	69.0	1,713	4.0	32	0.1
1925	56,276	11,969	21.3	41,538	73.8	2,741	4.9	28	0.0
1926	53,741	11,651	21.7	39,993	74.4	2,072	3.9	25	0.0
1927	53,865	11,671	21.7	40,085	74.4	2,077	3.9	32	0.1
1928	57,447	11,206	19.5	44,288	77.1	1,922	3.3	31	0.1
1929	59,558	11,534	19.4	45,763	76.8	2,232	3.7	29	0.0
1930	63,658	11,238	17.7	49,960	78.5	2,427	3.8	33	0.1
1931	63,881	11,373	17.8	51,005	79.8	1,469	2.3	34	0.1
1932	68,189	11,276	16.5	55,377	81.2	1,502	2.2	34	0.0
1933	72,861	11,691	16.0	59,321	81.4	1,820	2.5	29	0.0
1934	75,560	12,050	15.9	61,603	81.5	1,884	2.5	23	0.0
1935	80,420	12,492	15.5	65,595	81.6	2,291	2.8	42	0.1
1936	100,303	13,351	13.3	83,642	83.4	3,265	3.3	45	0.0
1937	102,473	13,890	13.6	87,737	85.6	805	0.8	41	0.0
1938	108,774	14,194	13.0	93,476	85.9	1,064	1.0	40	0.0

1939	117,098	14,593	12.5	101,080	86.3	1,386	1.2	39	0.0
1940	180,216	18,088	10.0	160,340	89.0	1,749	1.0	39	0.0
1941	193,049	20,320	10.5	170,614	88.4	2,082	1.1	33	0.0
1942	220,242	21,703	9.9	196,136	89.1	2,370	1.1	33	0.0
1944	213,833	21,740	10.2	190,140	88.9	15	0.0	1,938	0.9

* 자료 : 1910~1931년까지는 인천문화발전연구원 부설 개항문화연구소, 2004, 역주 인천부사: 1883~1933. 1932~1942년까지는 조선총독부 통계연보 각년도. 1944년은 조선총독부 인구 조사결과보고 자료.
* 주 : 1944년에는 중국인이 기타 외국인에 포함되며, 15명은 동남아시아인과 대만인을 의미함.

거의 90%에 육박하고 있다. 중국인의 경우 1914년 5.4%로 최고 비중을 보인 후 증감을 계속하다가 1937년부터는 0.8~1%대 초반의 낮은 비중을 차지하고 있다. 기타 외국인의 경우 1910년 70명, 그리고 1914년 59명에서 지속적으로 감소 추세를 보이면서 1940년에는 30명대를 보이고 있다(표 4-5).

하지만, 일본과 중국의 경우 국가별 비중은 감소하였으나 인구규모에서는 실제로 증가를 경험하였다. 일본은 1914년 11,745명에서 1944년 21,740명으로 인구규모가 85.1% 증가하였으며, 중국은 같은 기간에 1,659명에서 2,370명으로 42.9% 증가하였다. 이는 당시 인천의 전체적인 인구증가 속도보다 일본인과 중국인의 증가속도가 늦은 것일 뿐 외국인이라는 것을 고려하면 여전히 매우 큰 인구규모를 차지하고 있었으며, 인천이 일본인과 중국인을 지속적으로 유입하는 장소였음을 의미한다고 볼 수 있다. 그리고 일제강점기 중에서 특정 시기에는 일본인과 중국인의 연도별 인구격차가 매우 크게 나타나는 특징을 보이고 있다. 일본인의 경우 1917~1919년 동안 급감 후 다시 급증하였고, 1939~1942년에도 인구의 급증을 경험하였으며, 중국인의 경우 1924~1925년 동안 급증하였다가, 1936~1937년 동안 급감을 경험하는 등 특정 시기에 인구의 증감이 뚜렷한 특징을 보이고 있어 당시의 국내외 정세와 사회적 영향을 크게 받고 있음을 알 수 있다.

1930년 국세조사자료를 활용하여 세부 국적별·연령별 인구특징을 살펴보면, 전체적으로는 조선, 일본, 대만, 중국, 미국, 영국, 소련, 프랑스, 독일, 기타 국가로 구성되며, 0~4세(13.5%), 5~9세(10.6%), 15~19세(10.4%)의 비중이 높은 반면, 50대에는 각각 3%대로 낮아지다가 60~64세에는 2.3%, 65~69세에 1.3%로 급속히 낮아져 65세 이상 고령인구비율이 전체의 2.7%를 차지하고 있다(표 4-6). 국가별·연령별 비중을 보면, 우리나라 국민의 경우 전체 인구 비중은 77.7%를 차지하고 있으며 연령별 비중에서는 5~59세에 이르는 5세 구간별에서는 모두 해당 연령층 인구 대비 70%대의 비중을 차지하고 있지만, 0~4세(81.4%)와 60세 이상의 구간에서는 모두 80% 이상의 비중을 차지하고 있다.

일본은 총인구 대비 17.3%를 차지하고 있으며, 연령별 비중에서는 모든 연령층에서 10%대의 비중을 보이고 있지만 50~54세에서는 21.5%로 높은 비중을 차지하고 있으며, 그 외에도 5~9세, 45~49세, 55~59세, 60~64세에서 18% 이상으로 전체 연령의 비중보다 높은 특징을 나타내고 있다. 중국인은 전체 인구의 4.9%를 차지하고 있으며, 연령별로는 25~29세(9.1%)와 20~24세(8.9)가 해당 연령 전체 인구에서 차지하는 비중이 높은 반면 0~4세(1.9%), 5~9세(2.1%), 10~14세(2.8%) 등 저연령층과 55세 이상에 속하는 연령 구간에서는 2.5% 미만의 낮은 비중을 차지하고 있어 중국인의 경우 20대의 젊은 층이 인천에서 활발하게 활동하였음을 알 수 있다. 그 외 국가의 경우 64세 이하까지의 연령대 인구가 인천에 거주한 특징을 나타냈다.

표 4-6. 인천의 국적별·연령별 인구구성(1930년)

연령	총인구	조선	일본	대만	중국	미국	영국	소련	프랑스	독일	기타
0~4	9,219	7,505	1,533		178	1				2	
5~9	7,201	5,699	1,347	1	153	1					
10~14	6,471	5,137	1,154	1	179						
15~19	7,100	5,470	1,120	2	508						
20~24	6,678	5,061	1,022	1	592			1		1	
25~29	5,508	4,044	958	2	500	1			1	2	
30~34	5,385	4,120	917	1	345	1		1			
35~39	4,916	3,771	821		323						1
40~44	4,188	3,195	749		241	1			1	1	
45~49	3,323	2,538	624		159	2					
50~54	2,680	1,995	576		104				2	2	1
55~59	2,112	1,653	404		51		1		2	1	
60~64	1,544	1,239	278		26						1
65~69	863	734	119		10						
70~74	592	509	83								
75~79	241	204	34		3						
80 이상	116	97	19								
합계(명)	68,137	52,971	11,758	8	3,372	7	1	2	6	9	3
비중(%)	100.00	77.74	17.26	0.01	4.95	0.01	0.00	0.00	0.01	0.01	0.00

* 자료 : 조선총독부, 1935, 조선국세조사보고, 소화5년(1930년) 도편 제1권 경기도(http://dl.ndl.go.jp/).

1935년 인천에 거주하고 있는 사람들의 국적은 조선, 일본, 대만, 만주, 중국, 미국, 영국, 프랑스, 독일, 터키, 기타 국가로 구성되며, 일본이 만주사변을 토대로 만든 만주국을 별도의 국가로 간주하여 통계에 포함시키고 있다(표 4-7). 전체적으로 0~4세(14.2%), 5~9세(11.2%) 등 24세까지 인구가 전체의 55.6%를 차지하는 반면, 65세 이상 고령인구 비율은 1930년과 유사하게 전체의 2.8%에 불과하다. 국

표 4-7. 인천의 국적별·연령별 인구구성(1935년)

연령	총인구	조선	일본	대만	만주	중국	미국	영국	프랑스	독일	터키	기타
0~4	11,782	10,034	1,610		2	132					4	
5~9	9,309	7,663	1,528			115					3	
10~14	8,323	6,827	1,373			123						
15~19	8,312	6,685	1,313	2	1	311						
20~24	8,435	6,684	1,348	3	2	397					1	
25~29	7,432	5,838	1,202	2	3	385					2	
30~34	5,809	4,494	1,004		2	307				1	1	
35~39	5,527	4,399	892	1		233			1			1
40~44	4,699	3,720	781			196		1		1		
45~49	3,973	3,172	683		1	113	1		2	1		
50~54	3,027	2,411	529			86	1					
55~59	2,354	1,855	461			35		1		2		
60~64	1,708	1,389	295	1		16		1	5	1		
65~69	1,196	989	199			6	1	1				
70~74	603	520	80			3						
75~79	360	318	41			1						
80 이상	148	128	20									
합계(명)	82,997	67,126	13,359	9	11	2,459	3	4	8	6	11	1
비중(%)	100.00	80.88	16.10	0.01	0.01	2.96	0.00	0.00	0.01	0.01	0.01	0.00

* 자료 : 조선총독부, 1939, 조선국세조사보고, 소화10년(1935년) 도편 제1권 경기도(http://dl.ndl.go.jp/).

가별 비중을 보면, 우리나라 국민은 전체 인구의 80.9%를 차지하여 5년 전보다 3%p 이상 증가하였으며, 일본은 16.1%로 5년 전(17.3%) 보다 감소하였다. 연령대별 비중을 보면, 우리나라 국민의 경우 20~59세에 이르는 5세 구간 연령대에서는 70% 중후반대로 상대적 으로 비중이 작고 다른 연령대에서는 모두 80% 이상을 차지하고 있 다. 일본은 50~54세(17.5%), 55~59세(19.6%)에서 상대적으로 높은 비중을 차지하고 있으며, 모든 연령대에서 10%대의 비교적 고른 비중을 차지하고 있다. 중국 국적의 인구는 2,459명으로 5년 전(3,372명)보다 많이 줄어들었을 뿐만 아니라 비중도 3.0%로 5년 전(4.95%)보다 많이 줄어들었다. 중국 국적 인구의 연령대별 비중에서는 30~34세(5.3%), 25~29세(5.2%)에서 상대적으로 높은 비중을 차지하고 있어 5년 전과 마찬가지로 젊은 연령대가 많이 거주하는 모습을 보이고 있다.

4) 출생지별 인구구성

인천 인구의 출생지 특성을 1930년 기준 국세조사 자료를 토대로 살펴보면, 전체 인구(63,187명)의 84.2%가 우리나라에서 출생한 인구이며, 일본 출생인구는 11.0%, 중국 출생인구는 4.8%를 차지하였으며, 나머지는 대만, 관동주, 기타 국가에서 출생하였다(표 4-8). 우리나라에서 출생한 사람들 중에서 인천 출생자는 전체의 28.2%에 불과하여 상당히 많은 인구가 다른 지역에서 유입되었음을 알 수 있다.

우리나라의 경우 경기도 내 다른 지역(37.6%)과 다른 도(18.3%)에서 출생한 인구가 55.9%를 차지하여 인천과 가까운 수도권 지역에서 가장 많은 인구가 유입된 것으로 나타났다. 다른 도들 중에서는 충남(6.6%)과 황해(3.1%) 등 인천과 상대적으로 인접한 지역에서 출생한 인구 비율이 높게 나타났다. 성별 출생지에서는 대부분의 지역에서 남자의 출생자수가 많았지만, 경남을 출생지로 한 인구에서는 여자의 규모가 남자보다 큰 특징을 보인다.

표 4-8. 출생지별 인구 규모(1930년)

출생지			인구수	비중(%)	남자	여자
총인구			68,137	100.0	36,582	31,555
국내	합계		57,340	84.2	30,045	27,295
	경기도 내	소계	44,880	65.9	23,223	21,657
		인천	19,228	28.2	9,825	9,403
		인천 이외	25,652	37.6	13,398	12,254
	다른 도	소계	12,460	18.3	6,822	5,638
		충북	1,164	1.7	647	517
		충남	4,531	6.6	2,542	1,989
		전북	383	0.6	216	167
		전남	745	1.1	431	314
		경북	646	0.9	336	310
		경남	1,149	1.7	451	698
		황해	2,116	3.1	1,254	862
		평북	643	0.9	358	285
		평남	271	0.4	154	117
		강원	529	0.8	275	254
		함북	194	0.3	105	89
		함남	89	0.1	53	36
국외	합계		10,797	16.0	6,537	4,260
	일본	소계	7,463	11.0	3,830	3,633
	대만	소계	21	0.0	15	6
	관동주(주내)	소계	22	0.0	8	14
	기타 국가	소계	3,289	4.8	2,683	606
		중국	3,250	4.8	2,662	588
		기타	39	0.1	21	18
	선상(船上)	소계	2	0.0	1	1

* 자료 : 조선총독부, 1935, 조선국세조사보고, 소화5년(1930년) 도편 제1권 경기도(http://dl. ndl.go.jp/).
* 주 : 관동주(주내)는 랴오둥 반도 남부에 두었던 당시 일본의 조차지를 의미.

외국 출생지별 인구를 보면, 일본에서 출생한 인구가 7,463명(전체 인구의 11.0%)을 차지하고 있는 것으로 나타났는데, 당시 전체 인구 중 일본인의 수가 11,758명임을 고려하면, 인천에 거주하는 일본인 중에서 4,295명(일본인 인구의 37%)은 일본 이외의 출생지라고 할 수 있다. 이는 개항과 일제 강점을 거치면서 일본인들이 자국에서 출생하여 인천으로 오는 경우도 있지만, 이미 인천을 포함한 우리나라의 여러 지역에서 출생하여 인천을 포함한 우리나라 여러 지역에서 그대로 거주하거나 이동하고 있음을 의미하는 것이기도 하다. 중국인의 경우 당시 인천 거주인구가 3,372명인데 비해 중국 출생 인구가 3,250명으로 중국 전체 인구의 96.4%로 높은 비중을 차지한 것을 고려하면, 일본의 경우 우리나라에서 출생한 인구 비율이 매우 큰 것을 알 수 있다.

5) 가구당 인구규모

일제강점기 동안 가구당 인구규모를 살펴보면, 1910년 4.0명에서 1942년 5.3명으로 가구당 인구수가 증가하는 특징을 보이고 있다. 이는 당시 증가하는 인구속도에 대한 주택 공급의 차이에서 발생한 것으로 해석할 수 있다. 즉, 총인구는 같은 기간에 무려 610.2% 증가한데 반해, 총가구수는 432.6% 증가에 그쳐 가구당 인구수 증가를 유발하였다고 볼 수 있다. 전체적으로는 1930년대까지는 가구당 인구수 4명 정도를 나타내다가 1940년에 접어들면서 5명 이상으로 증가하였다(표 4-9).

국적별로는 일본의 경우 3.7~4.6명으로 나타났으며, 1911년을 제외하고는 1918년까지 가구당 인구수가 3명 수준을 보이다가 이후부터는 4명 정도로 비교적 일정한 규모를 유지하였다. 당시 조선의 경

표 4-9. 일제강점기의 국적별 가구당 인구수 규모

(단위: 명, 호)

연도	총인구	총 가구수	가구당 인구수	조선		일본		중국		기타 외국	
				가구수	가구당 인구수	가구수	가구당 인구수	가구수	가구당 인구수	가구수	가구당 인구수
1910	31,011	7,790	4.0	3,794	3.9	3,446	3.9	524	5.4	26	2.7
1911	32,701	7,788	4.2	3,756	4.3	3,609	4.2	398	3.8	25	2.8
1912	30,408	7,630	4.0	3,866	4.3	3,224	3.7	517	3.2	23	3.0
1913	31,622	7,416	4.3	3,906	4.7	3,041	3.8	453	3.4	16	4.3
1914	30,829	7,536	4.1	3,969	4.4	3,069	3.8	473	3.5	25	2.4
1915	31,264	7,505	4.2	4,115	4.4	3,124	3.8	243	4.6	23	2.4
1916	32,399	7,957	4.1	4,551	4.2	3,121	3.8	267	4.4	18	1.9
1917	31,662	8,028	3.9	4,694	4.0	3,056	3.8	259	4.9	19	2.1
1918	29,989	7,150	4.2	4,675	4.3	2,290	3.9	168	4.5	17	3.1
1919	34,004	8,330	4.1	5,219	4.1	2,896	4.0	198	3.7	17	3.1
1920	36,490	8,159	4.5	5,205	4.6	2,711	4.2	232	5.7	11	3.3
1921	39,003	8,943	4.4	5,943	4.5	2,734	4.1	257	5.3	9	3.1
1922	41,692	9,670	4.3	6,601	4.4	2,738	4.1	322	5.5	9	2.8
1923	40,932	9,647	4.2	6,627	4.2	2,713	4.1	292	5.4	15	2.1
1924	42,425	10,157	4.2	7,035	4.2	2,782	4.1	325	5.3	15	2.1
1925	56,276	12,834	4.4	9,767	4.3	2,598	4.6	457	6.0	12	2.3
1926	53,741	12,473	4.3	9,452	4.2	2,634	4.4	376	5.5	11	2.3
1927	53,865	12,579	4.3	9,489	4.2	2,687	4.3	390	5.3	13	2.5
1928	57,447	12,794	4.5	9,661	4.6	2,794	4.0	326	5.9	13	2.4
1929	59,558	13,785	4.3	10,685	4.3	2,648	4.4	434	5.1	18	1.6
1930	63,658	14,755	4.3	11,628	4.3	2,677	4.2	431	5.6	19	1.7
1931	63,881	15,003	4.3	12,026	4.2	2,655	4.3	302	4.9	20	1.7
1932	68,189	15,057	4.5	12,176	4.5	2,520	4.5	341	4.4	20	1.7
1933	72,861	16,013	4.6	12,958	4.6	2,649	4.4	390	4.7	16	1.8
1934	75,560	16,540	4.6	13,418	4.6	2,720	4.4	386	4.9	16	1.4
1935	80,420	17,275	4.7	14,027	4.7	2,773	4.5	456	5.0	19	2.2
1936	100,303	21,024	4.8	17,340	4.8	3,057	4.4	614	5.3	13	3.5
1937	102,473	21,567	4.8	18,206	4.8	3,147	4.4	202	4.0	12	3.4
1938	108,774	22,911	4.7	19,446	4.8	3,226	4.4	227	4.7	12	3.3

1939	117,098	24,650	4.8	21,038	4.8	3,327	4.4	274	5.1	11	3.5
1940	180,216	34,414	5.2	30,098	5.3	3,955	4.6	351	5.0	10	3.9
1941	193,049	37,164	5.2	32,261	5.3	4,476	4.5	420	5.0	7	4.7
1942	220,242	41,486	5.3	36,096	5.4	4,917	4.4	466	5.1	7	4.7

* 자료 : 1910~1931년까지는 인천문화발전연구원 부설 개항문화연구소, 2004, 역주 인천부사: 1883~1933.
1932~1942년까지는 조선총독부 통계연보 각년도.

우에는 전체적으로 3.9~5.4명의 가구당 인구수를 보였으며, 1910년
의 3.9명을 제외하면 1930년대까지 오랜 기간 4명대를 유지하다가
1940년에 5명 이상으로 증가하였고 1942년에는 가구당 인구수 5.4
명을 기록하여 당시 국가별 가구당 인구수에서 가장 큰 규모를 나타
냈다. 중국은 가구당 인구수의 전체적인 범위가 3.2~6.0명으로 구
성되어 있으며 등락의 변동과 폭이 비교적 심한 특징을 나타냈다. 특
히, 1925년에는 가구당 인구수 6명으로 매우 많은 인구가 한 세대에
같이 거주하였으며, 1920년 이후로는 가구당 인구수 4~6명의 거주
특성을 보였다. 기타 외국인의 경우 전체적으로 1.4~4.7명의 범위를
보여 등락의 변동과 폭이 가장 심하였는데, 이는 기타 외국인구의 수
와 세대수가 작았기 때문에 당시의 시대적 상황에 상대적으로 민감
하게 반응한 결과로 이해할 수 있다. 중국과 기타 외국인의 경우 등
락의 변동이 상대적으로 심하였지만, 비교한 4개 국적의 인구 모두
1940년대에 접어들면서 가구당 인구수가 증가한 특징을 나타냈다.

3. 맺음말

이 장에서는 조선총독부의 통계연보와 우리나라 최초의 인구센서

스라 할 수 있는 국세조사 자료 등 이전보다는 진일보한 양질의 자료
를 토대로 일제강점기의 인구변화와 특성을 살펴보았다. 이 시기 동
안 인천의 인구는 3차례에 걸친 행정구역의 개편과 급속한 인구성
장, 초기의 인구 분포, 그리고 사회적인 인구이동 등을 주요 특징으
로 정리할 수 있다.

먼저, 인천은 1914년과 1936년 그리고 1940년에 대대적인 행정구
역 개편과 함께 인구의 지속적인 성장을 경험하였다. 1912년 면적
(385.6㎢)이 1914년에는 8.3㎢로 대폭 줄어들었고, 이후 1936년에는
27.1㎢, 1940년에는 165.8㎢로 다시 증가하였다. 3차례의 행정구역
개편과 함께 1944년의 인구는 213,833명으로 일제 강점 초기 대비
무려 590%나 증가하였다. 1936년의 행정구역 개편으로 10만 명을
돌파한 후 불과 6년 만인 1942년에 20만 명을 넘어섰다. 1923년에
4만 명이었던 인구가 배로 증가하는데 12년(1935년 8만 명)이 소요된
것을 고려하면, 일제강점기 후반의 인구성장 속도가 매우 빠르게 전
개되었음을 알 수 있다. 물론, 행정구역 개편 이전인 1939년의 인구
규모가 약 11만 7천 명임을 고려하면 일제 강점 후기 인천의 급속한
인구 증가에도 행정구역 확장의 영향이 매우 컸음을 부인할 수 없다.

일제 강점 초기의 자료를 통해 인구의 분포를 살펴본 결과, 인구가
시가지보다 비시가지에 2.35배 정도 많이 분포하였다. 이를 국적별로
보면, 외국인은 시가지에 집중한 반면 우리나라 국민은 인구의 3/4이
비시가지에 분포하여 국적별 공간적 분리가 뚜렷한 특징을 보였다.

한편, 1930년 국세조사 자료에서는 당시 인천의 사회적 인구 증가
가 얼마나 활발하였는지를 잘 보여준다. 우리나라에서 출생한 사람
들 중에서 인천 출생자는 28%에 불과하여 나머지 인구가 타지역에서

유입되었음을 알 수 있다. 또한, 인천에 거주하는 일본인의 경우에도 37%는 일본 이외의 지역에서 출생한 것으로 나타났는데, 이는 많은 일본인들이 시간이 지나면서 인천을 포함한 우리나라에서 출생하여 인천에 거주하게 된 것으로 해석할 수 있다. 우리나라 국민의 경우 수도권과 충청남도, 황해도 등 인천과 지리적으로 인접한 지역의 인구가 많이 유입되어 당시에도 지리적 인접성이 인구이동에 중요하게 작용하였음을 알 수 있다.

인구 피라미드를 통한 인구의 발전단계를 보면, 전형적인 피라미드와는 다소 상이한 형태의 피라미드구조를 나타냈다. 인천의 경우 0~4세 인구 규모가 가장 크지만, 이후 단계적으로 줄어드는 것이 아니라 20대 초반까지는 증감을 반복한 후 20대 중반부터 이후 연령대까지는 일반적인 피라미드형을 보이고 있다. 젊은 연령층의 변동이 심하다는 것은 일제강점기 항구도시로서 인천이 지닌 지정학적 특성에 영향을 많이 받은 것으로 이해할 수 있다. 그리고 인천은 남자가 여자보다 많은 남초지역의 특성을 보여 당시에 남자 관련 일자리가 많았음을 유추할 수 있다.

전체적으로 일제강점기 인천의 인구는 매우 급성장한 시기로 요약할 수 있을 것이다. 시간이 지날수록 전체 인구에서 외국인의 비중이 줄어들었지만, 절대적인 규모는 증가하였고 국적과 연령별 구성도 다양화하였기 때문에 인천이 국내외 인구를 유입하는 매력적인 도시이면서 관문도시로 성장하는 단계였다고 볼 수 있다.

/ 안종천 · 이호상

제5장

일본인과 중국인 이주자의 주거공간 형성[*]

1. 들어가는 말

인천은 1883년 개항장으로 지정된 후 항만을 건설하기 유리한 조건을 가진 제물포를 중심으로 시가지가 발달하였다. 제물포 일대에는 일본을 비롯하여 청국·영국·독일·러시아 등의 국가들로부터 이주해온 외국인들이 그들만의 영역을 점유하면서 주거공간과 생활공간이 형성되었다. 이러한 일련의 과정을 거쳐 제물포를 중심으로 외국인들이 집단적으로 거주하는 거류지와 조계가 형성되었다.

1899년 인천의 제물포와 한강 이남의 노량진을 연결하는 33.2㎞ 구간에 걸쳐 경인선 철도가 운행을 시작하고 이후 인천항의 기능이 강화됨에 따라, 인천은 수도 서울로 진입하는 관문도시로 성장하였고, 현재는 영종도에 건설된 인천국제공항이 항공교통의 허브(hub)로 역할을 수행하면서 외국인의 유출입이 매우 활발한 국제적인 도시로 성장하였다. 세계화가 본격적으로 진행되고 인구의 국가 간 이

---

[*] 이 장의 내용은 〈이호상·손승호, 2018, "인천시 외국인 이주자 주거공간의 영역화: 일본 국적과 중국 국적을 사례로", 『인천학연구』 제28호, pp.45-82〉에서 내용을 발췌하여 본서에 맞게 재구성하였음.

동성이 향상되면서 1990년대 이후에는 인천에 거주하는 외국인 이주자의 규모가 눈에 띄게 증가하였다.

외세에 의한 개항 전후부터 일제강점기에 이르는 동안 인천으로 이주한 외국인은 일본 국적과 중국 국적이 대표적이었다. 이들 두 집단은 개항장 주변에 주거공간을 조성하여 그들만의 조계를 설정하여, 각자의 영역을 확보하였다. 우리나라의 광복과 함께 일본 국적의 외국인은 대부분 인천을 떠났지만, 중국 국적의 외국인은 중국의 국내 사정이 혼란스러웠기 때문에 본국으로 돌아가지 않고 인천에 영구적으로 거주하면서 그들만의 영역을 구축하였다. 중국인들이 거주하던 영역은 현재 차이나타운으로 알려진 곳이 대표적이다. 근래에는 인천의 도시 규모가 성장하고 기능이 강화되는 일련의 과정에서 중국뿐만 아니라 다른 나라에서 이주해온 사람들이 모여들면서 집단적으로 거주하는 주거지가 형성되기도 하였다.

외국에서 이주해온 사람들은 그들이 지닌 속성에 따라 고유의 주거공간이나 커뮤니티를 형성함으로써 도시 내에서 그들만의 고유 공간을 만들어낸다. 또한, 그들의 주거공간은 오래전부터 거주하고 있던 원주민의 다수집단과 구분되는 독특한 도시경관을 형성하기도 한다. 1883년에 개항한 이후, 제물포 일대에 설정되었던 여러 조계 가운데 일본조계와 청국조계는 그들만의 커뮤니티를 강화하여 공간을 점유해 나갔지만, 우리나라의 광복을 기점으로 상황이 변화하였다. 중국인은 기존의 자리에서 지금에 이르기까지 끊임없이 커뮤니티를 유지함으로써 장소성을 강화시켰지만, 일본인의 주거공간은 우리나라의 광복 이후 일본인이 떠나면서 외형상으로만 일부가 유지되어오고 있다.

*출처 : 저자 촬영

그림 5-1. 외형으로만 남아 있는 일본인 주거지

최근 들어 외국인 이주노동자를 비롯하여 다양한 속성을 지닌 외국인 이주자가 국내에 유입되어 옴으로써 인천에서는 외국인 이주자에 의한 또 다른 형태의 공간 점유가 진행되고 있다. 이 장에서는 인천에 거주하는 중국 국적과 일본 국적 이주자의 주거지 분포 및 주거공간의 형성에 대하여 살펴보았다.

중국 국적은 제물포 개항 이후 지금에 이르기까지 주거공간을 유지해 오면서 주거영역을 외형적으로 확장시켰지만, 일본 국적의 규모는 1945년 이후 크게 축소되었다가 2000년대 들어 점진적으로 증가하고 있다. 따라서 인천으로 이주해온 일본인과 중국인의 분포 변화에 따른 주거공간의 형성 과정을 일제강점기부터 현재까지 연속선상에서 고찰하는 것은 큰 의미가 없다. 그렇지만, 일본인과 중국인이 많이 거주하였던 일제강점기의 특정 시기와 세계화시대의 흐름에 따라 국가 간 인구이동이 활발해진 현대의 특정 시기를 대상으로 두 국적의 분포 변화에 따른 주거공간의 재편성을 탐구하는 것은 과거의 인천과 현대의 인천에서 외국인 이주자의 거주행태를 이해하는 데 도움이 될 것이다.

상기의 관점을 토대로 이 장에서는 첫째, 일제강점기 일본조계와 청국조계가 형성되면서 나타난 국적에 따른 주거지 분화를 고찰하는 동시에 인천의 행정경계가 외연적으로 확대되기 이전 시기인 1932년의 인천부(仁川府)를 대상으로 당시의 주거지 분화를 진단하였다. 둘째, 우리나라에서 외국인 이주자가 크게 증가하기 시작한 2000년대 이후 현재에 이르기까지 중국 국적과 일본 국적의 인구가 인천에서 주거공간을 점유하는 변화 과정을 분석하고, 현대에도 일제강점기와 유사한 주거지 분화 현상을 확인할 수 있는지를 고찰하였다. 이는 곧 외국인 이주자들이 도시 내 공간을 다수집단의 영역에서 소수집단의 영역으로 변화시키는가에 대한 탐색이기도 하다. 또한, 이러한 고찰은 인구의 국제적 이동이 활발해지고 대도시로의 외국인 집중현상이 강화되는 시점에서, 인천을 대상으로 외국인 이주자의 공간점유와 그로부터 파생되는 영역성을 가늠할 수 있는 토대를 제공할 것이다. 국내에서의 외국인 이주자 집단에 관한 연구는 주로 서울을 대상으로 이루어졌음을 고려하면, 인천에서의 외국인 이주자 분포 및 주거공간의 형성에 대한 고찰은 인천에서 진행된 외국인 커뮤니티의 영역화를 이해하는 데 큰 도움이 될 것이다.

이 글에서 언급되는 인천의 공간적 범위는 일제강점기의 것과 현대의 것이 일치하지 않는다. 그 이유는 일제강점기 이후 현대에 이르

기까지 인천의 행정경계가 지속적으로 확장되었기 때문이다. 인천은
일본인들이 많이 거주하던 제물포 일대의 시가화 구역에 한정하여
1914년 인천부로 지정되었으며, 이후 1936년과 1940년에 걸쳐 행정
경계가 외연적으로 확장되었다. 따라서 1932년의 인천이라 함은 지
금의 인천 원도심이 자리한 동구와 중구에 해당하는 공간범위에 한
정된다. 이에 대해 2000년대의 대상지역은 지금의 인천광역시에서
행정구역 상 구에 해당하는 시가화 구역으로 확장된다. 일제강점기
의 이주자 통계자료는 당시에 간행된『조선총독부통계연보』,『인천
부사』등으로부터 획득하였으며, 현대의 외국인 이주자와 관련한 통
계자료는 출입국·외국인정책본부에서 제공하는『출입국 통계연보』
와 통계청의「외국인 통계자료」, 인천광역시의「국적별 인구현황」
등을 활용하였다.

2. 외국인 이주자의 영역화

영역화(territorialization)는 한 집단이 일정 장소에서 공간을 점유
하는 과정이나 결과적 측면에서 이해할 수 있다. 즉, 영역화는 외국
인 이주자가 다른 국적의 이주자와는 분리된 주거공간을 형성함으로
써 그들만의 영역성을 강화시키는 것을 의미하며, 국적에 따른 주거
지 분화(residential segregation)라는 맥락에서 해석이 이루어지기도
한다. 이주자의 국적에 따른 주거지 분화에 관한 연구는 많이 이루어
졌다.

도시 내에서 발생하는 주거공간의 분리는 사회공간적 차별이며,

이들 대부분은 인종이나 국적의 상이성에 의해 발생하는 공간분리라는 관점이 주된 논리이다(Logan, 2013; Massey, 2012). 외국인 이주자의 공간적 분리는 주거공간의 선택에 있어서 사회적 네트워킹이 중요한 요소로 작용하기 때문에, 외국인 이주자 집단의 사회적 거리(social distance)가 영향을 미친다는 연구(민지선·김두섭, 2013) 또는 사회적 거리에 대비되는 사회적 관계를 강조한 연구(이혜경, 2012; 최병두·박은경, 2012)에서도 외국인 이주자들이 만들어내는 주거공간 분리 현상의 원인과 결과를 확인할 수 있다.

이주자의 사회경제적 제약과 동일 민족 또는 국적 간에 진행되는 공간적 집중이 주거지 분화를 더욱 고착화한다는 사실은 서울시 대림동에 거주하는 중국 국적 이주자를 대상으로 실시한 정수열·이정현(2014)의 연구에서 확인된 바 있다. 뿐만 아니라 외국인 이주자의 인구학적 속성도 주거공간의 형성에 영향을 미치는 것으로 알려져 있다(박세훈·정소양, 2010). 이와 더불어 서울시에 거주하는 외국인 이주자들의 주거공간이 어떠한 패턴으로 형성되고 변화하는가에 대해서는 여러 관점에서 논의된 바 있다(박윤환, 2010; 하성규 등, 2011). 우리나라의 주요 도시를 대상으로 실시된 연구결과에서 확인할 수 있는 공통적인 내용은 외국인 이주자의 주거공간이 형성된 장소에서는 인종적 요인이나 경제적 요인이 주거지 분화의 주요한 동인으로 작용하였다는 점이다. 이는 외국인 이주자의 비중이 큰 서구의 도시에서도 유사하게 나타난 현상이라는 사실을 다양한 연구를 통해 확인할 수 있다(Emerson, 2001; Farley et al., 2014; Massey, 2012; Wu, 2002).

근래 들어 우리나라에 거주하는 외국인의 국적은 중국으로의 쏠림 현상이 매우 심화되어, 2015년에는 중국 국적을 지닌 외국인이 전체 외국인의 51.6%를 차지하였다. 중국에서 이주해온 외국인들은 외국인 이주자 집단이 주거공간을 형성하는 과정에서 보여주는 일반적인 패턴을 통해 연쇄이주의 과정을 거치면서 그들만의 클러스터를 만들어가고 있는 것으로 알려져 있다. 이에 따라 중국인들의 주거공간은 다른 국적을 지닌 사람들의 주거공간과 분리되어 가는 경향이 강해지고 있다(윤진희 등, 2014). 반면 이 글에서 분석 대상으로 삼은 일본 국적의 주거공간은 서울에서 1970년대 들어 본격적으로 형성되어 지금에 이르고 있는데, 서울에 거주하는 일본 국적 이주자의 주거공간은 다른 국적 보유자와 혼거하는 양상으로 전개되고 있다(손승호, 2016)는 점이 중국 국적 이주자의 주거지 점유와 다른 특징이다.

외국인 이주자의 활동 장소는 그들이 만들어 낸 흔적을 통해 문화적·지리적 질서체계를 변형시키고 동시에 공간질서를 재편하기도 하고 장소를 재구성한다. 이주자의 장소는 그들이 만들어낸 행위에 의해 새롭게 창출되는 결과물인 셈이다. 1990년대 이후 다양한 국적의 이주자들이 증가하면서 이주자들의 밀집지역은 형성과정과 특징이 다양하게 나타나는데, 박세훈(2010)은 우리나라에 형성된 외국인 밀집지역을 공단 배후의 이주노동자 주거지역, 대도시의 저렴한 주택지, 외국 관련 시설 인접지역, 전문인력의 고급주거지 등으로 구분한 바 있다. 이주자 집단이 특정 장소에 집적하는 현상은 그들의 자발적인 집중이나 자기정체화의 결과로 인식되기도 하며, 주류 집단에 의한 차별의 결과로 해석되기도 한다. 다른 집단과 분리된 영역은 그들만의 유사한 생활양식을 토대로 사회적 재생산을 가능하게 하고 사회적 거리를 좁혀 주도록 기능하면서 이주 국가에 빨리 정착할 수 있는 순기능을 행사하기도 한다. 이와 같은 순기능은 일반적으로는 동일 국적끼리 집적하는 주거지 분화가 활발히 이루어지는 촉매로 작용한다(이호상, 2011).

도시사회학자인 Knox(1995)는 주거공간의 분리를 거주자들의 기능적 결집을 위해 조성되는 인클레이브(enclave)와 다른 집단에 의한 차별로 인해 조성되는 게토(ghetto)의 개념으로 구분하여 설명하였다. 과거에 조성된 이주자 집단의 주거공간이 게토의 성격을 강하게 지녔다면, 근래 들어 만들어지는 외국인 이주자의 주거공간은 게토의 성격이 남아 있기도 하지만 이주자들의 뚜렷한 목적의식을 토대로 그들의 이익을 추구하는 인클레이브의 성격이 강하다. 중국 국적이 많이 거주하는 서울에서는 그들의 뚜렷한 목적을 토대로 주거지 분화 현상이 심화되고 있으며(윤진희 등, 2014; 이영민 등, 2014), 몽골 국적의 이주자들은 서울시 동대문 근처에서 그들의 업무공간을 집적시킴으로써 본국과 연결된 민족경제를 실천하면서 로컬리티를 재구성하기도 하였다(이영민·이종희, 2013).

외국인 이주자가 다른 집단과 공간적으로 분리되면서 그들끼리 집중하는 과정을 거쳐 그들만의 주거공간을 형성하는 가장 큰 이유 중 하나는 정착에 도움이 되는 정보를 획득하기 위한 것으로 알려져 있다(하성규 등, 2011). 외국인 이주자에게 낯선 땅에서의 정보 획득 여부는 이주지에서의 생존문제와 직접적으로 연결되기 때문이다. 외국에서 정보를 수집하는 일은 보통 인적 네트워크를 통해 이루어지기 때문에 동일 국적의 이주자가 거주하고 있는가의 여부는 그들의 주거지 선정에서 중요한 요소로 작용하기 마련이다(김희철·안건혁, 2011; 이진영·남진, 2012). 일례로 중국에서 서울로 이주해오는 이주자들은 기존에 이주해온 중국인이 집단적으로 거주하는 대림동을 통

해 한국에서의 생활에 관한 정보를 획득할 뿐만 아니라 문화적 정체
성을 형성시켜 나간다(이영민 등, 2014).

도시 내에서의 주거지 분화는 사회적 신분, 소득 수준, 인종 또는
국적 등의 요인에 의하여 주로 발생하는데, 외국인 이주자는 기존에
형성된 커뮤니티의 구성원들과 상호 네트워킹을 강화함으로써 도시
내에서 그들만의 새로운 공간을 창출한다. 나아가 국적에 따른 주거공
간의 재배치 현상은 도시 내에서 연속적으로 형성된 물리적 공간을
국적에 따라 단절된 공간으로 변화시키기도 한다. 그 이유는 도시 내
에서 전개되는 국적에 따른 사적인 주거공간의 분리가 공적인 도시공
간의 분리를 내포하기 때문이다(Legeby, 2010). 이와 더불어 외국인
이주자 집단은 규모가 작기 때문에 주류에 포함되지 못하고 주변화하
면서 쉽게 섞이지 못한다는 점도 간과할 수 없다(이용균, 2013). 즉 대도
시에서 외국인이 주거공간을 점유하는 과정에 연쇄이주의 과정이 개
입됨에 따라 이주자 집단의 고유한 영역성을 토대로 사회적 공간과
물리적 공간의 단절 현상은 심화되기 마련이다. 따라서 인종이나 국적
에 따른 주거공간의 분리는 특정 집단의 공동체에 기반을 둔 영역성을
더욱 강화시키기는 것으로 알려져 있다(Gibbons, 2015).

3. 일제강점기 일본인과 중국인의 주거지 분화

1) 조계 설정과 인구 증가

인천에서는 개항 이후 제물포를 중심으로 시가지가 발달함에 따라
일부 구역이 일본인과 청국인을 비롯한 외국인에게 개방되었다. 외

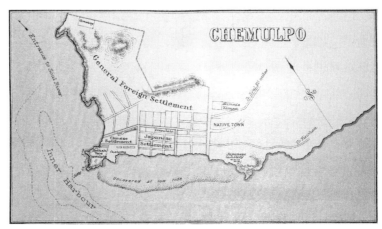

그림 5-2. 1895년 제물포의 외국인 조계

국에서 건너온 사람들은 대체로 그들만의 조계를 설정하여 거주하였
다. 일본조계(Japanese settlement)는 지금의 인천광역시 중구청을 중
심으로 하는 시가지에 설정되었으며, 그 서쪽으로 청국조계(Chinese
settlement)가 설정되었다. 청국조계는 초기의 범위가 일제강점기가
끝날 때까지 거의 변화하지 않았지만, 일본조계는 인천으로 이주해
온 일본인 수가 증가하면서 최초의 장소에서 주변으로 확장되어 갔
다. 이들 두 국적을 제외한 나머지 국적을 지닌 외국인들이 거주하던
각국 조계(general foreign settlement)는 항만으로부터 다소 이격된
공간에 설정되었고, 본래부터 거주하던 소수의 한국인들은 외국인들
의 조계에서 밀려날 수밖에 없었다. 그림 5-2에서 일본조계의 동쪽
으로 한국인 마을(native town)이 들어선 것도 이를 보여준다.

각국 조계는 러시아, 미국, 영국, 프랑스, 독일 등 10여 개 이상의
다국적 주민으로 구성되어 있었지만, 서구에서 이주해온 사람들은

극소수였다. 오히려 일본인의 수가 더
많았다. 그 이유는 일본인의 인구규모
가 커지면서 일본조계의 범위를 넘어
각국 조계에 일본인이 정착하였기 때문
이다. 당시 각국 조계는 주민의 95% 이
상이 일본인으로 구성되었으며, 청국조
계를 제외한 시가지 곳곳으로 일본인이
침입해 들어갔다(손정목, 1994, 164). 이
로 인해 각국 조계는 일본인 거류지로
서의 성격이 강하게 드러났다(최영준,
1974, 49). 일본인들은 일본조계에 접한

* 출처 : 저자 촬영

그림 5-3. 각국 조계 표지석

각국 조계의 저지대를 매립하여 시가지를 조성하였고, 한국인의 취
락이 많지 않았던 전동·인현동·신포동·신흥동·도원동·만석동 등
지로 그들의 주거영역을 확장하였다. 특히 1906년부터 인천항 일대
에서 해면매립이 본격화하면서 일본인의 시가지는 각국 조계에서 동
쪽과 북쪽 방향으로 확대되기 시작하였고, 일본인의 90% 이상이 당
시 인천부의 중심시가지에 거주하게 되었다.

일본인이 1878년에 인천의 성창포와 만석동 일대에 처음으로 정착
한 이후 1883년 9월 조일 양국정부는 「인천항일본조계약서(仁川港日
本租界約書)」를 체결하였고, 이를 근거로 7,000여 평의 일본조계를
설정하였다. 당시 일본인은 200명에 불과하였으나, 인천이 서울과
근접한 곳에 입지한 관문의 기능을 수행한다는 지리적 이점은 인천
으로 일본인을 끌어들이는 흡수요인으로 작용했다. 이로 인해 일본
뿐만 아니라 인천보다 먼저 개항한 부산, 원산 등지에서 일본인들이

대거 인천으로 유입되어 1884년에는 384명으로 증가하였다. 일본인이 증가하자 일본 정부는 「인천항일본조계약서」를 근거로 추가적인 조계의 확장을 요구하였고, 조선 정부는 기존에 설치된 일본조계의 동쪽에 3,800여 평의 토지를 추가로 제공하였다. 이렇게 해서 일본조계가 1만 1천여 평으로 확대되었다(박진한 등, 2016, 34).

조계 확장과 일본인의 유입으로 1890년 이전까지 1천 명을 조금 넘었던 일본인의 수는 1891년에 2천 명을 넘어섰으며 1893년에는 그 규모가 2,500명을 상회하였다. 이후 1894년의 청일전쟁을 계기로 일본인의 수가 크게 늘어나 그 해에 4,500명을 돌파하였다. 특히 일제가 한반도 지배를 본격화하기 위해 체결했던 을사늑약을 전후한 1904년과 1905년 두 해에 걸쳐 일본인의 수가 크게 늘어, 일본인의 수는 1903년 6,433명에서 1905년에는 1만 2,711명으로 증가하였다(인천광역시, 2008, 30). 이후 일본인의 규모는 1935년에 이르기까지 증가와 감소를 반복하면서 완만하게 증가하는 경향을 나타내었다.

일본 정부는 한반도 개항 초기부터 일본에서 이주해온 거류민이 증가할 것에 대비하여 시가지의 도로망을 정비하고 도시시설의 입지에 대한 규제를 통해(구모룡, 2008, 8) 부산은 물론 인천에서도 식민도시화를 도모하였다. 일제의 식민도시화는 지금의 인천광역시 중구청 자리에 들어섰던 영사관 건물을 중심으로 그 주변에 경찰서, 감리서, 교육기관, 병원 등의 공공기관을 배치하여 인천을 일본인의 시가지로 조성하는 계획으로 구체화되었다. 감리서는 개항장에서 대외 통상관계 업무를 처리하던 기관이다. 경인선 철도가 개통한 이후에는 철로 남쪽으로 일본인 시가지가 본격적으로 조성되었고, 철로 북쪽으로 한국인 마을을 조성함으로써 일본인과 한국인의 주거지는 자연스럽게 분리되었다.

제물포를 중심으로 형성된 시가화 구역에 외국인이 집중적으로 거주하였기 때문에 당시 인천에 거주하던 외국인의 규모는 행정구역 변화에 큰 영향을 받지 않았다. 외국인의 국적 구성은 표 5-1에서 보는 바와 같이 일본 국적과 중국 국적이 큰 비중을 차지하였고, 미국, 영국, 러시아 등지의 국적을 지닌 외국인의 규모는 모두 100명에도 미치지 못하였다. 전술한 바와 같이, 일본 국적을 지닌 사람들이 매우 밀집하여 거주함에 따라 일본인들의 주거공간은 인접한 각국 조계로 수평적인 확장을 경험하였다.

표 5-1. 일제강점기 인천의 일본인과 중국인 규모의 변화

(단위: 명)

연도 국적	1910년	1915년	1920년	1925년	1930년	1935년	1940년
일본	11,126	11,898	11,281	11,617	11,238	12,492	18,088
중국	2,886	1,125	1,318	2,085	2,427	2,291	1,749
기타	71	56	36	28	33	42	39
계	14,083	13,079	12,635	13,730	13,698	14,825	19,876

＊자료:『조선총독부통계연보』.

일제강점기에 인천에 거주하던 외국인 가운데 규모가 컸던 일본인과 중국인의 주거지는 그들의 조계를 중심으로 집중 분포하였다. 중국인들은 1만 6천여㎡에 불과한 청국조계가 포화상태에 이르자 1887년 지금의 중구 내동에 자리한 경동사거리와 그 주변 지역으로 영역을 확장하였다. 일본인들은 영사관이 들어서 있던 시가화 구역에서부터 인접 지역으로 주거지를 확장하여 한국인과 혼거하는 양상을

강화시켰지만, 중국인들은 그들만의 거류지를 고수하면서 매우 밀집
도가 높은 주거공간을 형성하였다. 중국인의 규모가 증가함에 따라
청나라에서는 한국인들이 주로 거주하였던 삼리채(三里寨) 일대를 청
국조계로 지정하여 중국으로부터 이주해온 상인들을 정착시켰다. 그
림 5-4에서 사각형의 점선 안에 지나예정조계(支那豫定租界)라고 표
기된 곳이 삼리채의 청국조계이다. 삼리채는 현재 중구 답동 서쪽에
있는 신포국제시장 부근에 해당한다. 우리 민족에게서 싸리재라 불
리던 이름을 중국인들이 한자로 표기한 것이 삼리채이다.

　삼리채는 개항 초기에 설정된 청국조계와 분리되어 있는 곳으로,
삼리채와 청국조계 사이에는 일본조계와 한국인의 주거지가 형성되
어 있었다. 중국인들이 거주할 공간으로 지정된 삼리채 일대의 청국
조계는 기존에 설정되었던 청국조계에 연결되지 않고 분리되어 설정
됨에 따라 중국인의 주거지 분포 역시 일본조계를 사이에 두고 둘로
나뉜 비지적 패턴으로 전개되었다. 이후 일본인들의 세력이 강해지
면서 삼리채 일대는 중국인·일본인·한국인이 혼거하는 공간으로

* 자료 : 『仁川府史』, 1933.

그림 5-4. 삼리채 일대의 청국 조계 예정지

변모하였다. 삼리채 일대에 거주하던 중국인의 규모는 그리 크지 않았다. 일제강점기 인천에 거주했던 중국인의 규모가 일본인의 수에 크게 미치지 못하였기 때문에 청국조계가 확대되었다고 해도 삼리채 일대는 다국적 주민이 거주하는 공간으로 변모할 수밖에 없었다.

2) 일본인과 중국인의 주거지 분화

인천에 거주하던 일본인의 규모는 1910년대부터 1930년대까지 크게 변화하지 않다가 1940년대 들어 크게 증가하였는데, 이는 한반도로 이주한 일본인의 증가 및 인천의 행정구역 확장에 기인한다. 1930년대 중반까지 인천에 거주하던 일본인은 1만 2천 명 내외를 유지하였으므로, 그들이 점유했던 주거공간이나 생활공간은 1910년대에 형성되었던 그것과 크게 다르지 않다. 이 글에서는 개항장을 중심으로 1940년의 인천 행정구역이 확대되기 이전의 시기 가운데 인구자료 확인이 가능한 1932년의 인구분포를 통해 일본인과 중국인의 주거지 분화를 진단하였다.

1930년대 일본인들이 밀집거주하였던 지역은 그림 5-5에서 보는 바와 같이 개항장이었던 인천항의 배후지에 조성된 일본조계를 비롯하여 당시의 영사관을 비롯한 공공기관이 밀집해 있던 구역과 그 주변부에 걸쳐 있다. 인천에 거주하던 일본인의 규모가 컸던 만큼 그들의 주거지도 비교적 넓은 범위에 걸쳐 있었고, 삼리채 일대에서는 중국인과의 혼거 현상도 확인할 수 있다. 당시 중국인의 밀집주거지가 형성되었던 곳은 지금의 차이나타운이 자리한 선린동(당시 支那町)이었으며, 청국조계로 설정되었던 삼리채 일대에 거주하던 중국인의

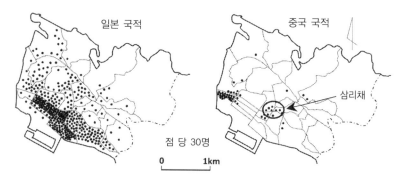

그림 5-5. 인천 개항장 일대의 일본 국적과 중국 국적의 분포(1932년)

수는 그리 많지 않았다.

　개항장과 그 인접지역에 주로 거주했던 일본인은 일본조계가 자리
하고 관공서가 밀집해 있던 중앙동(당시 本町), 관동(당시 仲町), 송학
동(당시 山手町) 등지에서 동남쪽의 해안가를 따라 신흥동(당시 花町),
신포동(당시 宮町), 사동(당시 濱町) 등지로 침입해 가면서 그들의 주거
영역을 확산시켜 나갔다. 따라서 영사관으로부터 멀리 떨어져 있던
신흥동 일대는 일본인의 침입이 비교적 느린 속도로 진행되면서 한
국인과 일본인의 혼거 양상이 뚜렷하였다. 1932년 당시 화정(花町)에
는 한국인 3,275명, 일본인 1,491명이 거주하였고, 지금의 답동 일
대인 사정(寺町)에는 한국인 1,447명, 일본인 817명이 거주하였다.
일본인들은 개항장에서부터 경인선 철도 노선에 이르는 구역으로 주
거영역을 확장시키면서 그들의 영역성을 더욱 강화할 수 있었다. 이
에 대해 중국인들은 청국조계가 설치되었던 선린동과 삼리채 일대에
서 주로 거주하였다. 삼리채 일대는 그림 5-5에서 보는 바와 같이
신포동·내동·용동·경동의 접점으로, 중국인들의 밀집도가 다른 곳

* 출처 : 인천개항박물관.

그림 5-6. 일제강점기의 청국조계

* 출처 : 저자 촬영

그림 5-7. 현대의 차이나타운

에 비해 상대적으로 높았다.

1932년 인천부에 거주하던 사람들의 국적별 분리 정도를 확인하기 위하여 상이지수(index of dissimilarity)를 산출해 보았다. 주거지 분화를 측정하는 지표에는 다양한 것들이 있지만 상이지수가 보편적으로 사용된다(Knox & Pinch, 2010, 167). 한 장소에서 두 집단의 공간분포를 비교하는데 이용되는 상이지수는 $D = \frac{1}{2}\sum_{i=1}^{k}|x_i - y_i|$에 의해 도출할 수 있다. 여기에서 x_i는 인천에 거주하는 특정 국적의 외국인 가운데 i번째 지역에 거주하는 인구의 비중이고, y_i는 나머지 국적의 외국인 가운데 i번째 지역에 거주하는 인구의 비중이다. 상이지수가 0이면 인구분포가 국적별로 전혀 분리되지 않은 상태이고, 그 값이 100이면 국적별로 완전히 분리되었음을 의미한다. 1932년의 인천을 대상으로 두 국적 간의 상이지수를 도출한 결과 일본인과 중국인 사이의 상이지수는 62.7을 기록하였으며, 한국인과 일본인 사이에서는 73.3, 한국인과 중국인 사이에서는 73.9가 산출되었다(표 5-2).

이렇게 본다면, 일제강점기 인천에서는 일본인과 중국인 사이의 주거지 분화가 심하였으며 동시에 일본인과 중국인, 한국인과 중국인 사이의 주거지 분화도 뚜렷했던 것으로 볼 수 있다. 이는 그림 5-5에서 살펴본 것처럼, 이주자 집단인 일본인과 중국인은 조계에서부터 시작

표 5-2. 국적별 상이지수와 상관계수

국적	한국인	일본인	중국인
한국인	–	73.3	73.9
일본인	−0.420*	–	62.7
중국인	−0.199	−0.056	–

* 유의수준 0.05에서 유의.

하여 주거공간을 주변으로 확산시키는 과정에서 일부 혼거하는 양상을
나타내었지만, 전체적으로는 그들만의 영역을 구축하였다. 일제강점
기 인천부를 구성했던 하위 행정구역인 마치(町)를 단위지구로 설정하
여 각 마치에 거주하던 국적별 인구규모에 대한 상관분석을 실시한
결과, 한국인과 일본인 사이에서 상관계수 γ=−0.420을 기록하였으며,
이 값은 다른 국적 간의 상관계수와 달리 유일하게 유의수준 p=0.05에
서 유의미했다. 이를 통해 한국인과 일본인의 주거분리 경향이 비교적
강했다는 사실도 확인할 수 있다.

원주민이 거주하던 곳에 형성된 식민도시에서는 외국에서 온 이주
자가 정치적·사회적 지배층을 형성하므로 이주자 집단으로 구성되
는 지배계층과 원주민으로 구성되는 피지배계층 사이의 영역 분리가
진행되고 이는 주거공간의 분리로 이어지게 된다. 그렇다고 해서 인
천의 모든 구역에서 한국인·일본인·중국인의 주거공간이 명확히
구분된 것은 아니었으며, 도시화가 미진했던 북성동과 송월동을 비
롯하여 해면매립을 통해 시가지가 조성되었던 신흥동 등지에서는 특
정 국적으로의 쏠림현상이 두드러지지 않고 국적과 무관하게 혼거하
는 양상이 전개되었다.

1930년대 인천에 거주하던 일본인과 중국인 사이에서 두 국적의
분리정도를 보여주는 상이지수가 높았지만 두 국적의 혼거 정도를
보여주는 상관관계는 아주 약한 부(−)의 상관을 형성하였다. 이로부
터 일제강점기 인천에서는 일본인과 중국인은 서로 다른 공간을 점
유하면서 그들만의 영역을 형성하였음을 알 수 있다. 한편 한국인은
일본인과 중국인 모두에서 상이지수가 높게 형성되었으며, 혼거 정
도를 의미하는 상관관계는 특히 일본인과 낮은 값을 기록하였다. 즉

한국인과 일본인의 주거공간 분리가 심하게 나타났는데, 이는 개항장 일대에 새롭게 조성된 시가지에 주로 일본인이 거주하였고 일본인의 주거공간이 내륙으로 확장하는 침입 현상이 발생하면서 한국인의 주거공간이 일본인의 주거공간과 중복되지 않는 구역으로 천이함에 따른 현상이다. 즉, 한국인과 일본인의 주거공간 분리는 식민지 국가에서 일반적으로 볼 수 있는 지배계층과 피지배계층 간의 주거지 분화로 설명할 수 있을 것이다. 이는 일제강점기 식민도시로 성장한 인천의 이중도시 형성이라는 관점으로도 설명이 가능한 부분이다(김종근, 2011, 7).

여기에서는 상이지수와 별도로 인천을 구성하던 하위 행정구역을 대상으로, 일본인과 중국인이 차지하는 비중의 격차를 통해 특정 국적의 밀집정도를 분석해 보았다. 두 국적 간 인구비중의 차이가 클수록 특정 국적의 집중현상이 심한 것이고, 차이가 작을수록 집중현상은 완화되거나 나타나지 않는다. 인구비중의 격차는 송학동·사동·관동·신포동에서 80 이상의 높은 값을 기록하였고, 중앙동·선린동·전동(당시 山根町) 등지에서도 70 이상을 나타내었다(그림 5-8). 대부분 지역에서 일본인의 비중이 중국인의 비중보다 컸지만, 유일하게 중국인의 비중이 큰 지역이 있었는데 그곳이 바로 청국조계로 설정되었던 선린동이다. 선린동은 인천역의 동남쪽에 자리한 곳으로 지금은 인천 차이나타운이 조성된 곳이다. 인천항에서 해안가를 따라 동남쪽 방향으로도 일본인과 중국인의 격차가 어느 정도 나타났지만, 그리 큰 격차를 보이지는 않았다.

당시 경인선 철도의 북쪽과 상인천역(지금의 동인천역) 동쪽 방향으로는 일본인과 중국인이 거의 거주하지 않았고, 주로 한국인이 거주하였

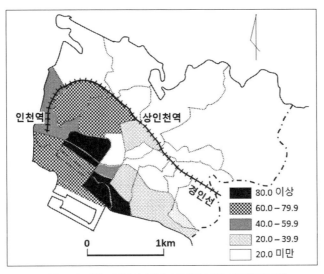

그림 5-8. 일본 국적과 중국 국적의 비중 차이(1932년)

다. 인천역과 상인천역을 잇는 경인선의 남쪽은 일찍부터 외국인이 거주하면서 상당한 도시화가 진전된 곳이었지만, 경인선 북쪽을 비롯하여 외국인들의 조계로 설정되지 않았던 곳은 전형적인 농촌의 모습을 유지하였다. 이 가운데 일부 지역은 청나라와 일본에서 건너온 사람들이 채소나 과수를 재배하던 근교농업지역의 성격도 나타내었다(건설부 국립지리원, 1984, 356). 도시화가 진전되지 않았던 곳은 한국인이 밀집 거주하던 지역이었고 일본인이나 중국인의 이주도 두드러지지 않았다. 또한 경인선 철로가 시가지의 평면적 확장을 억제하는 장애물로 작용하는 동시에 인천의 시가지를 분리된 공간으로 만들면서 인천에서도 이원도시(dual city)의 성격이 표출되기 시작한 것이다. 일제강점기 인천에서는 경인선 철로에 의한 주거공간 및 생활공간의 단절 현상이 나타난 동시에, 외국인이 주로 거주하던 개항장 주변의 시가화 구역에서는 국적에 따른 주거지 분화가 상당히 진척되었다.

4. 2000년대 외국인 이주자의 주거지 분화

1) 주거공간 분리에 대한 진단

우리나라에서 외국인 인구가 급격히 증가한 시기는 2000년대 중반 이후이다. 전체 외국인에서 가장 큰 비중을 차지하는 중국 국적의 인구규모는 1992년의 한중 수교 이후 점진적으로 증가하기 시작하였으며, 1990년대 말부터 본격적으로 확대되었다. 2015년 기준으로 인천에 가장 많은 외국인은 중국 국적이며, 그 뒤를 이어 베트남(6,499명), 필리핀(2,795명), 대만(2,643명), 인도네시아(2,230명), 우즈베키스탄(1,991명), 태국(1,964명) 등의 국적 보유자 순이다. 2017년 말 기준으로 인천에 등록된 외국인은 모두 6만 2,596명이었으며, 중국 국적이 가장 많은 2만 6,446명이고 일본 국적은 국가 순위 16번째에 해당하는 978명에 불과하였다.

표 5-3. 인천의 등록 외국인 인구규모 변화

(단위: 명)

연도\국적	1990년[1]	1995년[1]	2000년[2]	2005년[2]	2010년[2]	2015년[2]	2017년[1]
중국	2,652	1,550	4,473	9,641	22,978	25,733	26,446
일본	129	300	630	516	589	916	978
전체	3,159	7,752	16,552	31,683	49,992	57,669	62,596

* 자료 : 1) 『출입국·외국인정책 통계연보』, 2) 국가통계포털(http://kosis.kr).
* 주 : 매년 연말 기준.

인천에 거주하는 중국 국적의 인구규모는 1990년대 중반까지 큰 변화를 보이지 않았지만, 2000년 이후 2015년에 이르기까지 아주 크게 증가하였다(표 5-3). 인천에서 중국 국적이 차지하는 비중은 2000년대 들어 빠르게 상승하여, 2000년에 27.0%였던 것이 2005년에 30.4%로 증가하였고 2015년에는 44.6%를 기록하였다. 일본 국적은 2000년 이후부터 2017년에 이르기까지 미미하게 증가하였지만, 전체 외국인 규모의 증가를 고려하면 그 비중은 오히려 감소하였다. 인천의 외국인 가운데 일본 국적의 비중은 2000년에 3.8%였던 것이 2015년에는 1.6%로 줄어들었다. 일제강점기에는 지배국가인 일본 국적을 보유한 외국인의 수가 인천의 인구규모에서 차지한 비중이 15%를 상회할 정도로 많았지만 1945년 이후 급감하였다가 1970년대 이후에 점진적인 증가 추세를 나타내었다.

중국 국적과 일본 국적을 보유한 외국인의 분포를 고찰하기 위하여, 특화도와 밀집도의 개념을 적용해 보았다. 특화도는 각 구(또는 군) 내에서 특정 국적의 외국인이 전체 외국인에서 차지하는 비중을 통해 알아보았고, 밀집도는 각 구(또는 군)에 거주하는 특정 국적의 외국인이 인천에 거주하는 동일 국적의 외국인 규모에서 차지하는 비중을 통해 도출하였다. 요컨대 특화도는 구(또는 군) 내에서 다른 국적을 가진 외국인 규모와의 비교를 용이하게 해주는 지표이고, 밀집도는 동일 국적의 외국인들이 인천의 어느 구(또는 군)에 집중적으로 분포하는지를 보여주는 지표이다. 표 5-4에서 밀집도의 합계는 인천의 10개 구군의 밀집도를 합한 100%이지만, 특화도는 각 구와 군의 특화도를 합한 값과 일치하지 않는다. 특화도의 합계는 인천 내에서 중국 국적이나 일본 국적이 전체 외국인에서 차지하는 비중으

표 5-4. 인천시 군·구별 중국 국적과 일본 국적의 특화도와 밀집도(2015년 기준)

(단위: 명, %)

구분	외국인	중국 국적			일본 국적		
		인구	특화도	밀집도	인구	특화도	밀집도
중구	4,288	1,961	45.7	7.6	62	1.4	6.8
동구	960	436	45.4	1.7	12	1.3	1.3
미추홀구	7,314	3,993	54.6	15.5	118	1.6	12.9
연수구	6,703	2,490	37.1	9.7	161	2.4	17.6
남동구	12,504	4,178	33.4	16.2	118	0.9	12.9
부평구	10,128	7,267	71.8	28.2	167	1.6	18.2
계양구	3,116	1,627	52.2	6.3	97	3.1	10.6
서구	11,729	3,572	30.5	13.9	162	1.4	17.7
강화군	746	157	21.0	0.6	19	2.5	2.1
옹진군	181	52	28.7	0.2	0	0.0	0.0
계	57,669	25,733	44.6	100.0	916	1.6	100.0

* 자료: 『인천통계연보』. 2016.

로 이해해도 된다.

특화도는 중국 국적이 대부분의 구에서 높은 값을 기록하였지만 일본 국적에서는 매우 낮은 값이 도출되어, 두 국적 외국인 분포의 특화도는 극명한 차이점을 드러냈다(표 5-4). 중국 국적의 특화도는 인천을 구성하는 8개 구에서 모두 30% 이상을 차지한 반면, 일본 국적은 계양구를 제외한 나머지 구에서 3%에도 미치지 못하였다.

중국 국적의 특화도는 부평구(71.8%)를 비롯하여 미추홀구(54.6%)와 계양구(52.2%)에서 50% 이상을 기록하였으며, 중구와 동구에서도 전체 외국인의 40%를 상회하였다. 중국 국적은 남동구와 서구에서 비교적 낮은 비중을 차지하였을 뿐이다. 이는 대부분의 자치구에서 중국 국적이 인천에 거주하는 외국인 가운데 최대 규모를 차지하며, 외국인 분포에서 종주성을 강화시키고 있음을 의미한다. 일본 국적은 계양구에서 3.1%로 가장 높은 값을 기록하였지만, 나머지 구에서는 2% 이하의 값을 기록하였다. 이는 인천에 거주하는 일본 국적의 규모가 크지 않기 때문에 나타난 결과이기도 하다.

밀집도(국적 내 비중)는 특화도(구내에서 국적 간 비중)와 다소 상이한 패턴으로 전개되었다. 중국 국적의 밀집도는 부평구에서 28.2%로 가장 높게 형성되었고, 남동구와 미추홀구에서도 높은 값을 기록하였다. 동구를 비롯한 계양구, 중구, 연수구에서는 중국 국적의 밀집도가 낮은 수준이었다. 특화도는 각 자치구에 거주하는 전체 외국인 규모의 영향을 받기 때문에, 전체 외국인 규모가 크지 않은 계양구와 중구에서 중국 국적의 특화도가 높았지만 밀집도는 상대적으로 낮게 형성된 것이다. 일본 국적의 밀집도는 부평구에서 가장 높았으며, 연수구와 서구에서도 높은 수준을 나타내었다.

중국 국적의 구별 특화도는 2000년만 해도 남동구의 32.5%가 가장 높은 값이었던 것이 2005년에는 계양구에서 55.0%를 기록하였고 2010년에는 부평구에서 67.6%까지 상승하였다. 중국 국적의 특화도는 모든 구에서 2010년까지 상승하였지만, 2010년에서 2015년 사이에는 부평구와 중구에서만 상승하였고 나머지 구에서는 감소하였다. 밀집도는 2000년에 남동구에서 37.8%로 가장 높았지만 2010년 이후의 밀집도에서는 부평구가 남동구를 추월하였다.

일본 국적의 특화도는 2000년에 연수구에서 15.3%를 기록하기도 하였지만, 동남아시아를 비롯한 국가로부터 외국인 이주노동자의 유입이 활발해진 2005년 이후에는 일본 국적의 특화도가 4%를 상회하는 지역이 보이지 않을 정도로 일본 국적의 규모는 왜소해졌다. 인천을 구성하는 행정동 단위에서 일본 국적의 분포를 보면, 10명을 상회하는 동이 많지 않다. 일본 국적이 가장 많이 거주하는 부평구에서는 부평1동에 23명이 거주할 뿐 나머지 동에서는 10명 내외에 불과하였다. 미추홀구에서는 21명이 거주하는 용현1·4동의 일본인 규모가 가장 컸다. 용현1·4동에는 대학교가 입지하고 있어 외국인 유학생 규모가 큰 편이며, 외국인이 다른 행정동에 비해 많다.

특화도가 높은 동시에 밀집도가 높은 지역에서 동일 국적끼리 집적하는 주거지 분화 현상이 심화될 것이라는 관점에서 보면, 인천에서는 부평구·남동구·미추홀구 등지에서 중국인들이 집적함에 따른 주거공간의 클러스터링을 짐작할 수 있지만, 일본인의 주거지 클러스터링은 확인이 어렵다. 또한, 일본 국적의 주거지가 특정 지역에 집중 분포하지 않고 인천시 전역에 분포한다는 점에서 현대도시 인천에서 일본 국적의 외국인을 대상으로 주거지 분화를 논하기에는 다소 무리가 있다.

특정 집단의 공간적 분리 정도를 보여주는 상이지수는 2015년 기준으로 중국인은 26.4를 기록하였고 일본인은 13.0을 기록하였다. 이는 중국 국적을 지닌 외국인이 일본 국적에 비해 상대적으로 분리의 정도가 강하다는 사실을 의미하는 것으로, 인천에서는 다른 국적에 비해 중국 국적의 주거지 분화가 어느 정도 진전되었음을 짐작케 해준다. 중국 국적을 보유한 외국인의 수가 인천의 전체 외국인에서 차지하는 비중이 40%를 넘어 인천에서는 이미 중국 국적으로의 쏠림현상이 심화되었고, 인구분포의 편차가 2000년 이후 2015년에 이르기까지 지속적으로 커졌다는 점에서 중국 국적의 주거지 분화는 시간이 흐름에 따라 심화되고 있음을 볼 수 있다.

2) 중국 국적의 영역화

중국 국적의 밀집지역은 2005년 들어서면서 점진적으로 윤곽이 드러나기 시작하였다(그림 5-9). 이는 남동구와 부평구에서 중국 국적의 증가가 두드러진 반면, 서구에서는 2005년 들어 중국 국적이 일시적으로 감소한 데 기인한다. 동구를 비롯하여 미추홀구와 연수구에서는 증가 현상이 뚜렷하지 않았다. 중국 국적의 인구규모가 커진 곳과 작아진 곳이 명확히 구분되면서 집중현상이 더욱 부각된 것이다. 중구에서도 2005년 들어 중국 국적이 크게 증가하였다. 인천 중구의 차이나타운에 거주하는 화교는 19세기 말부터 터전을 잡아 지금에 이르기까지 한국 영토에 실질적으로 거주하고 있지만, 법적으로는 타이완 국적의 외국인으로 분류된다. 즉 중구에서 2005년 들어 중국 국적의 규모가 커진 것은 기존에 거주하던 화교들의 상업활동과 연계된 소수민족경제를 추구하는 민족 네트워크(ethnic network)에 의해 중국 국적이 이주해온 때문으로 풀이된다. 남동구와 부평구에서 중국 국적이 증가한 것은 고용허가제가 본격적으로 실시된 2004년부터 유입된 이주노동자들이 대도시 공업단지 주변에 집단적으로 거주하기 시작하면서 광범한 주거지가 형성되었기 때문이다(장영진, 2006, 524).

중국 국적은 중국으로부터의 이주가 활발해지기 시작하면서 2010년에 2만 명을 돌파하였다. 이에 따라 대부분의 구에서 중국 국적의 규모가 증가하였는데, 2005~2010년 사이에 중국 국적의 외국인이 가장 많이 증가한 곳은 부평구이다. 기존 중국 국적의 밀집지역이었던 남동

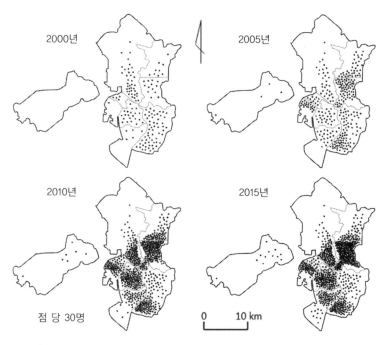

* 자료 : 『인천통계연보』.

그림 5-9. 인천시 중국 국적 외국인의 분포 변화

구에서의 증가가 주춤해진 사이 부평구와 더불어 서구 및 미추홀구에서 중국 국적의 규모가 크게 증가한 것이다. 부평구로의 집중은 2010~2015년 사이에 더욱 심화되었다. 이는 앞의 표 5-4에 제시된 밀집도의 분포에서도 확인이 가능하다. 부평구에 분포하는 중국 국적은 2010년에 5,242명이었던 것이 2015년에는 7,267명으로 증가하였다. 반면 계양구와 동구에서는 중국 국적의 감소현상이 나타났다.

중국 국적의 외국인이 다른 국적의 외국인들과 분리된 영역을 점유하는 정도를 파악하고자 상이지수를 산출해 보았다. 상이지수는

2000년에 17.1을 기록하여 다른 국적을 지닌 외국인과의 분리 정도
가 큰 수준은 아니었다. 그러나 인천에서 중국 국적의 규모가 커지기
시작한 2000년대 중반 이후, 상이지수는 2005년에 26.3으로 상승하
였으며, 그 이후의 시기에는 크게 변화하지 않아 2015년에 26.4를
기록하였다. 캐나다의 3대 도시라 할 수 있는 몬트리올, 토론토, 밴
쿠버 등지를 대상으로 노동시장에서 나타난 인종별 분리를 고찰한
Hiebert(1999)는 상이지수가 25를 상회할 경우 주거지의 공간적 분
리 정도가 큰 것으로 간주하였다. 이 기준을 적용하면 인천에서 중국
국적이 나타낸 주거지의 공간적 분리 현상은 최근 들어 다소 심화된
것으로 이해할 수도 있다. 그러나 미국 도시에서 아프리카계 미국인
의 상이지수가 80을 넘었고 아시아계 주민들의 상이지수가 60을 넘
는 것을 고려하면(Knox & Pinch, 2010, 167), 인천에서 나타난 중국 국
적의 분리 정도는 상대적으로 미약한 수준에 해당한다.

2010년대 들어 중국 국적의 밀집지역은 남동구에서 부평구로 이
전하였다. 남동구는 2000년만 해도 전체 중국 국적의 37.9%가 분포
하였으나, 중국 국적이 부평구·미추홀구·서구로 집중하면서 2010
년부터 중국 국적 외국인의 분포에서 수위지역의 지위를 상실하였
다. 남동구에 분포하는 중국 국적은 인천에 거주하는 전체 중국 국적
에서 차지하는 비중이 감소하였을 뿐, 절대적인 인구규모는 꾸준히
증가하였다. 이렇게 본다면 인천으로 유입해온 중국 국적의 이주 패
턴은 부평구를 비롯한 남동구·미추홀구·서구 등지에서 이주자 네
트워크(migrant networks)에 의한 연쇄이주가 진행되고 있는 것으로
이해할 수 있다. 행정동 단위로 보면 2015년 기준 부평구의 부평5동
(370명), 부평4동(340명), 십정2동(326명), 부평1동(247명), 부평6동

(214명), 부평2동(195명), 미추홀구의 용현1·4동(706명), 학익1동(208명), 중구의 북성동(189명), 영종동(176명), 남동구의 논현1동(162명) 등지에서 중국 국적의 밀집분포가 두드러졌다.

중국 국적의 인구규모가 큰 남동구를 비롯하여 서구·부평구 등지는 국가산업단지를 비롯한 제조업체의 입지가 두드러진 지역이기도 하다. 이들 지역에 거주하는 외국인이 제조업체에 근무한다고 단정할 수는 없지만, 남동구의 남동국가산업단지, 서구의 국가산업단지 및 일반산업단지, 부평구의 국가산업단지 등지에는 소위 3D 업종에 외국인 노동자가 많이 근무한다(이영민·김수정, 2017, 205-206; 정연주, 2001, 32-33). 우리나라의 행정자치부(2016)에서 발표한 자료에 따르면, 남동구에 거주하는 외국인의 59.2%, 서구에 거주하는 외국인의 50.2%가 제조업체에 종사하는 것으로 알려져 있다. 남동구·서구·부평구는 인천의 사회·경제적 속성을 토대로 설정된 등질지역 분류에서 제조업의 입지가 탁월한 공업지역과 건축 연대가 오래되고 노후한 저층의 주택이 많은 전통적 주택지역이 혼재하는 곳이기도 하다(손승호, 2010). 이들 지역에서는 주택의 하향여과(downward filtering)가 진행되면서 주거환경이 열악해지지만, 한국으로 이주해온 중국 국적은 한국에 거주하는 동안 주거비용의 최소화를 도모한다는 관점에서 이들 지역이 그들에게는 최선의 주거공간일 수도 있다. 경제적 효용의 관점에서 이주자 네트워크는 이주의 흐름을 지속시키는 중요한 메커니즘으로 작용한다(Castles & Miller, 1993).

중국 국적을 한국계와 비한국계로 구분하여 살펴보면 부평구·남동구·서구는 한국계 중국인 우세지역이다(표 5-5). 동구는 2015년까지 한국계 우세지역이었으나, 이후 비한국계 우세지역으로 변모하였

표 5-5. 한국계와 비한국계 중국 국적의 분포 변화

(단위: 명)

국적	연도	중구	동구	미추홀구	연수구	남동구	부평구	계양구	서구	강화군	옹진군
한국계	2010년	995	402	1,995	1,078	2,910	4,036	1,232	2,682	155	32
	2015년	918	281	1,988	1,417	2,703	5,324	1,011	2,437	94	27
	2017년	735	224	2,057	1,029	2,391	6,261	821	2,057	83	14
비한국계	2010년	788	171	1,839	659	1,186	1,206	675	816	95	26
	2015년	1,043	155	2,005	1,073	1,475	1,943	616	1,135	63	25
	2017년	1,030	152	2,309	1,096	1,572	2,699	574	1,268	57	17

* 자료 : 『출입국·외국인정책 통계연보』.

다. 미추홀구는 비한국계 중국인이 많은 지역이지만 시간이 흐를수록 한국계 중국인의 비중이 커지고 있다. 반면 중구·연수구·계양구는 한국계보다 비한국계 중국인의 비중이 증가하는 곳이다. 도서 지역인 강화군과 옹진군에서는 지속적으로 중국 국적의 규모가 감소하고 있으며, 특히 한국계 중국인의 감소현상이 두드러지게 나타났다.

한국계 중국인과 비한국계 중국인의 분리 정도를 앞에서 사용한 상이지수를 통해 고찰한 결과, 그 값은 2010년에 19.3을 기록하였던 것이 2015년에 16.9로 감소하였지만 2017년 6월 기준으로는 17.1로 소폭 상승하였다. 상이지수를 통해 보면 한국계와 비한국계의 분리 정도는 심하지 않은 편이다. 요컨대 한국계이건 비한국계이건 중국 국적의 부평구 집중 현상이 심화되고 있는 상황에서 한국계 중국인의 부평구 쏠림현상이 특히 강한 것으로 확인된다. 이에 비해 비한국계 중국인의 주거공간은 부평구와 미추홀구로 영역을 확대하는 경향이 뚜렷하였다.

5. 맺음말

인천의 제물포가 개항한 이후 항구 주변에는 여러 국가의 조계가 설정되었지만, 실질적인 주도권을 행사한 집단은 일본 국적이었고 상업활동을 하면서 규모를 키웠던 중국 국적의 화상(華商)들이 국지적인 장소에 거주하였다. 일제강점기에 일본 국적은 인구규모가 1만 명 이상으로 증가하여 비교적 광범위한 공간에 걸쳐 주거공간의 영역화를 이루었지만, 중국 국적은 협소한 공간범위에 걸쳐 영역화를 시도하였다. 각 국적의 밀집주거지가 아닌 곳에서는 한국인과의 혼거 양상도 나타났지만, 제물포 일대의 중심시가지에서는 주거지 분화가 비교적 뚜렷하게 진행되었다. 인천과 서울을 잇는 경인선 철로는 시가화 구역의 수평적 확장을 억제하는 동시에 인천을 분리된 공간으로 재편하면서 국적에 따른 주거공간 및 생활공간의 단절을 유인하였다.

일본은 한반도에 대한 식민지 정책을 추진하는 과정에서 정착형 식민지로의 개발을 추진하였다. 이로 인해 일본인의 이주를 적극적으로 권장하였으며, 개항장인 인천은 항구의 기능보다는 정치적·군사적 목적의 달성을 위한 공간으로 개발되었고 서구도시를 모델로 도시계획을 수립하였다. 인천은 개항장이라는 성격을 지닌 도시로 성장하고 발전하였지만, 다른 국가의 개항장과는 상이한 패턴으로 시가지 개발이 이루어졌고 식민도시라는 성격을 가지면서 국적에 따른 주거지 분화가 이주자 집단 간에 진행된 동시에 지배계층과 피지배계층 간에 진행된 것이다.

대한민국의 광복 직후부터 1990년대 초반까지만 해도 인천에서는 일본인이 대부분 물러가고 중국인의 규모도 크게 확대되지 않았다.
그러나 1990년대 후반부터 인구의 국제적 이동이 활발해지면서 인천
에 거주하는 외국인의 구성에도 변화가 생겨났다. 즉 중국 국적으로
의 쏠림현상이 심화하면서, 일제강점기에 규모가 컸던 일본 국적은
그 수가 급격히 감소하였다. 중국 국적은 규모가 커지면서 특정 지역
에서의 영역화를 진행하였다. 따라서 현대의 인천에서는 중국 국적
의 주거지 분화 현상이 뚜렷해지고 있다는 점에서 일제강점기와는
다른 모습이 나타나고 있다.

중국 국적은 인천시가지에 고르게 분포하는 경향보다는 특정 지역
으로 집중하는 경향이 훨씬 강하였다. 2000년대 중반까지만 해도 특
정 지역으로 집중하는 경향이 강하지는 않았지만, 이후 중국 국적의
규모가 급격히 커지면서 부평구와 남동구로의 집중 현상이 강해진
것이다. 중국 국적이 증가하는 과정에서 중국 국적 분포의 수위지역
은 남동구에서 부평구로 옮겨갔으며, 부평구에서는 부평4동·부평5
동·십정2동을 중심으로 중국 국적의 집적현상이 심화되었다. 이와
더불어 대학교육기관이 입지한 용현1·4동에서도 중국 국적의 증가
가 두드러졌다. 중국 국적을 한국계와 비한국계로 구분하면, 한국계
는 부평구에서, 비한국계는 부평구와 미추홀구에서 쏠림현상이 심화
되는 추세이다.

중국 국적이 인천에서 특정 지역으로 집중하는 경향이 강해진 것
은 그들에게 필요한 구직이 용이하다는 점도 한 원인으로 간주할 수
있겠지만, 기본적으로는 외국으로의 이주와 정착과정에서 나타나는
연쇄이주의 영향을 무시할 수 없을 것이다. 특정지역으로의 쏠림현
상이 심화된다는 것은 이주과정에서 기존 이주자(올드커머)와 신규

이주자(뉴커머)가 비공식적 네트워크를 형성하면서 만들어낸 이주자 네트워크의 영향이 큰 것으로 사료된다. 중국 국적의 이주라는 관점에서 보면, 인천에서도 부평구나 미추홀구를 중심으로 중국 국적의 이주자가 연쇄이주를 통해 그들만의 영역을 확장해가면서 새로운 로컬리티를 창출할 가능성도 배제할 수 없다. 이주자들이 뚜렷한 목적의식을 가지고 자신들의 이익을 추구하기 위하여 집적하고 있다는 점에서 향후 인천에서 중국 국적에 의한 인클레이브의 형성도 예상해 볼 수 있다. 중국 국적의 밀집도가 높은 지역은 국가산업단지를 비롯한 제조업체의 입지가 두드러진 곳이며, 건축 연대가 상대적으로 오래된 노후한 주택이 혼재된 곳이다. 이는 외국인 이주자 개인 또는 집단이 지니고 있는 사회·경제적 속성에 따라 주거공간의 영역화가 진행되고 있음을 시사한다.

/ 손승호 · 이호상

제6장

한국의 산업화를 선도한 인천
이촌향도에 따른 내국인 노동자의 유입

1. 인천의 산업화와 주요 공장들

급격한 도시화와 거대도시의 등장이 서구 산업혁명의 결과였듯 우리나라의 도시화와 도시성장도 산업화와 밀접한 연관이 있다. 거대한 공업시설의 등장은 대규모 인구이동을 수반하기 때문이다. 서울과 인접한 항구도시인 인천도 산업화를 통해서 성장한 대표적인 도시이다. 따라서 이촌향도에 따른 인천의 인구성장을 논의하기 위해서는 인천에서 진행된 산업화의 역사에 대한 이해가 필요하다.

본 장에서는 우리나라 산업화 초기라고 할 수 있는 1960~1980년 기간에 인천의 산업화과정을 중점적으로 살펴보고, 이 시기에 인구이동에 관련된 자료를 통해서 인구가 이동하는 당시의 상황을 파악하고자 하였다. 인천으로의 이주는 인접한 지역인 서울과 경기 이외에 충남에서의 이주가 많은 편이었는데, 통계자료와 함께 실제 충남에서 인천으로 이주해 주요 공장에 근무했던 시민들과의 인터뷰를 통해서 당시 이촌향도의 모습을 담고자 하였다.

우리나라의 대표적 산업도시인 울산, 포항, 구미 등은 1960년대

그림 6-1. 인천 주요 공장들의 위치

도입된 국가주도의 산업화정책에 의해서 만들어진 결과이나 인천은
이와는 다소 차별성을 보인다. 인천은 이미 일제강점기부터 대규모
의 공장을 상당수 보유하고 있었기 때문이다. 이러한 대규모 공장들
은 사명이 바뀌긴 했지만, 일부 공장들은 현재까지 운영되고 있다.

  일제강점기 당시 인천에 공장이 건립된 시기는 1930년대 이후인
데, 이는 제국주의 일본의 병참기지화정책으로 풀이할 수 있다. 1931
년 중일전쟁이 시작되면서 한반도의 군사적 기능이 강화되었기 때문
이다. 1930년 이전까지는 인천에서 가장 번성했던 산업은 정미업이
었으나, 이후 중공업 관련 시설들이 집중적으로 들어서기 시작했다.
이 당시에 건립된 공장들은 주로 군수공장으로 당시 이북의 흥남에
는 화학공업 중심의 공장들이 집중되었고, 인천에는 기계공업 중심
의 공장들이 집중되었다(인천광역시 역사자료관, 2006). 이 과정에서
현재 인천 중구의 북성동 일대와 동구 만석동·송림동·송현동 일대

의 갯벌들은 공장 설립을 위해 매립되었다.

표 6-1. 1950-1960년대 인천의 불하 사업체

일제강점기 회사명	설립연도	광복 후 회사명	불하연도	비고
조선유지 인천공장	1933	한국화약	1953	2006년 공장 이전
동양방적 인천공장	1934	동일방직	1951	물류창고로만 이용
일본제분	1935	대한제분	1953	현 대한제분
조선목재	1936	대성목재공업	1952	현 대성목재
조선기계제작소	1937	조선기계제작소	1968	현 두산인프라코어
조선동지전기	1938	이천전기공업	1956	공장 가동 중단
제국제마 인천공장	1939	흥한방직	1952	1999년 공장폐쇄
조선이연금속 인천공장	1940	대한중공업	1953	현 현대제철

* 출처 : 박인옥·양준호(2017. p.180). 저자 재편집.

일제강점기에 건립된 인천의 공장들은 광복 이후 민간에 불하되거나 공기업으로 운영되었다. 미군정이 한반도에 상륙한 시기는 1945년 9월 8일이었고, 같은 해 9월 25일 군정법령 제2호 '패전군 소속재산의 동결 및 이전제한의 법'에 의해서 일본인의 재산권이 동결되었으며, 1945년 11월 적산관리국이 신설되었다.

인천의 주요 공장들을 설립된 시기순으로 살펴보면, 한국화약의 전신인 조선유지 인천공장은 화약 등을 제조하는 군수기업이었으며, 남동구 고잔동에 위치했다. 한국화약 공장은 2006년까지 가동되었으며, 현재는 충북 보은군으로 이전한 상태이다.

인천의 대표적인 섬유공장이었던 동일방직은 1934년 동양방적 인천공장으로 출발하였다. 동구 만석동에 위치한 동일방직은 2017년까지 면사를 생산했으나, 현재는 공장가동을 하고 있지 않고 물류창고

＊출처 : 2018.1. 저자 촬영

그림 6-2. 대한제분 전경

로만 사용되고 있다. 섬유공장으로는 1939년에 설립된 제국제마 인천공장도 있었는데, 이 공장은 현재 인하대학교 남측에 위치했던 한일방직의 전신이다. 한일방직은 1995년까지 섬유와 의류를 생산했으나 공장은 철수되고 현재 공장부지에는 대규모의 아파트단지가 있다.

곰표 밀가루로 널리 알려진 대한제분은 1935년에 설립된 일본제분 인천공장으로 출발해 1952년부터 현재의 사명을 사용하였다. 인천역 뒤편 해안가를 매립해 조성된 대한제분은 6·25 이후 원조물자의 도입으로 인해서 큰 호황을 누렸다고 전해진다(국립민속박물관, 2018). 대한제분의 사일로[1]는 1973년에 처음 세워졌는데, 이는 미국으로부터 466만 달러의 차관과 100만 달러의 투자를 받아서 이루어졌다. 이를 통해서 당시 대한제분은 137,200t의 저장능력을 보유하게 되

---

1) 'Silo'라고 한다. 곡류를 보관하는 탑형의 저장고를 뜻한다.

* 출처 : 2018.8. 저자 촬영

그림 6-3. 대성목재 전경

었다. 이 사일로는 국내 최대 규모였다. 그림 6-2는 중구 송월동 동
화마을에서 대한제분을 찍은 사진인데 사진 가운데 분홍색 탑이 대
한제분의 사일로이다. 대성목재 역시 현재까지 운영되고 있는 대표
적인 기업이다. 비행기부품을 만들기 위해서 설립된 조선목재는 후
에 대성목재로 사명을 변경하고 합판을 생산하는 업체로 성장하였
다. 대성목재는 현재 만석동에 위치하지만, 과거에는 공장이 세 지역
에 나뉘어 있을 만큼 큰 공장이었다고 한다. 1964~1978년도에 대성
목재에서 근무했던 노동자의 증언을 들어보면 다음과 같다.

"대성목재 규모가 지금도 크지만 그때는 말도 못 했지, 만석동에서
월미도 들어가는 데까지 다 대성목재였어. 그리고 지금 만석동에 LH
아파트(만석비치타운) 있잖아? 그 자리도 다 대성목재 자리였어. 그
리고 토지금고2)에 유원아파트3) 자리 있잖아. 그 자리도 원래 터미널

들어오기 전까지 모두 대성목재 공장이었어."(장OO, 1943년생, 미추
홀구 용현2동 거주)

대성목재는 초기 우리나라의 수출에서 큰 역할을 수행했던 것으로
전해진다. 대성목재는 1960년 주한미군과 납품계약을 체결하기도
했으며, 1962년에 취항한 남해호4)가 첫 항해 때 미국으로 수출하기
위해서 선적한 제품도 대성목재가 생산한 합판이었다.5) 1970년에는
당시 상공부로부터 서유럽지역의 독점수출권을 받기도 했다.

이후에도 대성목재의 합판수출은 계속 증가했다. 1980년의 합판
수출은 4,524만 달러였는데, 이는 합판부분에서 수출 1위의 실적이
었고 당시 대성목재의 합판생산량은 국내 최대였다.6) 인천시 송현동
에 위치한 두산인프라코어는 1937년 조선기계제작소로 출발하였다.
조선기계제작소는 원래 광산용 기계와 선박에 사용되는 기계를 주력
으로 생산하는 공장이었으나, 1943년 일본의 잠수함 건조명령에 따
라 조선소로 전환한 것으로 알려져 있다. 광복 이후에는 정부에 귀속
되어 한국기계공업, 1976년 대우중공업을 거쳐 2005년 두산그룹에
인수되어 두산인프라코어로 사명이 변경되었다.

인천 동구 송현동에 있는 현대제철은 조선이연금속 인천공장으로
1940년에 설립되었으며, 광복 이후에 공기업인 한국중공업으로 운
영되다가 1978년대 현대그룹에 인수되었다. 현대그룹으로 인수됐을

---

2) 인천광역시 미추홀구 용현5동을 뜻한다.
3) 인천광역시 미추홀구 용현2동에 있는 아파트단지이다.
4) 인천과 샌프란시스코 간의 정기선.
5) 동아일보, 1962년 5월 15일자, 「미국으로 처녀항해, 인천서 남해호 취항식 성대」.
6) 매일경제, 1980년 10월 17일자, 「대성목재 수출 4천 5백만 불 달성」.

* 출처 : 국가기록원 관리번호(CET0025000).

그림 6-4. 인천제철 제1공장 준공식(1970년)

당시의 사명은 원래 인천제철이었으나, 2001년에 상호를 현재의 현대제철로 변경하였다.

1960년대 산업화정책 이전에는 주로 적산기업을 국가가 운영하거나 민간에게 불하하는 방식으로 주요 산업을 유지했다면, 1960년대 이후에는 경제개발 5개년 계획을 수립하고 본격적으로 수출진흥을 목적으로 산업단지를 도입했다는 차이점이 있다. 1964년 수출산업공업단지개발조성법 제정 이후 한국수출산업단지공단이 설립되어 본격적으로 공업단지가 조성되기 시작하였다. 한국수출산업단지의

그림 6-5. 부평국가산업단지 위치

1~3단지는 서울의 구로공단이었으며, 4단지는 부평공단, 5~6공단은 주안공단이었다. 이 공업벨트가 우리나라 최초의 공업지역으로 평가받는 경인공업지역이다.

부평공단은 1965년에 지정(건설부고시 제1034호)되었고, 주안공단은 1969년에 지정되었다(정남지, 2017). 공단의 지정과 개발에 맞물려 인천에는 산업 관련 도시 인프라가 함께 건설되었는데, 경인고속도로는 1968년에 개통되었으며 1970년에는 인천화력발전소가 완공되었고 1972년에는 율도에 경인에너지[7]가 설립되었다.

산업단지입지 및 조성에 관한 법률에 따르면 우리나라의 공업단지는 국가산업단지, 지방산업단지(일반산업단지), 농공단지, 첨단산업

---

7) 율도는 인천광역시 서구 원창동 일대인데, 과거에는 섬이었으나 매립된 지역이다. 경인에너지는 현재 SK화학 인천공장의 전신이다.

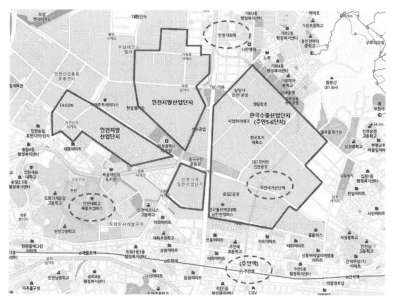

그림 6-6. 주안국가산업단지 및 인천지방산업단지 위치

단지로 나눌 수 있다. 부평공단과 주안공단은 국가산업단지이며 이후 인천에도 지방산업단지가 조성되었는데, 1969년에 인천기계산업단지, 1970년에는 인천지방산업단지가 들어선다.

부평공단 일대는 우리나라 초기 자동차산업과 관련 있는 지역으로 현재 한국GM 부평공장은 원래 일제강점기부터 자동차공장이 있던 지역이었으며, 이후 닛산과 기술제휴를 맺은 새나라자동차, 신진자동차와 대우자동차를 거쳐 오늘에 이른다. 주안공단과 인천기계산업단지, 인천지방산업단지는 과거에는 주안염전으로 불리던 염전이었으나, 이를 매립해서 공업단지로 개발한 것이다. 그림 6-7의 지형도를 보면 경인선 북측이 염전이었음을 확인할 수 있다.

주안역 북측에 위치한 주안염전은 1907년에 조성된 우리나라 최초

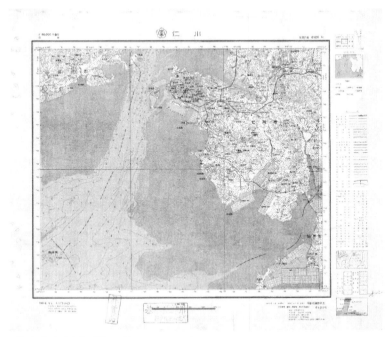

* 출처 : 국가지리정보원(http://www.ngii.go.kr).

그림 6-7. 1963년 인천 지형도

의 천일제염으로 광복 이후 대한염업이 염전을 운영해오다 1966년에
폐업한 지역을 매립해 공업단지를 조성하였다. 이후 인천 남동구에
있던 남동염전도 1985년도부터 매립공사가 진행되어 현재의 남동국
가산업단지로 조성되었다.

2. 1960~1980년 인천의 인구변화와 이주

본 절에서는 인천통계연보를 토대로 인천의 인구변화를 파악하였

표 6-2. 1960~1980년 인천의 인구변화

(단위: 명, %)

연도	자연적 증가	총인구	사회적 증가	인구변화율
1960	14,654	402,009	–	–
1961	25,954	397,255	-30,708	-1.2
1962	16,575	430,054	16,224	8.3
1963	10,288	445,378	5,036	3.6
1964	8,512	465,158	11,268	4.4
1965	7,782	485,511	12,571	4.4
1966	6,651	525,072	32,910	8.1
1967	8,477	535,572	2,023	2.0
1968	6,533	555,868	13,763	3.8
1969	6,991	577,939	15,080	4.0
1970	8,482	646,013	59,592	11.8
1971	10,131	671,053	14,909	3.9
1972	9,786	689,793	8,954	2.8
1973	–	714,246	–	3.5
1947	–	767,357	–	7.4
1975	–	799,982	–	4.3
1976	11,111	830,061	18,968	3.8
1977	11,941	873,955	31,953	5.3
1978	12,177	936,497	50,365	7.2
1979	17,064	1,043,744	90,183	11.5
1980	20,827	1,084,730	20,159	3.9

* 출처: 인천통계연보, 각 연도, 저자 재편집.
* 주: 1960, 1973~1975년의 인구의 자연·사회적 증감은 집계되지 않았음. 각 연도의
  출생자에서 사망자를 뺀 값을 자연적 증가로 보았고, 연도별 인구증가수에서
  자연적 증가수를 뺀 인구값을 사회적 증가로 보았다.

다. 인천통계연보에 따르면 1960년 인천의 인구는 402,009명이었
다. 1961년의 인구는 397,255명으로 다소 감소했는데, 이를 제외하

면 인천의 인구는 20년간 감소하지 않았다. 지속적으로 증가한 인천의 인구는 1981년 직할시로 승격하기 이전까지 1,084,730명으로 증가한다. 1960년부터 1980년까지 인구는 약 2.6배 증가하였고, 평균 증가율은 5.1%였다. 특히 1970년과 1979년의 인구증가율은 10%를 상회하였다.

인천이 1981년 직할시로 승격하기 이전까지 인천은 경기도 소속이었다. 따라서 인천의 세부적인 인구통계, 특히 인구이동에 관련된 자료는 부족한 편이다. 다만 인구의 자연적 증가와 사회적 증가를 통해서 인구증가의 속성을 간접적으로 파악할 수 있을 뿐이다.

1960-1980년 기간에 인천 인구의 자연적 증가와 사회적 증가를 비교해 보면, 1961~1963년, 1967년, 1980년을 제외하고 모두 사회적 증가의 수가 더 많았다. 전년대비 인구가 11.8%가 증가한 1970년과 1977~1979년의 사회적 증가는 자연적 증가에 비해서 매우 크다고 할 수 있다. 따라서 인천의 인구증가 요인은 외부로부터의 인구유입에서 그 원인을 찾는 것이 타당할 것이다.

그러나 통계청의 통계자료와 경기통계연보, 인천통계연보에는 당시의 인구이동에 관한 세부적인 자료를 담고 있지 않다. 이를 보완하기 위해 1969년에 발간된 인천시종합개발계획 기본자료조사서에 첨부된 인구이동에 관한 조사를 참고하였다. 이 보고서에는 1963년과 1967년 두 해에 걸쳐 인천으로 이주한 인구수를 기록하고 있다.

1969년에 발간된 인천시종합개발계획 기본자료조사서에 기록되어 있는 1963년 인천의 유입인구는 모두 21,637명이다. 인천통계연보 상에서 집계한 표 6-2에서의 1963년 사회적 증가는 5,036명으로 다소의 차이가 있다. 1969년도 보고서를 바탕으로 인구이동의 상황을 살펴보면, 인천으로 가장 많은 인구가 전입한 지역은 서울이고 그 다음은 경기도에서 많은 인구가 유입되었다. 이 두 지역에서 이주한 인구는 전체 이주에서 50% 이상을 차지한다.

표 6-3. 1963년 인천시 구별 인구유동 현황(전입)

(단위: 명, %)

구분	합계	서울	경기	충남	충북	강원	전북	전남	경북	경남	제주
중구	3,542 (100)	1,219 (34.4)	959 (27.1)	393 (11.1)	67 (1.9)	120 (3.4)	154 (4.3)	88 (2.5)	182 (5.1)	375 (10.6)	4 (0.1)
동구	6,858 (100)	2,107 (30.7)	2,059 (30.0)	866 (12.6)	162 (2.4)	418 (6.1)	254 (3.7)	279 (4.1)	225 (3.3)	474 (6.9)	14 (0.2)
남구	5,638 (100)	1,860 (33.0)	1,616 (28.7)	867 (15.4)	145 (2.6)	227 (4.0)	153 (2.7)	187 (3.3)	213 (3.8)	354 (6.3)	16 (0.3)
북구	5,329 (100)	1,988 (37.3)	1,431 (26.9)	434 (8.1)	138 (2.6)	353 (6.6)	98 (1.8)	154 (2.9)	332 (6.2)	395 (7.4)	6 (0.1)
합계	21,637 (100)	7,165 (33.1)	6,065 (28.0)	2,550 (11.8)	521 (2.4)	1,118 (5.2)	659 (3.0)	708 (3.3)	952 (4.4)	1,598 (7.4)	40 (0.2)

* 출처 : 대한콘설턴트(1969. p.73).

인천과 인접해 있는 서울과 경기를 제외한 지역 중에서 가장 많은 인구가 유입된 지역은 충남이다. 1963년에 충남에서 인천으로 전입한 인구는 전체 전입인구의 11.8%인 2,550명이다(그림 6-3). 인천과 인접하지 않은 지역 중에서 전입인구의 비율이 10% 이상인 지역은 없으며, 이에 비해 충북의 전입비율은 2.4%로 제주를 제외한 내륙지역에서는 가장 적은 비율을 보여 같은 충청지방임에도 상반된 이주패턴을 보여준다. 경남에서는 7.4%, 강원에서는 5.2%의 전입비율을 보이며 이외의 지역은 모두 5% 미만의 전입비율을 보인다.

인천으로 전입한 지역을 구별로 살펴보면, 전체 21,637명 중에서 동구로 전입한 인구가 6,858명으로 가장 많고, 남구는 5,638명, 북구는 5,329명이 전입했고 중구는 3,542명으로 가장 적은 전입인구를 보인다. 앞서 1절에서 언급한 대규모 공장들의 대부분이 동구에 입지한다는 사실과 일정 부분 관계가 있어 보인다.

표 6-4. 1967년 인천시 구별 인구유동 현황(전입)

(단위: 명, %)

구분	합계	서울	경기	충남	충북	강원	전북	전남	경북	경남	제주
중구	4,216 (100)	1,236 (29.3)	1,283 (30.4)	601 (14.3)	95 (2.3)	263 (6.2)	256 (6.1)	214 (5.1)	193 (4.6)	332 (7.9)	42 (1.0)
동구	9,323 (100)	1,799 (19.3)	3,540 (38.0)	1,285 (13.8)	309 (3.3)	385 (4.1)	453 (4.9)	570 (6.1)	380 (4.1)	582 (6.2)	20 (0.2)
남구	7,931 (100)	1,210 (15.3)	2,432 (30.7)	1,134 (14.3)	303 (3.8)	417 (5.3)	293 (3.7)	364 (4.6)	410 (5.2)	364 (4.6)	4 (0.1)
북구	6,997 (100)	1,719 (24.6)	1,896 (27.1)	597 (8.5)	170 (2.4)	309 (4.4)	138 (2.0)	279 (4.0)	526 (7.5)	358 (5.1)	5 (0.1)
합계	28,767 (100)	7,928 (27.6)	9,151 (31.8)	3,617 (12.6)	877 (3.0)	1,344 (4.7)	1,140 (4.0)	1,427 (5.0)	1,509 (5.2)	1,636 (5.7)	72 (0.3)

* 출처 : 대한콘설턴트(1969. p.73).

인천통계연보에서 1967년 인천의 사회적 증가는 2,023명으로 기록되어 있다(표 6-2). 앞서 언급한 1969년의 조사보고서에 따르면 1967년의 전입인구는 모두 28,767명이다. 1963년과 비교해서 1967년에 인천으로 전입은 서울이 아니라 경기에서 가장 많이 이루어졌다. 충남에서 이주한 비율은 1963년에 비해 다소 증가한 12.6%의 비율을 보인다. 충북은 1963년과 같이 제주를 제외한 내륙에서 가장 작은 전입비율을 보인다. 그 밖의 지역들은 다소의 증가와 감소가 있으나 1963년에 비교해 큰 차이를 보이지 않았다. 전입인구의 구별 분포

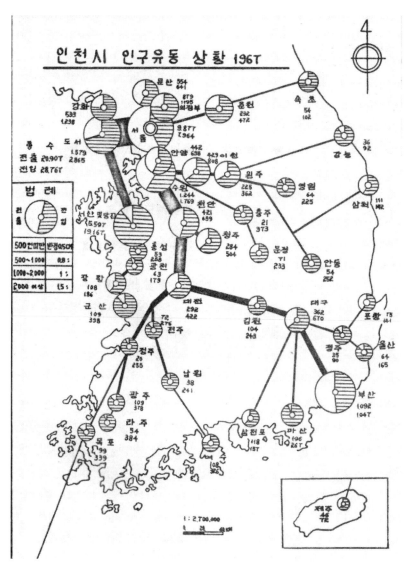

* 출처 : 대한콘설턴트(1969. p.80).

그림 6-8. 1967년 인천의 인구유동

를 살펴보면 1963년과 마찬가지로 동구가 9,323명으로 가장 많아 1963년과 유사한 이동패턴을 보인다.

그림 6-8은 1967년의 인구이동을 나타낸 도형표현도이다. 지도에서 보는 바와 같이, 충청남도에서 전입한 인구의 주요 출신지는 서산·당진임을 알 수 있다. 당시 서산·당진에서의 전입인구는 19,167명인데, 이는 경기도의 개별 도시에서 전입한 인구수보다 더 많은 것으로 당시 충남에서 인천으로의 인구 유입이 활발히 이루어졌음을 보여준다.

3. 인천에는 왜 충청도 사람들이 많을까?

2절에서 살펴본 바와 같이 인천과 인접한 서울·경기를 제외한 지역 중에서는 충청남도에서 이주해온 인구가 가장 많음을 확인할 수 있었다. 인천에 사는 사람들 중에서 충청남도 출신의 사람들이 많이 산다는 것은 널리 알려진 사실이다. 본 절에서는 통계와 조사보고서를 통해서 이와 같은 사실을 확인하는 한편, 충남에서 이주한 시민들과의 인터뷰를 통해서 당시 이주가 이루어지는 과정과 배경에 대해서 파악해보고자 한다.

1969년에 발간된 인천시종합개발계획 기본자료조사서에는 인천으로 전입한 사람들이 구체적으로 어느 지역에 정착했는가를 조사한 결과가 수록되어 있다. 보고서에 따르면, 충남에서 전입이 진행된 지역은 대전, 천안, 당진·서산, 광천, 홍성, 장항으로 구분되어 있다. 이 중에서 당진과 서산에서 전입한 인구가 46.5%로 가장 많았다.

표 6-5. 1963년 충남에서 인천으로 전입한 인구가 정착한 상위 10개 행정동

(단위: 명, %)

전출지 전입지	계	당진·서산	천안	대전	광천	홍성	장항
화수1·2동 송현4동	193 (100)	83 (43.0)	40 (20.7)	30 (15.5)	24 (12.4)	10 (5.2)	6 (3.1)
숭의2·4동	172 (100)	80 (46.5)	43 (25.0)	29 (16.9)	10 (5.8)	10 (5.8)	–
송현2동	118 (100)	56 (47.5)	17 (14.4)	3 (2.5)	3 (2.5)	16 (13.6)	23 (19.5)
만석동	116 (100)	73 (62.9)	18 (15.5)	16 (13.8)	5 (4.3)	3 (2.6)	1 (0.9)
부평1동 동부동	114 (100)	54 (47.4)	47 (41.2)	5 (4.4)	–	3 (2.6)	5 (4.4)
도화2동	110 (100)	45 (40.9)	14 (12.7)	31 (28.2)	10 (9.1)	5 (4.5)	5 (4.5)
숭의1·3동	109 (100)	73 (67.0)	4 (3.7)	6 (5.5)	10 (9.2)	16 (14.7)	–
부평1동 서부동	94 (100)	27 (28.7)	8 (8.5)	22 (23.4)	21 (22.3)	10 (10.6)	6 (6.4)
송림1·2동	93 (100)	72 (77.4)	6 (6.5)	4 (4.3)	1 (1.1)	8 (8.6)	2 (2.2)
송림4동	93 (100)	72 (77.4)	6 (6.5)	4 (4.3)	1 (1.1)	8 (8.6)	2 (2.2)

* 출처 : 대한콘설턴트(1969. P73).

서산과 당진에서 이주한 사람들은 부평1동 동부동, 부평1동 서부동을 제외하고 대부분 동구와 남구의 행정동에 정착하였다. 특히 송림1·2동, 송림4동, 숭의1·3동, 만석동에는 서산·당진에서 이주한 비율이 60~70%를 보여, 같은 지역에서 이주한 사람들이 이주한 이후에도 비슷한 지역에 정착하는 특성을 보인다. 서산과 당진을 제외하고 전입인구의 비율이 30% 이상인 행정동은 없는 것으로 나타났다.

표 6-6. 인천 거주자 중 충남 본적자의 지역별 분포

(단위: 명, %)

지역	인구	가구수	비율
공주	50,000	15,152	4
금산	20,000	6,061	1.6
논산	30,000	9,091	2.4
당진	380,000	115,151	30.4
대전	30,000	9,091	2.4
보령	50,000	15,152	4
부여	10,000	3,030	0.8
서산	170,000	51,515	13.6
서천	20,000	6,060	1.6
아산	20,000	6,060	1.6
연기	50,000	15,151	4
예산	150,000	4,555	12
천안	20,000	6,060	1.6
청양	20,000	6,060	1.6
태안	150,000	45,454	12
홍성	80,000	24,242	6.4
합계	1,250,000	378,785	100

* 출처 : 강경주(2012, p16)

인천 내의 충남 이주 네트워크를 연구한 강경주(2012)의 논문에서
는 충남도민회에서 제공한 충남 본적 인구자료를 인용하였는데, 이
자료에 따르면 인천에 거주하는 사람들 중에 충남이 본적인 사람의
수는 2009년 기준으로 125만 명이다(표 6-6). 공인된 기관에서 조사
한 자료가 아니기 때문에 정확도는 다소 낮을 수 있지만, 그럼에도
불구하고 이 자료는 충남의 인구가 인천으로 활발하게 이주하였음을
짐작할 수 있게 한다. 충남에서도 특히, 서산, 당진, 예산, 태안을 본

표 6-7. 인천의 출생지별 인구구성(1985)

(단위: 명, %)

현거주지	출생지	인구수	비율
인천직할시	인천직할시	510,774	36.9
	경기도	189,972	13.7
	충청남도	145,451	10.5
	서울특별시	121,195	8.8
	전라남도	94,759	6.8
	전라북도	59,207	4.3
	경상북도	53,789	3.9
	강원도	51,244	3.7
	기타	50,800	3.7
	충청북도	47,923	3.5
	경상남도	31,802	2.3
	부산직할시	15,768	1.1
	대구직할시	7,980	0.6
	제주도	3,200	0.2
	미상	1,052	0.1
합계		1,384,916	100

* 자료 : 1985년 인구주택총조사 인구이동통계.
* 주 : 6세 이상의 인구만을 집계하였음.

적으로 둔 사람들의 수가 다른 지역에 비해서 많은 특징을 보이고 있
다. 주로 충남에서도 해안가에 위치한 지역들에서 인천으로의 이주
가 이루어졌음을 알 수 있다.

충남도민회에서 제공한 자료 이외에 좀 더 공신력이 높은 인구자
료를 통해 인천-충남 간의 인구이동을 확인하기 위해서 인천의 인구
이동 자료 중 가장 오래된 자료인 1985년의 인구주택총조사 인구이
동 자료를 확인하였다. 인구이동 자료 중에서 현거주지의 인구를 출

* 출처 : 당진신문. 2009년 5월 18일자. 「송산면 오도, 당진항 전설」.

그림 6-9. 1920년 당시 오도항의 전경

생지별로 구성한 자료를 보면, 1985년 인천에 거주하는 6세 이상의 인구 중에서 충남을 출생지로 둔 사람들은 10.5%에 달한다. 이는 13.7%인 경기도보다 다소 낮고 8.8%인 서울보다는 높은 비율이다.

이러한 결과는 1963년에 조사된 인천으로의 전입패턴과 다소 유사한데, 충남을 제외한 다른 지역을 출생지로 둔 인천시민들의 비율이 10% 넘는 지역은 없다. 이러한 인구이동의 경향은 충남의 입장에서 진행된 인구이동 연구에서도 확인할 수 있다. 충남의 인구이동을 연구한 정환영(2008)에 따르면, 1990년 충남의 전출인구 8.2%가 인천으로 유출되었다. 이는 인구유입력이 높은 서울과 경기, 인접한 대전을 제외하고 가장 높은 비율이다. 또한, 충남에서 인천으로의 인구유출은 적어도 2000년까지는 일정 수준으로 유지되었다. 이는 짧게는

표 6-8. 충남의 시도별 유입·유출인구 비율

(단위: %)

구분	1970년		1980년		1990년		2000년		2010년	
	유입	유출	유입	유출	유입	유출	유입	유출	유입	유출
합계	100	100	100	100	100	100	100	100	100	100
서울	19.7	63.5	31.5	47.1	27.7	28.2	23.5	20.0	7.7	7.7
부산	3.2	2.5	3.5	4.1	3.1	1.8	3.5	1.5	1.2	0.9
대구	–	–	–	–	1.3	0.8	2.3	0.8	0.9	0.6
인천	–	–	–	–	4.1	8.2	7.7	6.8	3.1	2.5
광주	–	–	–	–	1.1	0.4	1.3	0.9	0.6	0.5
대전	–	–	–	–	12.6	20.5	12.5	23.1	6.7	7.1
울산	–	–	–	–	–	–	3.9	0.6	0.5	0.3
경기	11.1	19.9	15.2	30.8	18.5	27.8	25.5	27.1	13.2	12.4
강원	6.6	2.3	5.3	1.9	4.8	1.4	2.8	1.9	1.2	1.2
충북	23.1	3.2	19.2	3.9	6.6	3.9	5.2	7.1	2.6	2.6
전북	15.5	3.6	7.8	3.1	5.9	2.1	3.8	4.1	2.0	2.0
전남	7.0	1.1	6.0	1.2	5.0	0.9	2.0	1.9	1.2	0.9
경북	9.1	2.7	7.8	4.5	4.0	1.6	3.1	2.0	1.5	1.2
경남	4.4	1.2	3.1	3.2	5.2	2.2	2.7	1.7	1.4	1.1
제주	0.3	0.2	0.4	0.3	0.3	0.2	0.3	0.4	0.2	0.2

* 출처 : 정환영(2008. p.38)

1960년대 초반부터 진행된 인천으로부터의 이주가 만들어낸 연쇄이주의 결과로 풀이할 수 있다(표 6-8).

충남에서 인천으로의 이주는 인천과 충남 간의 교통 접근성과도 일정 부분 연관성이 있어 보인다. 1960년대 충남에서 인천으로 이주한 이들의 대부분은 여객선을 이용하였는데, 당시에는 육로보다 해로를 이용한 이동이 더 용이했던 것으로 보인다.

인천에서 충남으로의 해로는 1953년의 자료에서도 확인할 수 있는

* 출처 : 강경주(2012, p.17).

그림 6-10. 충남에서 인천시로 이주할 때 이용한 주요 항구

데, 당시에도 당진까지 여객선이 운항했다.[8] 그리고 일제강점기에
도 인천과 당진 사이에는 해로가 존재했던 것으로 보인다. 당진신문
에서 제공한 1920년대 것으로 추정되는 엽서를 보면, 오도항에서 인
천으로 가는 여객선을 볼 수 있다. 이는 인천과 충남 간의 해로는 광
복 이전부터 지속되었음을 의미한다(그림 6-9).

　과거 신문자료를 보면, 1958년에는 인천과 만리포 간 정기여객선
이 취항했다. 인천에서 오전 9시에 출발한 여객선은 오후 2시에 만리
포에 도착했다고 전해지며 요금은 9환이었다. 당시 서울과 인천 간
의 기차요금은 18환이었다.[9] 이후 인천과 충남의 여객선은 구도, 명

---

8) 경인일보, 2018년 4월 12일자, 「바다가 들려주는 인천이야기13: 인천항 연안여객선」.

천, 부이포 등으로 확장되었고, 1976년에는 안흥선까지 확장되었다. 그림 6-10에는 충남에서 인천으로 출발하는 여객선들의 주요 항구가 표시되어 있다.

해안가와 연접해 있는 당진, 서산, 태안 간의 해로는 충남에서 인천으로 이주하는 경로로서 중요한 역할을 수행했던 것으로 보인다. 1970년대 초반 만리포는 관광지로 부각되는 시기였는데, 신문기사를 보면 서울과 만리포에는 시외버스노선이 있었지만, 인천에서 찾아가는 방법에는 배편이 소개되어 있다.[10] 앞서 언급한 신문기사 내용을 보면, 인천과 충청도 간에는 시외버스가 연결되어 있지 않았는데, 1960년대 후반에 당진에서 인천으로 이주한 주민들의 이야기를 들어보면 당시의 상황을 짐작할 수 있다.

> "우리 집은 당진에서 농사를 짓던 집이었는데 1968년에 아버지가 학익동에 있는 동양화학[11]으로 취직하시면서 5남매와 온 가족이 인천으로 이사를 왔지. 그때는 배를 타고 이사 왔지. 당시에 당진·서산에서 이사 온 사람들은 모두 배를 타고 이사했어. 그땐 인천항이 인천역 근처였거든. 월미도 들어가는 길 입구에 항구가 있었어. 도크 공사[12]하면서 그게 연안부두로 간 거야. … 1970년대 초반만 하더라도 인천에서 당진으로 가는 시외버스가 없었어. 다들 배를 타고 다녔으니까, 배를 타지

---

9) 경향신문, 1958년 7월 11일자, 「납량천제이집(納凉天第二輯)」.
10) 동아일보, 1970년 7월 9일자, 「싱그러운 바다로, 해수욕장 가이드」.
11) 현재는 동양화학이라는 사명을 사용하지 않고 OCI로 변경되었다. 화학공업의 재료였던 소다회를 생산하던 동양화학은 1966년 AID의 차관을 받아 설립되었다. 현재는 주요 생산시설을 군산으로 이전하고 인천공장은 해체작업 중에 있다. 이전적지(移轉跡地)는 인천시에 무상으로 기부채납한 상태이다.
12) 1974년에 완공된 인천항 제2선거공사를 의미한다.

않고 버스를 타고 가려면 인천에서 천안까지 가서 갈아타거나 온양까지
가는 버스를 타고 갈아타고 갔어. 기차를 타고 가려면 영등포역에서
기차를 타고 신례원역[13]에서 내려서 역에서 당진까지 들어가는 버스를
타고 가야 했지."(모00, 1952년생, 미추홀구 숭의동 거주)

표 6-9. 1960년대 인천의 시외버스 노선

선명	기점	경유	종점
인천-서울	월미도	동인천, 배다리, 숭의4거리, 주안, 석바위, 부평, 소사, 오류동, 영등포, 제2한강교	서울역
산곡동-서울	산곡동	부평시장, 소사, 신앙촌, 오류동, 영등포, 제2한강교, 신촌	서울역
산곡동-서울	산곡동	부평시장, 소사, 신앙촌, 오류동, 영등포, 용산, 신촌	서울역
동인천-김포비행장	동인천	배다리, 숭의4거리, 주안, 부평3거리, 부평역, 소사, 원종리, 약대리	김포비행장
동인천-강화	동인천	답동, 주안, 부평3거리, 부평시장, 박촌, 장기리, 김포, 누산리, 마송, 성동, 갑곶	강화
동인천-소래	동인천	답동, 주안, 석바위, 구월동, 남동	소래
동인천-대명	동인천	배다리, 인천교, 가정동, 서곳, 백석, 검단, 양곡, 대곳	대명
동인천-안양	동인천	답동, 숭의4거리, 석바위, 남동, 신천리, 도창, 안산3거리	안양
동인천-수원	동인천	석바위, 마동, 신천리, 도창, 안산삼거리, 안산읍내, 반월, 수원농대	수원

* 출처 : 대한콘설턴트(1969. p.98).

인터뷰에 응한 A씨는 52년생 남성으로 지금도 인천에 거주하고 있
다. 가장인 아버지가 농업에 종사하다가 인천의 동양화학으로 취직
하기 위해서 고향을 떠나 배를 타고 이주했던 당시의 상황이 고스란
히 담겨져 있다. 동양화학은 인천 미추홀구 학익동에 있었던 화학공

---

13) 장항선의 철도역으로 예산군에 위치한다. 무궁화호와 새마을호가 정차한다.

장으로 인천을 대표하는 대규모 공장 중의 하나였다.

인천과 충남을 오갈 때 사람들이 배편을 이용했던 건 당시 인천에서 충남 간의 육상교통이 아직 본격적으로 개발되지 않았기 때문이다. 인천에 시외버스터미널[14]이 완공된 시기는 1975년인데, 이전까지는 서울이나 수원 등 주로 수도권에 국한된 노선만이 존재했었다. 버스터미널이 완공되면서 시외버스노선[15]이 개설되기 시작하였고, 1974년 인천항 제2선거가 완공되면서 현재 인천역 부근에 있던 여객터미널은 중구 연안동 부근의 연안부두로 이전되었다. 또한, 1979년에 삽교천 방조제가 완공되면서 서산, 당진, 태안 일대에 육로접근성이 높아지기 시작하면서 육상교통의 비중이 증가하기 시작하였다.

표 6-10. 충남에서 인천으로 이주한 이유

(단위: 명, %)

이유	먼저 이주한 가족 및 지인의 권유	구직	학업	지리적 인접	혼인	직장 발령	기타	계
응답	142 (34.5)	76 (18.4)	20 (4.9)	12 (2.9)	100 (24.3)	41 (10.0)	21 (5.1)	412 (100)

* 출처 : 강경주(2012. p.20).

이주의 동인을 파악하기 위해서는 교통 접근성 이외에 연쇄이주의 효과도 살펴보아야 한다. 강경주(2012)의 연구에 따르면, 인천으로 이주한 충남도민회 회원 412명 중 142명은 인천으로의 정착 이유를

---

14) 인천종합버스터미널은 미추홀구 용현2동(현, 푸르지오아파트 단지)에 있다가 1997년에 미추홀구 관교동에 현재의 위치로 이전하였다.

15) 주민인터뷰에 따르면, 1975년 터미널완공 이후 인천-반월(현재 안산)-수원-안중-삽교천-당진을 잇는 버스노선이 생겼다고 한다.

먼저 이주한 가족 및 지인의 권유로 들었다. 이러한 상황을 좀 더 세부적으로 확인하기 위해서 충남이 고향인 시민들을 대상으로 인터뷰를 실시하였다.

> "43년생이고 고향은 당진군 송악면 기지시리 출신이야. 군에서 제대하고 66년에도 인천으로 올라왔지. 그때는 인천시청이 지금 중구청 자리였는데 동네에 친하게 지내던 집의 형님이 인천시청 공무원이었어. 이 형님이 일자리를 알아봐 준다고 해서 혼자 인천으로 올라온 거지."

인터뷰에 응한 B씨는 고향 형님의 소개로 인천중공업(현대제철)에 취직했으나, 정규직으로 들어가기는 어려웠다고 한다. 그래서 임시직으로 다니다가 인근의 대성목재에 정규직 자리가 많았고 월급도 더 높게 준다고 해서 이직한 후 1967~1978년까지 근무했다.

> "당시에는 인천에 큰 공장이 많았어, 모두 정규직이 된 건 아니었지만, 이주한 사람들이 일자리 구하기가 비교적 쉬웠지. 대성목재에 입사한 이후에 사람들이 계속 필요했는데, 그래서 고향 사람들을 많이 소개해 줬어, 30명도 넘어 그 사람들이랑은 지금도 정기적으로 만나고 친목계도 하고 그래. 집사람이 고향이 예산인데 집사람 고향 사람들도 여러 명 취직시켜줬지. 그때 대성목재는 24시간 공장이 돌아가고 12시간씩 맞교대하던 시절이었어."(김OO, 1943년생, 동구 만석동 거주)

대규모 공장이었던 대성목재에 충청도에서 이주한 사람들이 많았다는 증언은 다른 인터뷰 대상자를 통해서도 들을 수 있었다. 1960

년부터 1979년까지 대성목재에서 근무했던 C씨의 이야기에서는 충
남으로부터 이주했던 당시의 상황을 짐작할 수 있다.

> "전쟁이 끝나고 고등학교를 마쳤지, 당시 유명한 실업가였던 전택
> 보[16] 씨가 학비를 지원해줬거든, 그때 군대를 제대하고 인사를 하러
> 갔는데 당시 전택보 씨가 대성목재를 인수해 인천으로 가서 일할 것
> 을 부탁했어. 그래서 인천에 처음으로 내려갔어. 그때가 1960년이었
> 어. 대성목재는 원래 일제가 비행기의 프로펠러를 만들기 위해서 만
> 들었던 공장인데, 당시 보세가공무역의 필요성을 주장하던 전택보 씨
> 가 목재를 수입해 가공해 합판을 만들어 수출해야 한다고 주장해 인
> 수 직후부터 합판을 생산하기 시작했지."

인터뷰에 응했던 C씨는 대성목재에 1960-1978년까지 근무했고
주로 노무와 관련된 업무를 맡았다고 했다. 그는 당시 대성목재 인천
공장에서 근무하던 임직원은 약 5,000명이었는데, 이 중에서 약 2/3
정도가 충남의 서산·당진에서 온 사람들이었다고 회상했다.

> "그 당시에 일하는 근로자들은 다들 외지인이었는데 충남 사람들 엄
> 청 많았어. 절반 이상이었던 걸로 기억해. 2/3 정도 될 거야. 주로 송
> 림동이랑 숭의동에 많이 살았어, 나도 신혼살림을 숭의동에서 시작했
> 는데, 당시에 충청도에서 올라온 사람들 무척 많았어. 결혼을 안 한
> 사람들은 대성목재 사택에서 살았는데, 옛날 인천극장[17] 앞에 있는

---

16) 전택보(1901~1980)는 1960년 대표적인 실업가로 대성목재, 한국축산개발 주식회사
　　등을 설립하였고, 4·19 이후에 수립된 과도정부에서는 상공부장관을 역임하기도 했다.
17) 동구 화수동 부근에 있는 화수자유시장 부근에 있던 극장으로 현재는 운영되지 않고
　　있다.

건물이 대성목재 사택이었어."(최OO, 1943년생, 남동구 간석동 거주)

인터뷰에 응한 D씨를 통해서는 두산인프라코어의 전신인 대우중 공업에 근무했던 당시의 상황을 전해 들을 수 있었다.

"56년에 서산에서 올라왔지. 국민학교 5학년이어서 송림동에 있는 서림국민학교를 졸업했지. 형님이 먼저 인천에서 학교를 다니고 계셔서 자연스럽게 인천으로 올라왔지. 1974년부터 대우중공업에 30년을 다녔어. 원래는 한국기계였는데 중간에 대우가 인수했지. 당시 인천에서 인천기계공고를 졸업하면 무조건 스카우트를 해갔는데, 인천기계공고 졸업생들 중에 충남에서 유학 온 친구들이 많았던 걸로 기억해."(장OO, 1943년생, 용현5동 거주)

동양화학에 다녔던 E씨는 당시 회사에 있었던 충남사람들에 대해서 다음과 같이 회상하기도 했다.

"어렸을 때 올라와서 당시 상황은 기억이 안 나. 아버지는 서산에서 농사를 지으셨는데 삼촌의 소개로 인천으로 이사했다고 알고 있어. 당시에 삼촌이 인천항만공사에 근무하셨거든. 삼촌의 소개로 아버지는 동양화학에 다니셨고, 나도 군에 제대하고 동양화학에 들어가서 생산라인에서 일했어. 그때가 1990년이었는데 충청도 사람들이 엄청 많았던 걸로 기억해."(남OO, 1968년생, 논현동 거주)

응답자 E씨는 1990년 동양화학에 입사해서 1996년까지 근무했었다. 당시 동양화학에 근무하는 충남 출신의 근로자들은 서로 소개를

그림 6-11. 인천제철 충청향우회 홈페이지
(https://cafe.naver.com/hdchungcheong)

통해서 입사한 경우가 매우 많았다고 했다. 이는 회사의 방침이기도 했는데 고향의 지인을 통해서 입사한 경우에는 노조에 가입하거나 파업이 발생했을 때 가담 비율이 떨어지는 효과가 상당 부분 작용했다고 한다.

현대제철 충청향우회 사이트를 보면 아직도 이주 네트워크가 작동되고 있음을 알 수 있다. 강경주(2012)의 연구에 따르면, 현대제철의 임직원은 약 3,200명인데, 이 중에서 충청도가 고향인 노동자는 약 600명이었다. 이 중에서 회비를 내며 향우회 활동을 하는 노동자의 수는 약 200명이었는데, 2019년 충청향우회 홈페이지를 확인해본 결과 현재에도 209명의 회원수를 유지하고 있고 해마다 임원을 뽑고 다양한 행사를 진행하고 있다.

충남의 이주자들과 인터뷰해본 결과, 충남에서 인천으로의 이주는 먼저 이주한 가족이나 지인들과의 관계 속에서 주로 일자리와 혼인을 매개로 진행되는 경우가 많았다. 인터뷰를 통해 만난 이주민들은 충남의 서산·당진이 고향인 경우가 많았으며, 충남에 거주했을 때에는 가족이 주로 농업에 종사했으나 보유했던 토지가 대규모가 아니었다는 공통점이 있었다. 이들은 배를 타고 인천으로 이주했으며 주로 인천의 큰 공장에서 근무했었다. 또한, 인터뷰에 응한 이들은 모두 남성이었는데, 결혼은 모두 충청도의 출신의 여성과 결혼했다는 공통점을 발견할 수 있었다.

과거 대규모 공장들을 보유해 산업화를 선도했던 인천은 1절에서 언급한 일부 공장들을 제외하고는 공장가동이 중단됐거나 공장이 이전한 자리는 대부분 아파트단지로 개발되어 그 흔적을 찾기 힘든 경우도 상당수 된다. 충남인들의 이주와 이주 네트워크를 통해서 우리나라 초기 산업화를 이끌던 인천의 모습과 역동성을 확인할 수 있었다.

/ 윤현위

제7장

근현대의 통계 자료를 통해 본
인천 이주자의 특징

1. 인천의 인구 증가와 이주자

1) 주변 지역을 편입하면서 확장된 행정구역

인천광역시의 인구 증가를 살펴보기에 앞서 인천광역시를 구성하는 하위 지역의 변화를 먼저 알아볼 필요가 있다. 그 이유는 현재 인천의 행정구역은 1910년대는 물론 1960년대의 행정구역과 사뭇 다르기 때문이다. 지금의 인천광역시 행정구역은 여러 차례에 걸쳐 주변 지역을 편입하는 과정을 거쳐 획정되었다. 따라서 인천광역시의 인구 규모가 행정구역의 변경에 따라 어떻게 변화하였는지를 살펴보아야만 현재 인천광역시의 정확한 인구속성을 파악할 수 있다.

2018년 현재 인천광역시의 행정구역은 2개의 군(郡)과 8개의 구(區)로 구성되어 있으며, 면적은 1,063.10㎢이다. 인천의 면적은 1960년에 166.30㎢에 불과하였다. 인천광역시의 면적 증가에 영향을 미친 요인은 첫째, 개항기 이후 꾸준히 실시된 해안 매립과 간척 사업이고, 둘째는 인천과 경계를 맞대고 있던 주변 지역의 편입이다.

표 7-1. 인천광역시를 구성하는 지역의 행정구역 변화

행정구역 　　　　시기	1914년	1949년	1966-1983년	인천 편입
부평구/남동구/ 미추홀구/연수구	경기도 부천군 문학면 /남동면/서곶면	-	-	1940년
계양구/ 서구 일부	경기도 부천군 부내면			
	경기도 부천군 계양면	부천군 계양면	김포군 계양면(1973)	1989년
영종동	경기도 부천군 영종면	부천군 영종면	옹진군 영종면(1973)	
용유동	경기도 부천군 용유면	부천군 용유면	옹진군 용유면(1973)	
검단동	경기도 김포군 검단면	김포군 검단면	김포군 검단면	1995년
대청면	황해도 장연군 백령면	옹진군 백령면	옹진군 대청면(1974)	
백령면			옹진군 백령면(1974)	
연평면	황해도 해주군 송림면	옹진군 송림면	옹진군 송림면	
덕적면	경기도 부천군 덕적면	부천군 덕적면	옹진군 덕적면(1973)	
북도면	경기도 부천군 북도면	부천군 북도면	옹진군 북도면(1973)	
영흥면	경기도 부천군 영흥면	부천군 영흥면	옹진군 영흥면(1973)	
자월면			옹진군 자월출장소(1966) → 옹진군 자월면(1983)	
강화군 전체	경기도 강화군	강화군	강화군	

* 연평면은 1995년에 송림면에서 연평면으로 변경되었음.

간척사업을 통해 육지로 조성된 곳은 자연스럽게 인천의 행정구역에 포함되었지만, 인천의 행정구역을 확장하는 과정에서 인천에 편입된 지역은 본래 인천에 속하지 않았던 곳이다. 지금의 인천광역시 행정구역을 완성하는 과정에서 이루어진 주변 지역의 편입은 표 7-1과 같이 정리할 수 있다.

개항장을 중심으로 시가지가 형성되면서 문학산 기슭에 형성되었던 중심지가 개항장 일대로 이전하고, 개항장을 중심으로 하는 새로운 인천의 시가지가 형성된 시기는 1896년이다. 이후 1914년 일제의

행정구역 개편에 따라 지금의 중구와 동구 일대만 포함되는 인천부가 형성되었다. 당시 부(府)는 일본인들이 집중적으로 거주하면서 밀집시가지가 발달한 시가화 구역 가운데 인구규모가 2만 명을 상회하는 구역에 국한되어 설치되었다. 1940년을 전후해서 인천부의 시가지는 동쪽과 남쪽 방향으로 확대되었는데, 이 과정에서 경기도 부천군에 편제되었던 문학면·남동면·부내면·서곶면 등이 인천부에 편입되었다. 당시 인천부에 편입되었던 4개의 면 가운데 문학면과 남동면은 조선시대 문학산을 주산으로 형성되었던 인천도호부의 관할하에 있던 지역이다.

현대 들어 인천의 행정경계가 크게 확장된 시기는 1989년이다. 당시 경기도 옹진군에 속하였던 영종면과 용유면이 인천직할시 중구에 편입되었으며, 경기도 김포군에 속했던 계양면은 인천직할시에 편입된 이후 지금의 계양구와 서구에 분할 이속되었다. 검단 신도시가 들어선 서구의 검단동은 경기도 김포군 검단면으로 편제되어 오다가 우리나라에 도시지역과 비도시지역을 혼합하여 광역시제가 실시되었던 1995년에 인천광역시 서구에 이속되었다. 1995년에 진행된 광역시 제도의 실시로 경기도에 속했던 도서지역인 강화군과 옹진군이 인천광역시에 이속되었다. 강화군은 1914년 이후로 경기도 강화군의 행정체계로 이어져 왔지만, 옹진군에 속한 도서지역은 1948년 대한민국과 북한의 분리로 행정구역이 여러 차례 개편됨에 따라 행정구역의 이속이 잦았다.

옹진군은 본래 황해도에 속하였지만, 1948년 남과 북이 분단됨에 따라 대한민국에 편제된 서해상의 도서지역을 경기도 옹진군으로 재편하면서 우리나라의 행정구역으로 편제되기 시작하였다. 지금 옹진군에 속하는 지역은 본래부터 옹진군에 속하였던 곳이 아니다. 서해 상에 자리한 대청면과 백령면은 본래 황해도 장연군에 속하였으며, 연평면은 황해도 해주군에 속하였다. 1948년 대한민국에서 독자적 으로 정부가 만들어지면서 서해상에 자리하던 이들 지역이 경기도 옹진군에 편제된 것이다. 이들 지역을 제외한 나머지 옹진군에 속하 였던 도서지역은 1949년에 경기도 부천군에 소속되었다. 1973년 부 천군이 부천시로 승격할 때에 도서지역은 부천시에 편제되지 못하고 경기도 옹진군으로 이속되었다.

2) 매우 빠르게 증가한 인천의 인구

2017년 말 기준으로 인천광역시의 인구규모는 292만 5,967명을 기록하였다. 우리나라의 인구 통계는 통계청에서 5년 간격으로 실시 하는 「인구총조사」에 의거해서 수집되기도 하지만, 각 지방자치단체 에서 주민등록 인구 자료를 별도로 수집하여 공표하기도 한다. 이 절 에서는 인구 자료의 통일성을 도모하기 위하여 통계청에서 작성한 인구 자료를 이용하였다. 참고로, 인천광역시에서 주민등록에 의거 하여 산출한 인구는 이미 2016년 10월 31일에 300만 명을 넘어 300 만 445명을 기록한 바 있다.

인천광역시에 속하는 지역의 행정구역 변화를 추적함으로써 현재 의 인천에 포함되는 지역의 인구 변화를 알아볼 수 있다. 인구 통계 는 조사 시점의 행정구역을 기준으로 산출되기 때문에 인천의 인구 에 관한 통계자료 역시 당시 인천에 포함되었던 지역의 인구만 포함 되어 있다. 이 절에서 제시하는 인구 통계는 인천의 행정구역이 확장

표 7-2. 현재 인천광역시에 포함되는 지역의 인구규모 변화

(단위: 명)

구분 연도	현재 인천광역시 행정구역 기준 인구			해당 시기의 '인천' 인구		
	계	남자	여자	계	남자	여자
1925년	191,848	98,993	92,855	56,295	30,558	25,737
1930년	208,519	107,703	100,816	68,137	36,582	31,555
1935년	241,100	124,706	116,394	82,997	43,554	39,443
1940년	255,911	133,618	122,293	171,165	91,471	79,694
1944년	357,606	183,485	174,121	213,833	113,303	100,530
1949년	440,861	223,267	217,594	265,767	136,175	129,592
1955년	501,637	248,493	253,144	317,969	159,614	158,353
1960년	585,927	293,732	292,195	401,473	201,729	199,744
1966년	702,559	353,637	348,922	525,827	265,586	260,241
1970년	805,806	397,556	408,250	634,046	313,830	320,216
1975년	965,070	481,769	483,301	800,007	398,678	401,329
1980년	1,230,101	615,208	614,893	1,083,906	542,215	541,691
1985년	1,527,057	762,735	764,322	1,386,911	692,516	694,395
1990년	1,922,608	967,321	955,287	1,817,919	915,079	902,840
1995년	2,308,188	1,166,160	1,142,028	2,308,188	1,166,160	1,142,028
2000년	2,475,139	1,250,383	1,224,756	2,475,139	1,250,383	1,224,756
2005년	2,531,280	1,273,013	1,258,267	2,531,280	1,273,013	1,258,267
2010년	2,662,509	1,334,576	1,327,933	2,662,509	1,334,576	1,327,933
2015년	2,809,451	1,455,017	1,354,434	2,809,451	1,455,017	1,354,434

* 출처 : 국가통계포털(http://kosis.kr).
* 1940년 자료는 옹진군과 검단면이 누락되었음.

되기 이전에는 인천에 포함되지 않았지만 2017년 기준으로 인천광역
시에 포함되는 지역의 인구까지를 모두 포함한 것이므로, 통계청이
나 인천광역시청에서 제공하는 인천의 인구 통계와는 분명한 차이가
있음을 밝혀둔다.

인천의 인구는 「인구총조사」가 처음으로 시작되었던 1925년에 19만 1,848명이었다(표 7-2). 그러나 당시 인천부에 속했던 지역만을 대상으로 하면 인구규모는 5만 6,295명에 불과하였다. 현재의 인천광역시에 포함되는 지역의 총합계 인구가 50만 명을 넘은 시기는 6.25 전쟁이 끝난 1955년이었지만, 당시 인천에 포함되었던 지역만을 대상으로 하면 인천의 인구가 50만 명을 넘어선 시기는 1966년이다. 인천광역시의 인구가 큰 폭으로 증가한 시기는 1990년에서 1995년 사이인데, 이 시기는 경기도에 속했던 강화군과 옹진군을 비롯하여 김포군 검단면이 인천에 편입된 때이다.

당시의 행정구역 기준으로 인천의 인구가 크게 증가한 시기는 1975년부터 1980년 사이이다. 이 기간은 다른 때에 비해 인천의 인구증가가 두드러졌다. 그 이유 가운데 하나는 1976년 인천에 착공한 국민주택의 영향이다. 인천시에서는 당시 건설부로부터 국민주택건립사업을 승인받아 북구(지금의 부평구) 산곡동 317번지 일대에 국민주택을 건설하였고, 그곳에는 서울의 중랑천에 거주하던 철거민이 입주하였다.

우리나라에서 광역시 제도가 시행된 1995년 인천광역시의 인구 규모는 서울, 부산, 대구에 이어 전국 4위를 차지하였다. 그러나 서울에서 주변 지역으로의 탈도시화가 진행된 동시에 인천의 주택공급이 확대되고 주거여건이 개선되었다. 이에 따라 인천광역시의 인구규모는 2005년에 대구의 인구규모를 추월했고, 지금은 서울, 부산에 이어 전국 3위에 자리하게 되었다. 서울대도시권에서 서울 주변에 자리한 인천의 인구가 꾸준히 증가한 현상은 대도시를 중심으로 형성된 일상도시생활권(DUS; daily urban system)에서 전개되는 인구 변화와 도시화 과정을 탐색한 Berg 등(1982)이 제시한 대도시권의 도시화 단계에서 제2단계에 해당하는 탈도시화(exurbanization)로 설명이 가능하다. 탈도시화 단계에서는 중심부에 자리한 서울의 인구가 감소하고 그 주변 지역에 자리한 인천과 경기도의 인구가 증가하면서 대도시권에서 인구의 절대적 분산이 진행된다. 서울의 인구는 2000년 이후 지속적으로 감소하고 있지만, 그 주변의 인천과 경기도의 인구 규모는 꾸준히 증가하고 있다.

인구 증가의 속도를 보여주는 지표 가운데 가장 보편적으로 사용되는 것이 인구성장률(population growth rate)이다. 이는 인천광역시의 총인구 변화를 나타내는 것으로 특정한 두 시점에서 인구규모의 양적 차이를 상대적 크기로 표현하는 것이다. 인구성장률은 국가 간 인구성장의 속도를 비교하거나 한 국가 내에서 도시 간 인구성장의 속도를 비교할 때에 유용하게 사용할 수 있는 지표이다. 본래 비율을 의미하는 인구성장률은 기하평균(geometric mean)을 활용하여 연평균 인구성장률을 산출하는 것이 일반적이지만, 이 절에서는 1960년과 2015년 당시의 행정구역을 기준으로 우리나라 주요 대도시의 인구성장률을 산출하였다. 연평균 인구성장률을 이용하지 않더라도

표 7-3. 우리나라 대도시의 인구성장률(1960-2015년)

(단위: 명, %)

구분＼도시	서울	부산	대구	인천	광주	대전	울산
1960년	2,445,402	1,163,671	676,692	401,473	314,420	228,987	206,857
2015년	9,904,312	3,448,737	2,466,052	2,890,451	1,502,881	1,538,394	1,166,615
인구성장률	305.0	196.4	264.4	620.0	378.0	571.8	464.0

* 출처 : 국가통계포털(http://kosis.kr).
* 울산은 1960년에 울산군이었음.

1960년에서 2015년 사이에 각 대도시의 인구 증가가 얼마나 빠른 속도로 이루어졌는지를 이해하는 데에는 어려움이 없을 것이다. 표 7-3에서 보는 것처럼, 1960년~2015년 사이 우리나라의 대도시 가운데 인구성장률이 가장 높았던 도시는 620.0%의 인구성장률을 기록한 인천광역시이다. 인천광역시 다음으로 높은 인구성장률을 기록한 도시는 한반도 중부에서 교통 요지로 성장하면서 규모가 커진 대전광역시이다.

3) 인구 증가에 크게 기여한 이주자

인구규모의 변화를 의미하는 인구 성장은 일반적으로 세 가지 요인에 의해 설명된다. 세 가지 요인이라 함은 일정 기간 동안 일정 지역 내에서 발생한 출생, 사망, 그리고 인구이동을 말한다. 한 도시 또는 국가의 인구 성장은 크게 자연적 증가와 사회적 증가로 구분된다. 자연적 증감은 출생과 사망의 차이에서 나타나는 인구규모의 변화이고, 사회적 증감은 다른 지역에서 이주해오는 전입과 다른 지역으로 이주해 나가는 전출의 차이를 의미하는 인구의 순이동(net migration)을 나타낸다. 국가적 차원의 인구를 논할 때에는 순이동이 큰 의미를 가지지 않지만, 도시 단위의 인구이동에서는 자연적 증감은 물론 인구의 전출입을 나타내는 사회적 증감에 의한 순이동이 인구 증감을 설명하는 중요한 요소이다.

인천에서 발생한 인구 변화에서 인구의 자연적 증감과 사회적 증감의 통계를 확보할 수 있는 시기는 1976년부터이다. 표 7-4에 제시된 인구 통계에 따르면, 1976년부터 2015년 사이에 인천광역시의 인

표 7-4. 연도별 사회적 인구 증감과 자연적 인구 증감

(단위: 명)

구분 \ 연도	1976년	1977년	1978년	1979년	1980년	1981년	1982년	1983년
사회적 증감(A)	10,722	22,661	34,324	53,775	33,726	31,752	10,794	36,192
자연적 증감(B)	11,111	11,941	12,177	17,064	20,827	22,636	22,586	21,615
A-B	-389	10,720	22,147	36,711	12,899	9,116	-11,792	14,577

구분 \ 연도	1984년	1985년	1986년	1987년	1988년	1989년	1990년	1991년
사회적 증감(A)	55,354	46,946	32,372	44,038	46,420	58,924	116,685	80,398
자연적 증감(B)	19,947	19,999	20,127	20,465	22,122	24,008	27,442	32,919
A-B	35,407	26,947	12,245	23,573	24,298	34,916	89,243	47,479

구분 \ 연도	1992년	1993년	1994년	1995년	1996년	1997년	1998년	1999년
사회적 증감(A)	56,936	34,602	34,013	40,765	12,338	27,040	20,811	1,810
자연적 증감(B)	34,848	33,258	33,345	31,553	29,204	27,570	25,026	23,716
A-B	22,088	1,344	668	9,212	-16,866	-530	-4,215	-21,906

구분 \ 연도	2000년	2001년	2002년	2003년	2004년	2005년	2006년	2007년
사회적 증감(A)	13,165	1,117	230	-16,171	-1,335	10,965	9,618	22,721
자연적 증감(B)	23,797	19,978	16,106	15,979	14,126	11,959	12,720	15,397
A-B	-10,632	-18,861	-15,876	-32,150	-15,461	-994	-3,102	7,324

구분 \ 연도	2008년	2009년	2010년	2011년	2012년	2013년	2014년	2015년
사회적 증감(A)	9,419	2,098	3,612	28,809	27,794	22,035	9,324	9,538
자연적 증감(B)	13,999	12,717	13,665	13,614	14,900	12,521	12,377	12,039
A-B	-4,580	-10,619	-10,053	15,195	12,894	9,514	-3,053	-2,501

* 자료 : 인천광역시. 『인천통계연보』(해당 연도).

구는 184만 4,381명이 증가하였다. 이 인구가 모두 자연적 증가라 보는 사람은 아마 아무도 없을 것이다. 1976년에서 2015년 사이에

인천에서는 모두 114만 4,714명이 태어났으며, 34만 3,314명이 사망하였다.

사망자가 전혀 없었다 하더라도 인천광역시에서 1976년에서 2015년 사이의 출생자가 인천의 인구 증가를 완전히 설명하지는 못한다. 게다가 출생과 사망에 따른 자연적 증가는 80만 1,400명에 불과하였다. 즉 전체 인구 증가에서 자연적 증가를 제외한 나머지 인구수는 인천 이외의 다른 지방에서 인천으로 이주해온 사람들이라는 결론에 도달하게 된다. 제6장에서 살펴본 바와 같이, 인천은 인천에서 출생한 사람보다 인천 이외의 지방에서 이주해온 사람이 더 많은 도시라는 의미이다.

인천의 인구 증가에서 사회적 증가와 자연적 증가가 차지하는 비중을 살펴보면, 1995년까지만 해도 사회적 증가의 규모가 훨씬 컸다. 이는 인천으로 전입해 온 이주자의 규모가 인천의 인구 증가에서 매우 큰 역할을 했음을 보여준다. 1976년부터 1995년까지의 인구 동태를 보면, 1976년과 1982년을 제외한 나머지 시기에는 인천에서 전입자의 증가에 따른 사회적 증가의 규모가 자연적 증가의 규모를 크게 웃돌았다.

1970년대는 우리나라의 농촌지역에서 서울이나 인천과 같은 대도시로의 이촌향도 현상이 심화되었던 시기이다. 특히 소득수준이 낮은 영세민들이 농촌을 떠나 도시로 이주하는 경향이 강하였다. 이에 정부에서는 대도시로의 지나친 인구 집중이 농촌의 노동력 부족현상으로 이어질 것이라는 우려와 함께 농촌인구의 도시 이주를 억제하는 한편, 대도시에 거주하고 있는 주민 가운데 생활여건이 넉넉하지 않은 영세민들을 농촌으로 되돌려 보내는 정책을 추진하기도 하였다

그림 7-1. 농촌으로 이주하는 영세민 지원 기사

인천과 같은 대도시로의 인구집중을 억제하기 위하여 대도시에 거주하는
영세민의 농촌 이주를 지원하는 영세민종합대책이 1982년에 수립되었다.
* 출처 : 경향신문. 1982. 2. 6.

(그림 7-1). 이에 따라 1982년 초반까지만 해도 서울특별시와 부산직
할시에만 국한되어 있던 지방자치단체의 영세민 대책 자금을 당시
직할시 및 도청소재지에 해당하는 도시로까지 확대한 것이다.

이 정책에 따라 당시 직할시였던 인천으로 이주하는 영세민에게는
이주 후 2년 간 중학생 학비보조 및 직업훈련 등의 혜택을 주지 않도
록 하는 정책이 적용되었다. 또한, 대도시에서 2년 이상 거주하던 영
세민이 중소도시나 농어촌으로 생활터전을 옮길 경우 이주와 관련하
여 충분한 자금을 지원하도록 하였다. 농촌으로 이주하는 가구에 대

해서는 최대 100만 원의 이사비용을 지원해주었고, 농촌에서 일자리를 찾고 빈집을 개량하는 등에 소요되는 비용을 200만 원까지 융자해주었다. 이에 따라 정책 시행 두 달 만에 인천에 거주하던 영세민 가운데 34가구가 농촌으로 첫 이주를 시작하였다.[1] 1982년에 시행된 「영세민종합대책」은 인천을 비롯한 우리나라 주요 대도시에서 인구의 사회적 증가를 억제하는 요인으로 작용하였다. 이는 인천에서 발생한 사회적 인구 증가의 규모가 1982년에 일시적으로 급감한 현상을 설명해주는 한 요인이기도 하다.

일상도시생활권의 도시화와 인구 변화에서 언급한 바 있듯, 인천은 서울이라고 하는 거대도시의 주변부에 자리하고 있다. 일상도시생활권에서 진행되는 중심부와 주변부의 인구 변화는 모두 4단계로 진행되는데, 그 가운데 제1단계는 도시화(urbanization) 과정이다. 도시화 단계에서는 초기에 중심부로의 인구 집중 현상이 심화되다가, 후기로 진입하면 중심부와 주변부에서 인구가 모두 증가하는 절대적 집중 현상이 진행된다. 1980년대에 발생한 인천의 인구 증가는 서울 대도시권 전체에서 인구가 증가하는 절대적 집중 현상으로 설명이 가능하다. 대도시로의 인구유입을 억제하려는 정부 정책에도 불구하고 도시로 몰려드는 인구규모가 커짐에 따라, 우리나라의 주요 도시에서는 1970-80년대에 인구의 사회적 증가율이 3%를 상회하기도 하였다. 1970년대 초반 인천 인구의 사회적 증가율은 3.3% 내외를 기록하여, 서울과 부산 다음으로 높은 증가율을 기록하였다. 당시 인구 이동의 주요 원인은 직업상의 이유가 가장 큰 비중을 차지하였고,

---

1) 경향신문, 1982년 6월 10일자, 「대도시 영세민 첫 집단 귀농」.

그 뒤를 이어 결혼 신고 등에 따른 호적 이동, 도시 유학 등의 학업 이동, 가족들의 부수적인 이동 등의 원인이 있었다.

1989년 인천에 거주한 인구 가운데 전입 초과 인구가 차지하는 비율이 3%로 우리나라에서 가장 높았다. 1989년보다 전입 초과 인구의 규모가 아주 컸던 1990년에는 인천시 전체 인구의 6.4%가 전입 인구로 구성되었을 만큼, 1990년을 전후한 시기에 인천으로 이주해온 사람들의 규모는 빠르게 증가하였다. 이 시기에는 서울에서 인천으로 빠져나온 사람들이 많았는데, 가장 대표적인 이유는 부동산 가격의 폭등이었다. 당시에는 집값이 상대적으로 저렴한 서울 주변의 근교에 자리한 도시에서 전세 주택을 구한 사람들이 많은 것이 큰 원인으로 지목되기도 하였다(한겨레신문, 1990년 8월 25일자, 「10명 중 4명이 타향살이…"집 때문에 이사" 49%」).

1996년부터 2015년에 이르기까지의 기간에는, 사회적 증가의 규모가 자연적 증가의 규모에 비해 작은 시기가 더 많았다. 2003년에는 전출 인구가 전입 인구를 월등하게 초과함에 따라 사회적 증가에서 부(−)의 값을 기록하였으며, 그 결과 자연적 증가의 규모가 사회적 증가의 규모를 가장 크게 앞지르기도 한 바 있다. 2007년을 비롯하여 2011년~2013년까지의 네 시기를 제외하면 1996년 이후 인천에서는 전입 인구에 의한 사회적 증가보다 출산에 따른 자연적 증가가 인구 증가에서 설명력이 더 큰 셈이다. 표 7−4에는 제시하지 않았지만, 2016년과 2017년 역시 전입과 전출에 따른 사회적 증가의 규모에 비해 출생과 사망에 따른 자연적 증가의 규모가 컸다. 특히 2000년대 들어 인구의 자연적 증가보다 사회적 증가가 많았던 네 시기를 제외하면 인천으로 이주해오는 사람의 규모가 연간 1만 명 이하로 감소하였으며, 2017년에는 2003년에 이어 두 번째로 전출 인구가 전입 인구를 초과하기도 하였다. 이와 같은 추세는 인천광역시의 인구 증가가 최근 들어 다소 둔화된 것을 통해서도 확인이 가능하다.

2011년부터 2013년까지 인천으로 이주한 인구의 규모가 컸던 이유는 송도 매립지에 대한 개발이 마무리되고 송도 신도시에 조성된 대규모의 주거단지에 본격적인 주민 입주가 시작되었기 때문이다. 송도 신도시의 인구 증가는 인천광역시 내에서의 인구 이동에 의해서도 이루어졌지만, 다른 지방에서 전입해 온 이주자에 의해서도 진행되었다.

인천으로 이주해온 사람들이 많았다는 것은 인천의 주거 환경이 변화하였음을 의미한다. 주거 환경은 여러 가지 측도를 통해 측정할 수 있겠다. 인천의 주거 환경은 주택의 보급이 증가하고, 서울대도시권에서 서울 및 주변 지역과의 공간적 상호작용이 훨씬 수월해지면서 점차 개선되었다. 물론 인천으로 이주해온 사람들이 어느 지방에서 출발하여 인천을 최종 목적지로 선정했는지에 대한 공간분석을 통해 보다 정확하게 인천으로 향한 이주민의 속성을 파악할 수 있을 것이다.

2. 인천시민은 어디에서 태어난 사람인가?

이주는 한 장소에서 다른 장소로 거주 공간을 옮기는 것이기 때문에, 출생지의 분포에 대한 이야기는 그들의 이주 과정에 대한 논의를 배제한다. 이주는 특정의 목적을 달성하기 위하여 거주 공간을 옮기는 행위이기 때문에, 인천시 거주자의 출생지 분포에 대한 분석은 인천으로 이주해온 사람들 또는 인천에서 태어나 현재까지 거주하고 있는 사람들의 가장 기본적인 인구속성을 이해하는 데 도움이 될 수 있다. 이는 인천시의 장소성 이해에도 도움이 된다.

인천으로 사람들이 이주해온 역사와 과정을 이해하기 위해서는 먼저 그들이 어디에서 출생했는지에 대한 이해가 필요하다. 최초 태어난 출생지에서 언젠가 인천으로 이주해온 사람들이 지금의 인천광역시를 구성하는 성원들이기 때문이다. 이 절에서는 이 문제에 대한 답을 얻기 위해 인천시에 거주하고 있는 사람들의 출생지 분포가 어떻게 변화하였는지를 살펴보았다. 출생지의 분포가 곧 인천을 구성하는 사람들의 이전 주거지를 의미하지는 않는다. 우리나라에서 거주자의 출생지 분포에 대한 통계는 1980년부터 조사되기 시작하였지만 1930년에 조사된 인천 거주자의 출생지 분포에 대한 통계자료가 있기도 하다.

인천에서 태어났다는 것은 그들이 현재 거주하고 있는 집에서 태어난 경우, 동일한 군이나 구의 다른 장소에서 태어나 현재의 주거지로 이주한 경우, 다른 군이나 구에서 태어나 지금의 주거지로 이주한 경우 등을 의미한다. 출생지에 대한 이야기를 전개한 이 부분에서는 인천에서 태어난 사람은 인천으로의 이주자 범주에 포함시키지 않았다. 이 절에서 출생지라는 용어는 태어날 당시의 국지적인 장소-예컨대, 병원 또는 집-가 아니라 그 장소를 포함하는 지방의 개념으로 사용되었다.

1) 경기도 출생이 많았던 1930년대

먼저 1930년의 통계 자료에 관한 이야기부터 시작해보도록 하겠다. 당시 일제에 의해 조사된 자료에는 인천에 모두 6만 8,137명이 거주하였다. 물론 1930년의 인천은 지금의 인천광역시에 비해 훨씬 협소한 면적으로 구성되었다. 즉 개항장을 중심으로 그 주변 지역이 당시의 인천을 구성하였으며, 현재의 행정구역으로 따져 보면 중구를 비롯하여 동구와 미추홀구 일대가 포함되었다. 1930년에 조사된 자료는 인천에 거주하는 사람 가운데 경기도 출신과 경기도 이외 지방의 출신으로만 나누어 조사되었다. 따라서 정확하게 인천 출생자와 인천 이외 지방의 출생자를 구분하는 것은 어렵다. 어찌 되었든, 당시 인천에 거주하던 사람 가운데 경기도 이외의 지방에서 출생한 사람은 1만 2,460명이었으며, 남자가 여자보다 많았다.

제물포가 개항한 후, 외국인들이 드나들기 시작하면서 인천에는 외국인들이 그들만의 영역을 설정하고 거주하던 거류지인 조계가 설정되었다. 조계로 외국인이 몰려오면서 한때 인천에는 일본조계를 중심으로 거주하던 일본인이 한국인보다 많았다고 한다. 1893년에는 전체 인천 주민 8,670명 가운데 일본인이 4,148명으로 한국인이 일본인보다 조금 많았지만, 1904년에는 한국인이 1만 866명이었던 것에 비해 일본인이 1만 2,397명에 달하기도 하였다. 이후 일본인을 비롯한 외국인의 규모는 크게 증가하지 않았던 반면 한국인의 인구규모가 빠른 속도로 증가하면서, 1930년 인천에 거주하던 사람은 모두 6만 8,137명이 되었다. 이는 외국인의 인구규모가 정체된 반면 한국인은 꾸준히 증가하였음을 보여준다. 당시 인천에서 한국인의 증가에 영향을 미친 요인은 출생에 따른 자연적 증가도 무시할 수 없지만, 다른 지방에서 인천으로 이주해온 사람들에 의한 사회적 증가도 간과할 수 없을 것이다.

1930년 인천에 거주하던 사람 가운데 경기도에서 출생한 사람은 4만 4,880명이었고 다른 지방에서 출생한 사람은 1만 2,460명이었다. 경기도 이외의 지방에서 출생한 사람의 비율은 18.3%에 달하였다. 시군별 자료가 확보되지 않아 순수 인천 출생자의 규모가 어느 정도인지 파악하는 것은 쉽지 않은 일이다. 1930년 경기도 이외 지방 출생자의 비율은 인천의 도시발달과 시가지 확장이 진행된 현대와 비교하면 지극히 낮은 수준이다. 후술하겠지만, 1980년 인천시 인구 106만 7,288명 가운데 경기도에서 출생한 사람의 비율은 53.7%에 달하였고, 서울 출생자 비율은 7.0%를 기록하였다. 1930년대의 행정구역 기준으로 경기도에 속하였던 서울과 경기도를 합산하면 1980년 인천의 전체 인구 가운데 경기도 출생자의 비율은 60.7%로 증가하게 되고 경기도 이외 지방 출생자의 비율은 39.3%라는 계산이 나온다. 요컨대, 인천에 거주하는 사람 가운데 1930년에는 18.3%만이 경기도 이외 지방 출생자였지만, 시간이 지남에 따라 인천에는 타지방 출생자의 규모와 비중이 점진적으로 증가하였음을 짐작할 수 있다.

경기도 이외의 지방에서 출생하여 인천으로 이주해온 사람들의 출생지 분포는 표 7-5에서 보는 바와 같다. 당시 인천에 거주하던 사람 가운데 타도 출생자는 충청남도 출신이 4,531명으로 다른 지방 출생자에 비해 압도적으로 많았다. 충청남도의 뒤를 이어 경기도의 북부에 접한 황해도에서 태어난 사람의 수도 2,116명으로 많았으며, 인

표 7-5. 경기도 이외 지방 출생자의 출생지 분포(1930년)

(단위: 명)

구분 출생지	합계	남자	여자	성비
강원도	529	275	254	108.3
충청북도	1,164	647	517	125.1
충청남도	4,531	2,542	1,989	127.8
전라북도	383	216	167	129.3
전라남도	745	431	314	137.3
경상북도	646	336	310	108.4
경상남도	1,149	451	698	64.6
황해도	2,116	1,254	862	145.5
평안북도	643	358	285	125.6
평안남도	271	154	117	131.6
함경북도	89	53	36	147.2
함경남도	194	105	89	118.0
전체	12,460	6,822	5,638	121.0

* 자료 : 국가통계포털(http://kosis.kr).

천과 지리적으로 근거리에 자리한 충청북도 출생자의 규모도 큰 편이었다. 당시 인천과 유사하게 개항장이었던 부산을 포함하던 경상남도 출생자의 규모도 컸다.

당시 인천에 거주하던 타지방 출생자는 경상남도에서 태어난 사람을 제외하면 모두 여성에 비해 남성의 수가 많았다. 경상남도 출생자를 제외하면 나머지 지방에서는 남성의 이주가 더 활발하게 진행되었던 셈이다. 여자 인구 100명 당 남자 인구수를 의미하는 성비의 개념을 적용하면, 경상남도 출생자의 성비는 64.6에 불과하였지만, 황해도 출생자의 성비는 145.5를 기록하였다. 인천으로 이주해온 사람의 규모가 큰 지방을 중심으로 보면, 황해도를 비롯하여 충청남도, 충청북도, 전라남도 등지에서 태어난 남자들이 인천으로 활발하게 이주해 왔음을 알 수 있다.

1930년 인천에 거주하던 전체 인구의 성별 구성은 남자가 3만 6,582명, 여자가 3만 1,555명이었다. 당시 남녀별 인구 구성비는 남자가 53.7%였고, 여자가 46.3%를 기록하였다. 이를 인천 출생자와 타지방 출생자로 나누어 살펴보면, 인천 출생자 가운데 남자의 비중은 51.7%였고, 타지방 출생자 가운데 남자의 비중은 54.8%에 달하였다. 인천 이외의 지방에서 태어나 인천으로 이주한 인구 집단에서 여자보다 남자가 많았다는 사실은 표 7-5에 제시된 성비 또는 남녀별 인구구성을 통해 보다 상세하게 확인할 수 있다.

인천으로 이주해온 사람 가운데 충청남도와 황해도 출생자가 많은 현상은 자연스러운 것일 수도 있다. 왜냐하면, 이들 두 지방은 인천과 지리적으로 근거리에 위치해 있기 때문이다. 그러나 이들 지방이 가지는 지리적 위치만을 이용해 인천으로 이주한 사람의 출생지 분포를 설명하는 데에는 다소 무리가 있다. 즉 당시 인천과 다른 지방을 이어주던 신작로·철도·해상교통로의 역할이 간과되어서는 안 될 것이다.

인천은 1883년에 개항과 더불어 서울의 관문기능을 수행하는 항구도시로 성장하였다. 인천의 관문기능은 제물포를 중심으로 하는 항만교통과 철도교통에 의해 더욱 강화될 수 있었다(그림 7-2). 인천항을 통해 중국 및 일본으로 여객선 및 상업용 선박이 운항하였으며, 국내의 서해안에 자리한 여러 항만으로도 뱃길이 확장되었다. 철도교통로는 1899년에 서울의 노량진에서 인천의 제물포(지금의 인천역)

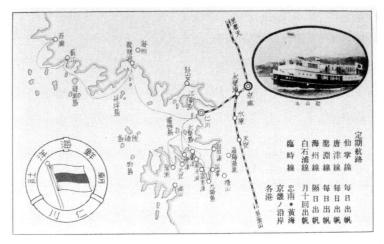

그림 7-2. 일제강점기 인천과 주변 항구를 연결하던 항로

에 이르는 경인선이 개통되었으며, 이후 경부선 철도가 노량진을 통과함에 따라 철도를 이용한 교통 여건도 양호한 수준이었다.

충청남도와 황해도는 서해에 접해 있는 곳으로, 일찍부터 서해상의 뱃길을 따라 인천을 중심으로 남북 방향의 교류가 활발하게 이루어지던 지방이다. 인천은 이들 두 지방의 중간에 자리하고 있으며, 우리나라가 개항한 이후 인천의 제물포항을 중심으로 많은 선박의 이동이 이루어졌던 해상교통의 중심지 역할을 수행한 곳이다. 이와 같은 해상교통의 유리함은 충청남도와 황해도에서 태어난 사람들이 인천으로 이주하는 데 있어서 커다란 장점으로 작용하였다. 그림 7-2에서 보는 바와 같이, 일제강점기에 연안항로는 충청남도의 당진과 황해도의 해주 방면으로 매일 운항하였으며, 충청남도의 서북부 해안 및 황해도의 서남 해안으로도 정기선이 운항하였다.

한편, 철도 교통로는 1899년에 서울의 노량진과 제물포 사이를 오

가던 노선이 있었지만, 1905년에 경부선 철도와 경의선 철도가 개통
함에 따라 경기도 이외의 지방에서 인천으로 진입하기도 수월해졌
다. 경부선 철도는 경기도 남쪽의 충청남도 천안과 대전을 통과하였
으며, 경의선 철도는 황해도 개성을 통과하였다. 이들 철도 교통로는
선로 인접 지역에 거주하던 사람들이 서울이나 인천으로 이동할 수
있는 주요한 루트로 기능하였다.

한 지역의 인구속성을 성별·연령별로 나누어 한눈에 살펴볼 수 있
는 것이 인구 피라미드이다. 1930년 인천에 거주하던 사람 가운데
인천 출생자를 대상으로 한 인구 피라미드는 그림 7-3에서 보는 것
처럼 전형적인 피라미드의 형태를 보여주었다. 피라미드형은 높은
출생률과 높은 사망률에 의해 연령별 인구구성에서 연령이 높아질수
록 인구 비중이 줄어드는 모양을 취한다. 이러한 피라미드는 대체로
전산업형의 산업구조를 보이는 지역에서 쉽게 볼 수 있는 형태이다.
1930년 인천에서는 0-4세에 해당하는 영유아의 비중이 전체 인구의

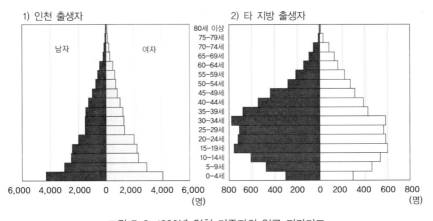

그림 7-3. 1930년 인천 거주자의 인구 피라미드

18.6%를 차지하였으며, 14세 이하의 유소년층이 차지하는 비중은 42.6%에 달하였다. 경제활동인구에 해당하는 15-64세의 연령층은 전체 인구의 54.9%를 차지하였다. 즉 인천 출생자만을 대상으로 보면 유소년층의 비중이 매우 높은 인구집단이었다고 할 수 있다.

이에 반해 인천으로 이주해온 타지방 출생자만을 대상으로 하는 인구 피라미드는 인천 출생자의 인구 피라미드와 전혀 다른 모습을 보였다. 1930년대는 우리나라의 인구구성이 15세 이하의 유소년층이 많은 반면, 65세 이상에 해당하는 노년인구의 비중은 크지 않았던 시기이다. 그러나 인천으로 이주해온 타지방 출생자의 인구 구성은 유소년층의 비중이 크지 않았다. 14세 이하의 유소년층 인구 비중은 21.5%에 불과하였으며, 15-64세에 포함되는 경제활동인구의 비중은 75.2%에 달하였다. 경제활동인구의 연령층 가운데에서는 15-19세와 30-34세 연령대의 비중이 각각 10.9%를 차지하였고, 20-24세의 인구 비중은 10.5%를 기록하였다. 저출산 고령화 현상이 심화된 현대의 관점에서 보면 유소년층의 인구 비율 21.5%는 매우 높은 수준이다.

인구의 노령화가 심화된 현대 사회에서 경제활동인구로 분류되는 15-64세 연령대의 인구가 차지하는 비중은 지방에 따라 다소 차이가 있다. 2017년 기준으로 우리나라에서 경제활동인구가 차지하는 비중은 73.1%를 기록하였다. 같은 시기 우리나라 광역자치단체의 경제활동인구는 도시화 수준이 높은 곳일수록 많아, 서울특별시와 인천광역시에서는 각각 75.4%와 75.0%를 차지하였다. 반면 도시화 수준이 낮은 곳에서는 경제활동인구가 차지하는 비율이 낮아, 강원도와 전라북도에서 각각 70.2%와 68.6%를 기록한 바 있다.

인천으로 이주해온 타지방 출생자 가운데 15세 이상의 연령 집단은 단순히 주거지 이전을 위해 인천으로 이주한 것이 아니라 경제활동을 영위하기 위해 경기도 이외의 지방에서 인천으로 이주한 집단으로 간주하는 것이 타당할 것으로 사료된다. 이에 대해 14세 이하의 유소년층은 경제활동을 위해 인천으로 이주한 집단도 일부 포함되어 있겠지만, 대부분은 그들 부모가 인천으로 이주함에 따라 동반 이주한 집단의 성격이 강할 것이다. 개항장으로 지정된 인천은 인천항을 통해 사람과 물자가 이동하면서 개항장 주변에서 일찍부터 공업과 상업이 발달하기 시작하였고 수도인 서울과 지리적으로 근거리에 입지했다는 사실은 인천으로 이주해온 사람들이 어떠한 목적을 가지고 이주해 왔는지를 짐작케 해준다. 인천으로 이주해온 사람들은 주로 공장에 취업하거나 항만 주변에서 허드렛일을 하면서 생계를 유지하였다.

인천은 1931년 만주사변 이후 해면 매립지에 군수공장이 본격적으로 가동되었지만, 그 이전부터 경공업 위주의 공업 활동이 활발하게 전개되었던 도시이다. 뿐만 아니라 서울을 드나드는 물자의 적출항인 동시에 집산지로 기능하였고, 노동자와 일본인을 비롯한 외국인이 많이 모여 사는 도시였기 때문에 자연스럽게 상업도 발달할 수 있는 계기가 마련되었다. 이와 같은 당시 인천의 상황은 1930년대 이전에 다른 지방에서 인천으로 이주해오는 사람을 증가시킨 원동력이라 할 수 있다.

인천은 개항장에서 시작하여 수도인 서울로 진입하는 항구도시로 성장하고 서울의 배후도시이자 서울로 진입하기 위한 관문도시로 성장하던 일제강점기에 상업기능과 공업기능을 확충하면서 전근대 도

시로 발돋움하였다(한국도시지리학회 편, 2005). 특히 일제에 의해 공
업기능이 발달하면서 젊은 연령의 남성 노동력에 대한 수요가 증가
하기 시작하였다. 이는 인천 이외의 지방에서 출생한 젊은 경제활동
인구의 이주를 촉진하는 매개로 작용하였다. 이러한 현상은 그림
7-3에 제시된 인구 피라미드에서 타지방 출생자의 연령층이 15-44
세 층에 집중해 있는 것을 통해서도 확인할 수 있다.

2) 현대에 점진적으로 증가하는 인천 출생자

공업화와 도시화가 진전되면서 거대도시로 성장한 현대도시 인천
에 거주하는 사람들의 출생지 분포는 어떠한지에 대한 자료는 표
7-6에 제시되어 있다. 표 7-6에 포함된 내용은 1980년부터 10년 간
격으로 인천 거주자의 출생지 분포 변화와 가장 최근인 2015년의 「
인구총조사」에서 조사된 인천 거주자의 출생지 분포에 관한 것이다.

1980년은 인천이 직할시로 승격하기 이전의 시기이므로, 행정체
계상 경기도에 속하였다. 따라서 당시에는 인천 거주자의 출생지 분
포에서 경기도가 가장 큰 비중을 차지하였다. 전체 인구 106만
7,288명 가운데 53.7%에 달하는 57만 3,047명이 경기도 태생이었
다. 경기도에 이어 충청남도 태생이 10.8%인 11만 5,760명으로 그
뒤를 이었다. 그 다음으로는 서울특별시(7.0%), 전라남도(6.2%), 경상
북도(4.1%), 전라북도(3.9%)의 순이었다.

인천이 직할시로 승격함에 따라 경기도에서 독립하여 독자적인 행
정체계로 편성된 1981년 이후 처음으로 실시되었던 1985년의 「인구
총조사」의 결과에 따르면, 1985년 인천에 거주하던 사람의 36.9%인

표 7-6. 인천시 인구의 출생지 변화

(단위: 명)

연도 출생지	1980년	1990년	2000년	2010년	2015년
서울	74,775	178,854	277,438	296,355	340,269
부산	9,338	21,011	31,421	38,366	44,221
대구	-	10,890	15,994	20,471	24,249
인천	-	652,465	990,553	1,086,203	1,173,790
광주	-	10,158	18,590	21,544	22,899
대전	-	9,509	14,109	17,803	18,767
울산	-	-	4,604	6,084	7,281
세종	-	-	-	-	4,045
경기	573,047	229,956	229,558	237,942	266,320
강원	35,027	73,621	101,114	103,600	106,012
충북	36,162	63,554	79,684	77,677	78,607
충남	115,760	174,120	212,001	196,463	194,554
전북	41,671	79,069	115,451	117,100	122,465
전남	66,060	122,602	170,153	173,366	175,037
경북	43,301	71,792	97,345	98,977	100,756
경남	21,222	41,676	50,510	52,410	55,477
제주	2,285	4,587	6,424	7,859	8,391
기타	48,640	50,298	51,389	51,560	60,355
전체 인구	1,067,288	1,794,162	2,466,338	2,603,780	2,803,495

* 자료 : 국가통계포털(http://kosis.kr).
* 기타의 출생지에는 외국, 북한, 미상 등이 포함되었음.

51만 774명이 당시 인천직할시에서 태어났다. 이를 고려하면 1980
년 당시 인천에 거주하던 시민 가운데 인천에서 태어난 사람의 비율
역시 35%를 조금 상회하였을 것으로 짐작된다. 1980년의 인천 출생
자 비율이 1985년의 인천 출생자 비율보다 낮았을 것으로 예상한 이

유는 후술하는 바와 같이 시간이 지날수록 인천 거주자에서 인천 출생자가 차지하는 비율이 점진적으로 높아지기 때문이다. 1985년에는 경기도 출생자의 비율이 13.7%로 인천 출생자 다음으로 높았으며, 그 뒤로는 충청남도(10.5%), 서울특별시(8.8%), 전라남도(6.8%), 전라북도(4.3%), 경상북도(3.9%)의 순으로 분포하였다.

1990년에는 인천직할시 거주자 179만 4,162명의 36.4%에 해당하는 65만 2,465명이 인천에서 태어난 사람이었다. 인천의 뒤를 이어 출생자의 규모가 컸던 지방은 인천 전체 인구의 12.8%에 달하는 22만 9,956명이 태어난 경기도 차지하였다. 그 다음으로 출생지 비중이 큰 지방은 서울특별시(10.0%), 충청남도(9.7%), 전라남도(6.8%), 전라북도(4.4%)의 순이었다. 1990년 들어 충청남도에서 태어난 사람의 비율이 10% 이하로 줄어들기 시작한 것을 확인할 수 있다. 한편 경상북도에서 태어나 인천에 거주하는 사람의 비율은 1980년과 비교해 감소하지 않았지만, 경상북도에서 출생한 사람의 규모가 차지하는 순위가 하락하기 시작한 점도 특징적이다.

1995년에는 인천광역시에 거주하던 227만 6,135명 가운데 39.6%에 달하는 90만 1,518명이 인천에서 태어난 사람이었다. 한편 인천 이외의 지방에서 출생한 사람의 규모가 가장 컸던 곳으로 1990년까지만 해도 경기도가 수위자리를 고수하였지만, 1995년 들어 서울특별시가 수위자리를 차지하였다. 서울특별시 다음으로 출생자가 많았던 지방은 충청남도(9.3%), 경기도(9.2%), 전라남도(6.9%), 전라북도(4.8%), 강원도(4.2%)의 순이었다. 1995년 들어 인천광역시에 거주하던 사람 가운데 서울특별시에서 태어난 사람의 규모는 전체 인구의 10.6%인 24만 542명으로 증가하였지만, 경기도에서 태어난 사람의 수는 인천광역시 전체 인구의 9.2%인 21만 105명으로 감소하였다. 이 시기에는 경기도에서 태어난 사람의 절대적인 규모까지 줄어드는 현상이 발생하였다.

2000년에는 인천광역시에 거주하던 246만 6,338명 가운데 40.2%에 해당하는 99만 553명의 출생지가 인천이었다. 처음으로 인천 출생자의 비율이 전체 인구의 40%를 넘어섰다. 인천 이외 지방 가운데 출생자 규모가 가장 큰 곳은 1995년과 마찬가지로 서울특별시가 차지하였다. 2000년 당시 서울특별시에서 태어나 인천광역시에 거주하던 사람은 모두 27만 7,438명으로 이는 인천광역시 전체 인구의 11.2%에 해당하는 규모였다. 서울특별시의 뒤를 이어 출생자가 많았던 지방은 경기도(9.3%), 충청남도(8.6%), 전라남도(6.9%), 전라북도(4.7%), 강원도(4.1%) 등의 순이었다.

2010년 기준으로 인천광역시에 거주하던 사람의 41.7%인 108만 6,203명이 인천에서 태어난 사람들이었다. 당시 인천광역시의 인구는 260만 3,780명이었다. 타 시도 출생자 가운데 규모가 가장 컸던 지방은 인천광역시 전체 인구의 11.4%에 해당하는 29만 6,355명이 태어난 서울특별시이었다. 그 뒤를 이어 경기도(9.1%), 충청남도(7.5%), 전라남도(6.7%), 전라북도(4.5%), 강원도(4.0%)의 순으로 출생자가 많았다.

2015년에는 인천광역시에서 태어난 사람의 비율이 41.9%로 상승하였다. 당시 인천광역시 전체 인구 280만 3,495명 가운데 인천에서 태어난 사람은 117만 3,790에 달하였다. 서울특별시에서 태어난 사람이 34만 269명으로 전체 인구의 12.1%를 차지하였으며, 경기도(9.5%), 충청남도(6.9%), 전라남도(6.2%), 전라북도(4.4%), 강원도

(3.8%) 등의 순으로 타 시도 출생자가 많았다.

1980년에서 2015년 사이에 나타난 출생지 분포의 변화에서 몇 가지 특징을 찾아볼 수 있다. 먼저 인천에서 태어난 사람의 비율이 점진적으로 증가하고 있다는 점이다. 그리고 인천으로 이주해오는 사람의 출생지 분포에서 타 시도의 순위에 변동이 발생하였다는 사실이다. 1990년까지만 해도 경기도와 충청남도에서 태어난 사람의 인천 진입이 눈에 띄었지만, 1995년 이후부터는 서울특별시에서 태어난 사람의 인천 이주가 두드러지기 시작하였다. 서울특별시에서 태어나 인천광역시에 거주하는 사람이 인천의 전체 인구에서 차지하는 비율은 1980년의 7.0%에서 2015년에는 12.1%로 증가하였다. 이에 반해 인천시민 가운데 경기도에서 태어난 사람의 비율은 1985년의 13.7%에서 2015년에는 9.5%로 줄었고, 충청남도에서 태어난 사람의 비율 역시 1980년의 10.8%에서 2015년에는 6.9%로 감소하였다.

이와 더불어 지리적으로 멀리 떨어져 있음에도 불구하고, 전라남도를 비롯한 전라북도와 경상북도에서 태어난 사람의 인구규모가 상대적으로 많다는 점도 눈여겨 볼만하다. 왜냐하면 이들 세 지방보다 거리가 가까운 충청북도나 강원도에서 태어난 사람의 규모가 전라남도 및 전라북도 출신자의 인구규모보다 크지 않기 때문이다. 전체적으로 보면, 호남지방에 해당하는 전라남도 및 전라북도에서 출생한 사람의 인구규모가 인천광역시 인구에서 차지하는 비중은 상대적으로 높은 수준에서 유지되어 오고 있지만, 영남지방에서 출생한 사람의 규모가 차지하는 비중은 전반적으로 감소하는 추세를 나타내었다. 또한, 지리적으로 근접한 충청북도에서 태어나 인천으로 이주해 온 사람의 인구규모가 크지 않은 점도 흥미롭다.

3. 인천으로 이주한 사람은 어디에서 왔나?

앞에서 살펴본 내용이 인천에 거주하는 사람들의 출생지 분포에 주안점을 두었다면, 여기에서는 인천으로 이주해오기 바로 직전의 주거지가 어디였는지를 알아봄으로써 인천으로 이주해오는 사람들의 주요 출발지를 이해하고 이주의 과정에서 나타나는 연쇄이주에 관한 현상이 인천으로 이주한 집단에서도 드러나는지를 이해하고자 한다.

우리나라에서 주민등록 이전과 함께 현 주거지로 이주하기 이전에 거주했던 전 주거지가 어디였는지에 대한 통계는 비교적 오래전부터 작성되었다. 그러나 과거에 작성된 자료는 보통 시도 단위의 광역자치단체를 기본 단위지구로 조사되었기 때문에, 인천만을 대상으로 주거지 이전 정보를 획득할 수 있는 시기는 경기도에서 분리되어 직할시로 승격한 1981년 이후부터이다.

이러한 연유로 인천광역시를 연구 대상으로 삼은 이 글에서는 인천을 하나의 단위로 간주하여 통계자료의 획득이 가능한 1981년 이후의 인구 이동에 주안점을 두었다. 즉 1981년부터 2017년 사이에 우리나라의 각 광역시도에서 인천으로 전입해 온 사람들의 규모와 그들의 출발지 변화를 알아볼 것이다. 이 글에서는 편의상 10년 단위로 1980년대, 1990년대, 2000년대, 2010년대로 시기를 구분하였으며, 인천으로 이주해온 전체 이주자를 대상으로 하였다. 또한 이 글에서 알아보고자 하는 내용이 인천으로 이주해온 사람들의 이전 주거지 분포이기에 인구규모의 변화에 영향을 미치는 전입과 전출 인구를 모두 고려하지 않았고, 전입 인구만을 대상으로 분석을 실시하였다. 인구이동 역시 전입 인구와 전출 인구의 차이에 의한 순이동은 크게 고려하지 않았고 인천으로 전입해 온 집단의 총량적인 속성만 고려하였음을 밝혀둔다.

인천 이외의 다른 지방에 거주하다가 인천으로 이주해온 사람의 규모는 1981년에 14만 9,791명이었지만, 도시인구가 증가한 2017년 에는 전입 인구의 규모가 14만 3,071명으로 감소하였다. 인천으로 이주해온 사람이 가장 많았던 때는 1990년으로 당시 24만 9,092명 이 다른 지방에서 인천으로 주거지를 이전하였다. 인천으로 이주해 온 사람의 규모가 가장 작았던 시기는 13만 3,268명이 전입해 온 1982년이었다. 다른 지방에서 인천으로 주거지를 이전한 사람의 수 는 1981년 이후 시간의 흐름에 따라 점진적으로 감소하는 경향을 나 타내었다.

1) 1980년대 이주자

인천이 직할시로 승격한 1981년 이후 1989년에 이르기까지 인천 으로 이주해온 사람들이 인천으로 이주하기 직전에 거주하던 장소의 분포는 표 7-7에서 보는 바와 같다. 인천으로 이주해온 사람의 규모 는 매년 15만 명 내외를 기록하였지만, 인천에서 다른 지방으로 이주 해 간 사람이 있기 때문에 실질적인 순이동의 규모는 표 7-7에 제시 된 것보다 크지 않다.

1980년대에 인천으로 이주해온 사람들의 이전 거주지는 서울이 압 도적으로 많았다. 서울에서 인천으로 이주해온 사람의 수는 1981년 의 5만 4,879명에서 1989년에는 7만 3,338명으로 증가하였다. 서울

표 7-7. 1980년대 인천으로 이주해온 사람들의 출발지 분포

(단위: 명)

연도 출발지	1981	1982	1983	1984	1985	1986	1987	1988	1989
서울	54,879	45,878	57,958	66,715	67,890	58,591	58,728	68,068	73,338
부산	4,186	3,851	4,629	4,311	4,362	4,045	4,443	4,438	4,711
대구	1,440	1,640	1,921	1,927	2,036	1,922	2,074	1,927	2,272
광주	-	-	-	-	-	1,456	1,603	2,160	2,200
대전	-	-	-	-	-	-	-	-	1,850
경기	38,045	35,754	44,663	47,049	47,262	47,536	54,441	62,416	62,370
강원	6,348	5,412	6,735	7,976	6,788	7,104	8,657	8,047	8,672
충북	4,670	4,465	5,724	6,072	5,071	5,071	5,863	5,532	5,484
충남	13,948	12,101	14,864	15,857	13,834	13,236	15,325	15,054	12,016
전북	6,034	5,770	6,971	7,072	6,858	6,767	7,877	7,210	7,347
전남	9,666	8,856	11,411	11,298	10,900	9,346	11,212	9,597	10,287
경북	5,986	4,920	6,145	6,169	5,563	5,365	6,177	5,495	5,647
경남	4,013	4,038	5,279	6,266	5,298	5,128	5,800	4,771	5,451
제주	576	583	755	795	703	660	843	659	773
전국	149,791	133,268	167,055	181,507	176,565	166,227	183,043	195,374	202,418

* 자료 : 국가통계포털(http://kosis.kr).
* 출발지에서 인천은 제외하였으며, 행정구역은 당시 기준임.

에 거주하다가 인천으로 이주한 사람의 규모는 1982년과 1986년에 일시적으로 감소하는 경향을 보이기도 하였지만, 전체적으로는 이주자의 수가 시간의 흐름에 따라 증가하는 경향을 나타내었다. 서울에서 인천으로 이주해온 사람의 수가 인천으로 이주해온 전체 인구규모에서 차지하는 비율은 1981년에 36.6%였으며, 1989년에는 36.2%를 기록하여 큰 변화를 나타내지 않았다. 1982년에 인천으로 이주한 사람의 규모가 다른 해에 비해 작거나 이전 해인 1981년에 비해 감소

한 이유는 앞에서도 언급한 바 있듯, 당시 6대 대도시로의 인구 집중을 억제하기 위한 정부 정책의 시행과 함께 「영세민종합대책」이 1982년에 시행되었기 때문으로 풀이된다. 1980년대 초반의 우리나라 6대 대도시에는 서울을 비롯하여, 인천, 부산, 대구, 광주, 대전 등이 포함되었다.

이와는 대조적으로 인천에서는 1982년부터 1986년에 이르기까지 택지 200만 평을 개발하여 7만 7천 가구가 입주할 수 있는 주택건설 사업이 시작되었다. 이 사업의 시행 첫해인 1982년에는 200가구가 입주할 수 있는 시영아파트를 비롯하여 1,800가구가 입주할 수 있는 주공아파트, 9,500가구가 입주할 수 있는 민간주택, 3,500가구를 수용할 수 있는 국민주택 등이 건설되었다. 이와 같은 일련의 주택건설은 인천의 주거기능을 대폭 강화하는 하는 동시에 다른 도시에서 인천으로 이주해오는 사람의 규모를 확대시키는 계기가 되었다. 1982년부터 시행된 일련의 사업은 주택건설이 마무리되고 본격적인 입주가 시작되는 데에 다소의 시차가 있기 때문에 1984년에 이주자 규모가 크게 증가하는 요인이 되었다.

경기도에서 인천으로 이주해온 사람의 규모는 1981년에 3만 8,045명으로 인천으로 이주해온 전체 이주자의 25.4%를 차지하였지만, 1989년에는 경기도에서 이주해온 사람의 수가 6만 2,370명으로 증가하였으며, 전체 이주자에서 차지하는 비중 역시 30.8%로 증가하였다. 1980년대에 경기도에서 인천으로 이주한 사람의 규모는 매년 꾸준히 증가하는 양상을 보였다. 특히 1980년대에는 인천으로 이주하기 이전에 거주하던 지방 기준으로 인천으로의 전체 이주자에서 차지하는 비중이 증가한 지방은 경기도와 강원도뿐이었다. 인천으로 이주한 사람 가운데 강원도에서 전입한 사람이 차지하는 비중은 1981년의 4.1%에서 1989년에는 4.3%로 상승하였다.

경기도의 뒤를 이어 많은 사람이 이주해온 지방은 충청남도와 전라남도였다. 충청남도에서 인천으로 이주한 사람들의 규모는 1981년에 1만 3,948명이었던 것이 1989년에는 1만 2,016명으로 감소하였다. 이주자 규모의 감소와 함께 그들이 전체 이주자에서 차지하는 비중 역시 1981년의 9.3%에서 1989년에는 5.9%로 줄어들었다. 한편 전라남도에 거주하다가 인천으로 이주해온 사람의 수는 1981년의 9,666명에서 1989년에는 1만 287명으로 소폭 증가하였다. 그렇지만 전라남도에서 인천으로 이주해온 집단의 규모가 차지하는 비중은 1981년의 6.5%에서 1989년에는 5.1%로 감소하였다.

1980년대에 인천으로 이주해온 집단의 출발지 분포에서 볼 수 있는 특징으로는 경기도에서 거주하다가 인천으로 이주한 사람의 규모가 매우 크게 증가하였다는 점과 충청남도에서 거주하다가 인천으로 주거지를 옮긴 사람의 수가 전국에서 유일하게 감소하였다는 점에서 찾을 수 있다. 충청남도를 제외한 나머지 지방에서 인천으로 이주해온 사람의 수는 모두 증가하였다. 모든 지방에서 인천으로 이주해온 사람의 절대적 규모는 증가하였음에도 전체 이주자에서 차지하는 비중이 감소한 것은 경기도에서 이주해온 집단의 규모가 매우 컸기 때문이다. 당시 인구규모가 컸던 서울과 경기도에서 인천으로 이주해온 사람의 규모가 크다는 것은 지리적 거리로도 일견 설명이 가능하겠지만, 그 외의 지방을 대상으로 보면 지리적 거리가 이주 경향과 그리 강한 연관성을 가지지는 않았던 것 같다.

2) 1990년대 이주자

1990년대 들어 인천으로 이주해온 사람들의 출발지 분포에서 나타난 가장 큰 특징은 서울에서 인천으로 이주한 사람들의 규모가 점진적으로 감소하였다는 점이다. 서울에 거주하다가 인천으로 이주한 사람의 수는 1980년대 말부터 증가하기 시작하여 1990년과 1991년에 정점에 달하였다. 그러나 1993년부터는 서울에서 인천으로 이주하는 사람의 규모가 현저하게 감소하는 경향을 나타내었다. 1993년부터 서울을 벗어나 인천으로 주거지를 이전한 사람의 수가 감소한 원인으로는 1989년부터 개발되기 시작해 1992년에 본격적으로 입주가 시작된 수도권 제1기 신도시의 영향을 무시할 수 없다. 당시 수도권 제1기 신도시는 경기도의 일산(고양시), 분당(성남시), 평촌(안양시), 산본(군포시), 중동(부천시)에 건설되었다. 이들 신도시는 모두 160만여 명의 계획인구를 설정하였으며 입주민의 대부분은 서울에 거주하던 중산층이 대상이었다. 이에 따라 경기도의 주요 도시에 건설된 신도시에서 주택 마련이 용이해지게 되었고, 인천으로의 이주 흐름은 그 이전보다 다소 둔화된 것으로 사료된다.

경기도에서 인천으로 이주한 사람들의 규모는 1990년대 들어서도 그 감소폭이 크지 않았으며, 1997년부터는 서울에서 이주해온 사람의 규모보다 경기도에서 인천으로 이주해온 사람의 수가 더 많아지기 시작하였다. 이러한 변화는 인천으로 이주해온 사람들의 출발지 비중 변화로 이어진다. 즉 1990년 인천으로 이주한 사람들 가운데 서울과 경기도에서 출발한 비중은 각각 41.6%와 28.7%였지만, 그 비율이 1999년에는 각각 31.2%와 37.2%로 변하였다. 서울과 경기도

표 7-8. 1990년대 인천으로 이주해온 사람들의 출발지 분포

(단위: 명)

연도 출발지	1990	1991	1992	1993	1994	1995	1996	1997	1998	1999
서울	103,533	80,615	72,097	67,712	64,485	62,695	58,631	60,814	53,946	54,143
부산	5,339	4,858	4,871	4,984	4,509	4,158	3,836	3,813	3,573	4,028
대구	2,438	2,099	2,087	2,111	1,957	1,963	2,093	2,033	1,828	2,199
광주	2,639	2,382	2,280	2,377	2,456	2,150	2,325	2,490	2,167	2,388
대전	2,456	2,114	2,240	2,325	2,472	2,577	2,837	3,038	2,931	3,200
울산	–	–	–	–	–	–	–	1,105	1,008	1,172
경기	71,539	66,622	66,023	62,487	60,817	56,281	57,879	66,514	63,176	64,569
강원	9,603	8,523	7,431	7,171	6,347	6,101	5,790	5,926	5,259	6,176
충북	6,024	5,356	4,620	4,355	4,222	3,839	3,709	3,834	3,777	4,293
충남	12,651	11,859	10,527	9,571	8,812	8,292	8,204	8,471	7,598	8,860
전북	8,134	6,965	6,221	5,854	5,372	5,031	5,066	5,185	4,661	5,719
전남	11,418	10,685	9,610	8,313	7,260	6,777	6,301	6,010	5,291	7,903
경북	6,296	5,897	5,206	4,655	4,489	4,094	3,912	4,359	3,938	4,310
경남	6,193	5,283	4,921	5,439	4,554	4,475	4,063	3,322	3,179	3,547
제주	829	763	812	876	879	918	887	1,027	1,028	1,123
전국	249,092	214,021	198,946	188,230	178,631	169,351	165,533	177,941	163,360	173,630

* 자료 : 국가통계포털(http://kosis.kr).
* 출발지에서 인천은 제외하였으며, 행정구역은 당시 기준임.

를 제외한 나머지 지방의 비중은 거의 변하지 않았다.

인천 이외의 지방에서 인천으로 주거지를 이전하는 이주의 물결은 1990년을 정점으로 약해졌다. 앞에서 보았던 1980년대 말의 이주자 규모와 1990년대 초의 이주자 규모 변화를 살펴보면, 1990년을 정점 으로 이주자의 규모가 작아졌음을 볼 수 있다. 그 이유는 당시의 부 동산 경기의 변화에서 어느 정도 확인이 가능하다. 1990년에는 서울 에서 인천으로 이주한 사람의 규모가 크게 확대되기도 하였는데, 이

는 당시 서울의 주택 전세가가 폭등함에 따라 서울을 떠나 인천이나 경기도로 주거지를 이전한 사람이 많았기 때문이다. 당시 서울에서는 25평형 아파트의 매매가가 1억 원대에 달하였고 전세가가 6천만 원대까지 치솟았다. 그러나 인천에서는 같은 넓이의 아파트 매매가가 6천만 원이었고 전세가는 3,500만 원 수준이었다. 그러므로 서울에서 아파트를 임대할 수 있는 전세가격이면 인천에서는 가장 비싼 같은 규모의 아파트를 구입할 수 있었다.

이러한 흐름 때문에 당시 인천의 북구(지금의 부평구) 산곡동과 남동구 만수동 일대의 아파트 밀집지역을 중심으로 서울에서 이주해온 사람들의 규모가 크게 증가하기도 하였다.[2] 높은 전세가를 피해 서울에서 인천으로 주거지를 이전하는 흐름은 1990년대 초반에 나타나기 시작하였으며, 이러한 현상이 지속됨에 따라 1990년대 초반까지 서울 거주자의 인천 이주 현상이 두드러지게 나타나기도 하였다. 당시 서울의 전세가를 이겨내지 못해 인천으로 이주해온 사람들이 인천에서 어느 정도 거주하였는지에 대한 구체적인 자료는 확인할 수 없지만, 거대도시 서울에서 그 주변 지역인 인천으로 주거지를 옮기는 탈도시화 현상이 점진적으로 진행되었음은 확인할 수 있다.

3) 2000년대 이주자

2000년대에 인천으로 이주해온 사람의 규모는 2002년과 2007년에 정점을 찍었다. 2003년 이후 감소 추세를 보이던 이주자 규모는 2005년부터 다시 증가하였으며 2007년에 다시 한번 정점을 찍은 후

---

2) 한겨레신문, 1990년 2월 27일자, 「서울 전세값 폭등 여파 세입자들 인천 이주 늘어」.

표 7-9. 2000년대 인천으로 이주해온 사람들의 출발지 분포

(단위: 명)

연도\출발지	2000	2001	2002	2003	2004	2005	2006	2007	2008	2009
서울	52,829	52,865	55,500	44,987	41,567	46,312	47,467	51,301	50,493	45,392
부산	3,882	3,953	4,338	3,749	3,562	3,605	3,504	3,834	3,544	3,236
대구	2,209	2,575	2,528	2,392	2,252	2,257	2,250	2,442	2,125	2,003
광주	2,736	2,744	2,973	3,021	2,895	2,809	2,550	2,896	2,601	2,304
대전	3,273	3,362	3,383	3,372	2,766	2,946	2,916	3,094	2,983	2,730
울산	1,094	996	1,177	1,143	1,116	1,102	1,074	1,023	1,024	1,000
경기	67,516	63,017	66,332	61,265	61,799	71,697	78,075	85,221	76,780	69,462
강원	5,956	6,072	6,948	6,400	5,863	5,348	5,741	5,745	5,422	5,215
충북	3,879	4,231	4,283	3,953	3,867	3,695	3,928	3,955	3,721	3,591
충남	8,449	8,136	9,284	8,544	8,992	8,734	8,595	9,110	8,645	7,899
전북	5,587	6,073	7,858	6,587	7,145	5,408	5,262	5,250	4,840	4,202
전남	6,859	6,976	6,673	6,622	5,545	5,095	5,097	5,614	4,604	4,058
경북	4,370	4,522	4,752	4,433	4,222	4,411	4,227	4,729	4,084	3,772
경남	3,526	3,327	3,729	3,843	3,276	3,412	3,661	4,165	3,537	3,333
제주	1,051	1,030	1,236	1,255	1,196	1,213	1,182	1,234	1,237	1,074
전국	173,216	169,879	180,994	161,566	156,063	168,044	175,529	189,613	175,640	159,271

* 자료 : 국가통계포털(http://kosis.kr).
* 출발지에서 인천은 제외하였으며. 행정구역은 당시 기준임.

감소 추세로 전환되었다. 즉 2000년대 인천으로 이주해온 사람의 규모 변화는 두 차례에 걸쳐 정점을 찍은 M자의 모양으로 진행되었다.

1997년 이후 경기도에서 이주해온 사람의 수가 서울 출신의 수를 넘어선 이후, 2000년대에는 경기도에서 인천으로 이주해온 사람의 수가 서울에서 이주해온 사람의 수를 압도하였다. 이러한 현상을 인구 비중으로 환산해 보면, 서울에서 인천으로 이주한 사람의 수가 인천의 전체 전입자에서 차지하는 비중은 2000년에 30.5%를 기록하였

던 것이 2009년에는 28.5%로 감소하였다. 반면 경기도에서 인천으로 이주한 사람의 비중은 2000년의 39.0%에서 2009년에는 43.6% 까지 상승하였다. 서울에서 인천으로 이주해온 사람의 비중은 2004년에 26.6%로 가장 낮았으며, 경기도에서 이주해온 사람의 비중은 2007년에 44.9%까지 치솟기도 하였다. 이렇게 보면, 2000년대 들어 인천은 서울을 벗어난 사람들이 정착하는 도시로서의 인식이 약화된 반면, 경기도에 거주하던 사람들이 정착하는 도시로 자리매김하였다.

수도권에서의 이주 패턴과 별도로, 전통적으로 인천으로 이주해온 사람의 규모가 컸던 충청남도 출신자의 비중은 큰 변화를 경험하지 않았다. 충청남도에 거주하다가 인천으로 주거지를 옮긴 이주자가 인천으로 주거지를 이전한 전체 이주자에서 차지하는 비중은 2000년에 4.9%였던 것이 2009년에는 5.0%로 변화하였으며, 대체로 인천으로 주거지를 옮긴 전체 이주자의 5% 내외를 유지하였다.

이에 반해 전라북도와 전라남도에서 인천으로 이주한 사람의 수가 인천으로 이주한 전체 인구에서 차지하는 비중은 다른 지방 출신자들에 비해 변동이 심했다. 전라북도에서 인천으로 이주해온 사람의 비중은 2000년에 3.2%였던 것이 2002년부터 2004년에 이르는 동안 4.0%를 상회하였다가 2009년에는 2.6%로 감소하였다. 또한 전라남도에서 이주해온 사람의 비중은 2000년에 4.0%를 기록하였지만, 2003년 이후 전라남도 출신자의 규모가 감소하면서 2009년에는 2.5%로 줄어들었다.

2000년대에는 서울을 비롯하여 전라북도와 전라남도 등지에서 인천으로 이주해온 사람의 비중이 눈에 띄게 감소하였다. 이들 지방에서 이주해온 사람의 규모는 인천으로 전입한 전체 이주자에서 차지하는 비중의 감소뿐만 아니라 절대적인 인구규모의 감소를 동반하였다. 그 대신 경기도에서 인천으로 이주한 사람의 수는 큰 폭으로 증가하였으며, 이와 동시에 인천으로 이주해온 전체 이주자에서 차지하는 비중까지도 함께 상승하였다. 즉 2000년대 들어 인천으로 이주한 사람들의 특징은 거대도시 서울에서 빠져나온 사람의 규모가 감소하고 호남지방을 중심으로 하는 장거리 이주자가 감소한 반면, 인천에 접한 경기도에서 이주해온 사람의 증가로 정리할 수 있겠다.

4) 2010년대 이주자

2010년대 들어 인천으로 이주한 사람의 수는 2011년을 정점으로 2017년에 이르기까지 꾸준히 감소하는 경향을 보였다. 인천으로 이주한 사람의 수는 2011년과 2012년에 일시적으로 증가하기도 했지만 2013년부터 2017년에 이르기까지 지속적으로 감소하였다. 2017년은 14만 3,071명이 다른 지방에서 인천으로 이주해, 인천이 직할시로 승격한 1981년 이후 가장 작은 규모의 이주자 수를 기록한 해이기도 하다.

2000년대에 감소하는 경향을 보였던 서울 거주자의 인천 이주는 2010년대 들어서도 둔화되는 경향을 나타내었다. 서울에서 이주해온 사람의 수가 2011년에 5만 명을 넘어서기도 했지만, 그 이후 2017년에 이르기까지 계속해서 감소하는 경향을 보였다. 경기도에서 인천으로 이주한 사람의 규모 역시 2011년에 가장 컸으며, 그 이후에는 지속적으로 감소하였다. 따라서 서울과 경기도에서 인천으로 이주한 사람의 비중은 2010년대 들어 크게 변화하지 않았다. 서울에서 인천

표 7-10. 2010년대 인천으로 이주해온 사람들의 출발지 분포

(단위: 명)

연도 출발지	2010	2011	2012	2013	2014	2015	2016	2017
서울	46,082	51,641	49,640	47,424	43,212	44,915	43,745	40,485
부산	3,230	3,741	3,180	2,986	3,143	3,185	3,092	2,994
대구	1,968	2,000	1,979	2,202	2,015	1,987	1,962	1,930
광주	2,255	2,155	2,157	2,109	2,010	2,167	2,080	2,000
대전	2,762	2,782	2,812	2,662	2,621	2,516	2,463	2,458
울산	989	968	1,045	1,054	1,085	1,249	1,135	1,033
세종	-	-	264	312	322	451	537	632
경기	67,913	78,724	76,730	74,479	71,554	71,513	65,864	61,797
강원	5,092	4,999	5,407	5,071	5,148	5,058	5,080	4,663
충북	3,473	3,428	3,624	3,429	3,457	3,509	3,308	3,416
충남	7,441	7,214	7,180	6,793	6,784	6,636	6,407	6,251
전북	3,844	3,987	4,075	3,871	3,588	3,395	3,415	3,516
전남	4,189	3,966	3,819	3,482	3,557	3,496	3,537	3,466
경북	4,320	4,171	4,043	3,773	3,938	3,773	3,557	3,488
경남	3,450	3,297	3,628	3,353	3,266	3,464	3,267	3,390
제주	1,077	1,053	1,104	1,167	1,222	1,287	1,414	1,552
전국	158,085	174,126	170,687	164,167	156,922	158,601	150,863	143,071

* 자료 : 국가통계포털(http://kosis.kr).
* 출발지에서 인천은 제외하였으며, 행정구역은 당시 기준임.

으로 이주한 사람의 수가 인천으로 이주해온 전체 이주자에서 차지
하는 비중은 2010년에 29.2%를 기록하였다가 2017년에는 28.3%로
변화하였으며, 경기도에서 인천으로 이주한 사람의 수가 전체 이주
자에서 차지하는 비중은 2010년의 43.0%에서 2017년에 43.2%로 변
화하였다. 경기도에서 인천으로 이주한 사람의 비중은 2014년에

45.6%로 가장 높았지만, 2015년부터는 다시 감소 추세로 돌아섰다.

인천을 향한 전체 이주자의 규모가 감소함에 따라 대부분 지방에서 인천으로 향한 이주자의 규모 역시 줄어들었다. 인천으로 향한 이주자의 수가 감소하지 않았던 곳은 2012년에 충청남도에서 분리된 세종특별자치시와 제주특별자치도의 두 곳에 불과하였다. 그러나 이들 두 지방으로부터 인천으로 이주한 사람의 규모는 크지 않으며 인천으로 이주해온 전체 이주자에서 차지하는 비중도 크지 않았다. 세종특별자치시와 제주특별자치도에서 인천으로 이주하는 사람의 규모는 표 7-10에서 보는 바와 같이 매년 꾸준한 증가 추세를 보이고 있다.

경기도와 서울특별시에서 인천광역시로 주거지를 옮기는 사람의 수가 2000년대 이후 감소한 데에는 경기도에 건설된 신시가지의 영향을 무시할 수 없다. 서울에서의 인구 및 주택문제를 해결하기 위하여 서울 주변의 경기도에 건설된 수도권 제2기 신도시의 입주가 본격화한 2000년대 중반 이후 서울이나 경기도에 거주하던 사람들이 새롭게 개발된 신도시로 이주하는 경향이 본격화하였기 때문이다. 수도권 제2기 신도시에 해당하는 곳은 동탄(화성시), 한강(김포시), 운정·교하(파주시), 별내(남양주시) 등지가 대표적이다.

5) 이주자의 출발지 분포 변화

1981년 이후 2017년에 이르기까지 인천으로 이주한 사람들의 출발지는 인천과 지리적으로 인접한 서울특별시와 경기도가 대표적인 곳이었다. 서울특별시는 1996년까지 인천으로 이주한 사람이 가장 많이 출발한 곳이었으나 1997년부터 2017년 사이의 기간에는 경기도에서 출발하여 인천으로 이주한 사람의 규모가 가장 컸다. 1997년을 기점으로 인천으로 향한 이주자 출발지의 수위지역이 서울특별시에서 경기도로 변한 것이다.

인천으로 향한 이주자의 규모를 시도 단위로 살펴보는 것이 큰 의미가 없을 수도 있다. 그 이유는 1986년부터 광주광역시, 대전광역시, 울산광역시, 세종특별자치시 등이 기존 도에서 분리됨에 따라 이들 도시를 품고 있는 도에서 인천으로 향한 이주자의 규모가 감소함과 동시에 순위도 하락하였기 때문이다. 그림 7-4는 1981년 이후 2017년에 이르기까지 각 지방에서 인천으로 이주한 사람의 수가 차지하는 순위의 변동을 나타낸 것이다. 그림 7-4에 제시된 연도는 순위 변화가 발생했던 주요 연도만을 기록한 것이다.

대전광역시와 세종특별자치시가 분리된 충청남도는 1981년 이후 2017년까지 인천으로 이주한 사람의 규모의 순위가 3위 자리를 유지하였다. 전라남도는 1986년에 광주광역시가 분리되었음에도 불구하고, 2001년까지 4위의 자리를 지켜왔다. 2002년부터 2005년 사이에는 전라북도가 4위를 차지하였으며, 그 이후 2017년까지는 강원도 출신자의 규모가 4위에 자리하고 있다. 강원도는 1981년부터 2005년까지 줄곧 5위의 자리를 지켜왔었다.

전라북도 출신자의 규모는 2000년까지 6위를 차지하였다가 2001년부터 2006년 사이에는 순위가 일시적으로 상승하였지만 2007년에 다시 6위로 하락하였다. 전라북도 출신자는 이후 순위의 등락을 반복하고 있으며 2017년에는 5위를 기록하였다. 경상북도 출신자의 규모는 2009년까지 대체로 7위의 자리를 지켰지만, 1993년부터

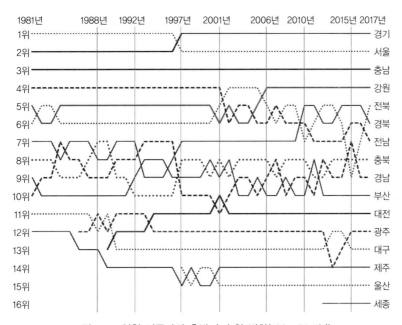

그림 7-4. 인천 이주자의 출발지 순위 변화(1981-2017년)

1996년 사이에는 하위 순위로 내려앉기도 하였다. 2010년 이후 경상
북도 출신자의 규모는 5위와 6위를 오르내리고 있다. 충청북도 출신
자의 규모는 줄곧 8위 자리를 유지하고 있지만, 1992년부터 1996년
사이에는 10위로 순위가 하락하기도 하였고, 그 이후의 시기에도 일
시적으로 9위를 기록한 바 있다.

서울을 제외한 대도시에서 인천으로 이주한 사람의 규모는 상대적
으로 크지 않았다. 따라서 광역시는 인천으로 향한 이주자의 순위에
서 대부분 하위권에 자리하였다. 우리나라 제2의 도시인 부산의 순
위가 광역시 가운데 가장 높은 순위를 기록하였으며, 그 뒤를 이어
대전광역시, 광주광역시, 대구광역시, 울산광역시 등이 자리하였다.

이렇게 본다면, 수도권을 제외한 나머지 지방에서는 도시화 수준이 높지 않은 곳에서 인천으로 이주하는 경향이 강하다고 볼 수 있겠다.

4. 맺음말

인천의 인구규모는 우리나라에서 인구총조사가 처음으로 이루어진 1925년에 19만 8,148명이었던 것이 2017년말 기준으로 292만 5,967명으로 증가하였다. 인천광역시에서 주민등록에 의거하여 조사한 인구는 이미 2016년 10월 31일에 300만 명을 넘어섰다. 우리나라에서 인구 100만 명 이상의 광역시 가운데 일제강점기 이후 현대에 이르기까지 인천처럼 빠른 인구 증가를 경험한 도시로는 수도로 기능하는 서울이 유일하다.

인천은 인구 1천만 명에 육박하는─한때는 1천만 명을 훌쩍 넘었던 ─ 거대도시 서울에 인접해 있으면서 중심지로의 기능보다는 서울의 주변부 역할을 수행해 왔다. 이는 달리 표현하면, 인천으로 사람이나 경제활동이 모여드는 흡인 요인이 상대적으로 부족했음을 의미한다. 그럼에도 불구하고 인천은 일찍부터 서울의 배후지로 기능하면서 사람과 물자가 모여드는 도시로 성장하였고, 다른 나라에서 서울로 드나들던 사람과 물자가 반드시 통과해야만 하는 관문도시로 발전할 수 있게 되었다. 이러한 요인으로 인천은 근대 이후인 1960년 이후 우리나라에서 인구성장률이 가장 높은 도시로 발돋움할 수 있었다.

인구성장률이 높다는 것은 인구가 빠르게 증가했음을 의미한다. 인천에서의 인구증가는 출생과 사망에 의한 자연적 증감보다는 전입과 전출에 따른 사회적 증감으로 더 많은 부분이 설명되었다. 일제강점기 이후 인천이 광역시로 승격한 1995년까지는 인천의 주변 지역을 인천과 병합함으로써 자연스럽게 인구증가를 경험하기도 하였지만, 다른 한편에는 인천 이외의 지방에서 인천으로 이주해온 이주자의 역할을 무시할 수 없다.

우리나라에서 인구의 전입과 전출에 관한 통계가 작성되기 시작한 1976년 이후 1995년에 이르기까지 인천에서는 1976년과 1982년을 제외한 모든 시기에 인구의 사회적 증감이 자연적 증감을 앞질렀다. 즉 1970년대 중반부터 1990년대 중반까지 인천의 인구증가를 견인한 요소는 다른 지방에서 인천으로 주거지를 옮긴 이주자라는 점을 간과해서는 안 될 것이다. 1996년 이후 인천 이외의 지방에서 인천으로 이주해온 사람의 규모가 다소 감소하기는 했지만, 아직까지도 많은 사람들이 인천을 향해 이주해 오고 있다.

인천이 개항한 이후인 1904년에는 한국인보다 일본인이 많았다. 한국인보다 일본인이 더 많았던 현상은 오래 가지 않았는데, 이는 다른 지방에서 인천으로 이주해온 사람들이 많았기 때문이다. 일제강점기인 1930년대에는 인천에 거주하던 사람 가운데 경기도 출신자가 가장 많았는데, 당시 인천 인구의 18.3%가 경기도 이외의 지방에서 출생한 사람이었다. 인천이 본래부터 경기도에 속하였음을 고려하면, 인천에 경기도 출생자가 많았음은 지극히 당연한 일이다. 경기도 다음으로 출생자가 많았던 지방은 지리적으로 인천과 멀리 떨어져 있어 육상교통은 불편했지만, 뱃길을 통해 인천과 교류가 활발했던 충청남도와 황해도가 차지하였다.

근대를 거쳐 현대에 이르기까지 인천에 거주하는 사람 가운데 인천에서 태어난 사람의 비중은 1990년대 이후 점진적으로 증가하는 경향을 보였는데, 이는 인천의 인구 증가가 온전히 이주자에 의한 것이 아니라 도시 내에서의 자연적 증가에 의해 이루어졌음을 시사하는 내용이다. 한편 1995년 이후 인천으로 이주한 사람 가운데 출생지가 서울특별시인 사람의 비중이 증가하였고, 인천과 지리적으로 멀리 떨어진 호남지방과 영남지방 출생자의 규모 역시 커진 점은 인천의 도시화와 함께 우리나라에서 진행되었던 이촌향도의 영향을 반영한 것으로 풀이된다.

인천으로 주거지를 옮긴 사람들의 규모는 인천이 직할시로 승격한 1981년 이후 1990년대 초반까지는 꾸준히 증가하였다. 1990년대 중반 이후 인천으로 주거지를 이전한 사람의 규모는 정체현상을 보이다가 2000년대 들어서는 그 규모가 줄어들기 시작하였다. 1980년대에는 경기도에서 거주하다가 인천으로 이주한 사람의 비율이 가장 높았으며, 충청남도를 제외한 나머지 지방에서 이주해온 이주자의 규모가 증가했다. 1990년대에는 대도시를 중심으로 주택문제가 대두되면서 서울에 거주하던 사람들이 높은 전세가를 피해 인천으로 이주하는 경향이 두드러졌다. 1990년대에 서울에서 인천으로의 이주민이 증가한 현상은 서울대도시권에서 진행된 서울 탈출과 맥을 같이한다. 2000년대에는 경기도에서 인천으로 이주해온 사람의 규모가 증가하였지만, 서울을 벗어난 사람과 인천에서 멀리 떨어진 호남지방을 출발한 장거리 이주자의 감소가 특징적이었다. 2010년대 들어 인천으로 이주하는 사람들의 규모는 대부분 지방에서 감소하였다. 요컨대, 인천으로 이주해온 사람들의 출발지는 전통적으로 서울이 가장 큰 배출지였지만, 1997년 이후 경기도가 수위지역으로 등장하면서 서울의 출발지 비중이 약화되었다. 이와 더불어 전라남도의 출발지 비중이 약화된 반면, 강원도의 비중이 커진 점도 주목할 만하다.

/ 손승호

제8장

인천으로 이주한 사람들의 정착지는?

앞에서는 전국에서 인천으로 이주한 사람들의 출신지별 총량적 규모에 주안점을 두고 인천으로의 이주에 관한 내용을 고찰하였다. 그렇다면 각 지방에서 인천으로 이주한 사람들은 인천의 어느 곳에 그들의 첫 번째 둥지를 틀고 정착했을까? 국가적인 인구이동에서 이주자 집단이 정착하는 과정에는 앞선 이주자들이 정착한 지역을 중심으로 동일한 국적이나 동일한 인종적(민족적) 속성을 가진 집단들이 집적하는 연쇄이주(chain migration)의 경향이 나타난다.

여기에서는 연쇄이주의 경향을 인천광역시에서도 확인할 수 있는지에 대한 궁금증을 해소해보고자 한다. 달리 표현하면, 국가 내에서 이루어진 이주에서도 출신지별 연쇄이주와 함께 동향 사람끼리 집적하는 경향이 뚜렷하게 형성되는지를 인천광역시의 사례를 통해 확인하고자 한다. 또한 인천으로 이주해온 인구 집단의 이주 방향성을 파악하는 데에도 도움이 될 것으로 기대한다.

이주자의 정착지에 관한 자료가 비교적 상세하기 조사되기 시작한 시기는 1995년 이후이다. 이 글에서는 1995년 이후 2017년에 이르기까지 전국에서 인천으로 이주해온 사람들이 인천의 어느 곳에 최초로 정착했는지에 대하여 1995년부터 5년 간격으로 분석해 보았다.

1. 인천 이주자의 정착지 변화

1) 전통적 도착지인 부평구의 비중 약화

1990년대 중반 이후 인천으로 이주해온 사람들의 최초 정착지가 어떻게 변화했는지를 보여주는 것이 표 8-1이다. 인천으로 이주한 사람들이 최초 정착지로 가장 많이 선택한 곳은 2010년까지만 해도 부평구이었다. 인천으로 주거지를 옮긴 전체 이주자 가운데 부평구를 최초의 정착지로 선정한 사람의 비율은 1995년에 24.6%에 달하였으며, 2005년에는 25.1%까지 상승했다. 이후 부평구로 이주하는 사람의 비중은 감소하기 시작하여 2017년까지 감소하는 추세에 있다. 그런데도 부평구는 2017년에 이르기까지 인천으로 이주하는 사람 가운데 가장 많은 사람이 찾는 곳의 지위를 유지하고 있다. 부평구와 연담하고 있는 계양구로 이주하는 사람의 비중도 2000년 이전까지는 15%를 상회하였지만, 2000년대 이후에는 점차 감소하여 2017년에는 전체 이주자의 8.8%만 계양구로 이주하였다.

부평구와 계양구는 인천의 동북부에 자리한 지역으로 인천에 구제가 실시되었던 초기에는 북구에 편제되었다가 1995년 3월 1일에 분구된 곳이다. 역사적으로 이 두 지역은 부평도호부에 속하였으며, 인천의 중부를 가로지르는 원적산과 철마산 등을 경계로 인천의 본시가지와는 공간적으로 분리되어 있다. 한편 부평구와 계양구는 동쪽에 자리한 부천시 및 서울특별시의 시가지와 도시 연담현상이 진행

표 8-1. 인천 전입자의 도착지 분포 변화

(단위: 명, %)

연도\도착지	구분	중구	동구	미추홀구	연수구	남동구	부평구	계양구	서구	강화군	옹진군
1995	인구	4,069	3,660	23,221	14,995	27,980	41,605	26,014	23,441	3,552	814
	비중	2.4	2.2	13.7	8.9	16.5	24.6	15.4	13.8	2.1	0.5
2000	인구	3,829	2,532	21,025	15,804	26,479	44,286	28,877	26,580	2,731	1,073
	비중	2.2	1.5	12.1	9.1	15.3	25.6	16.7	15.3	1.6	0.6
2005	인구	7,741	2,493	20,516	15,737	19,997	42,226	22,408	31,634	3,745	1,547
	비중	4.6	1.5	12.2	9.4	11.9	25.1	13.3	18.8	2.2	0.9
2010	인구	6,980	2,521	19,167	17,718	24,777	32,611	21,902	26,720	3,608	2,081
	비중	4.4	1.6	12.1	11.2	15.7	20.6	13.9	16.9	2.3	1.3
2015	인구	9,963	1,872	16,602	19,524	26,702	30,494	15,217	31,321	3,714	2,394
	비중	6.3	1.2	10.5	12.4	16.9	19.3	9.6	19.8	2.4	1.5
2017	인구	9,833	1,574	18,033	18,594	23,556	26,742	12,603	26,631	3,871	2,266
	비중	6.8	1.1	12.5	12.9	16.4	18.6	8.8	18.5	2.7	1.6

* 자료 : 국가통계포털(http://kosis.kr).

된 곳이다. 이러한 입지적 특성은 후술하는 바와 같이, 서울과 경기도에서 부평구와 계양구로 전입하는 사람의 수가 많은 것과 상관이 있다. 즉 부평구와 계양구로 전입하는 사람의 비중이 감소한 이유로는 이들 시가지와 인접한 서울에서 인천으로 이주하는 사람의 규모가 감소한 때문으로 해석할 수 있을 것이며, 2000년대 들어 인천에 새롭게 개발되기 시작한 신규 주택단지의 입지와도 연관이 있다.

1990년대 중반 이후 서울에서 인천으로 이주해온 사람의 규모가 줄어들면서 부평구와 계양구를 1차적인 도착지로 선택한 이주자의 비중은 감소한 반면, 연수구를 비롯하여 중구와 서구를 도착지로 선택한 이주자의 비중은 전반적으로 증가하는 경향을 보였다. 인천으

로 이주한 이주자의 규모가 증가한 연수구, 중구, 서구 등의 3개 구
는 인천에서 경제자유구역(IFEZ; Incheon Free Economic Zone)으로 지
정되면서, 대규모의 시가지 개발 사업이 진행되었고 주거기능이 확
충된 지역이다. 경제자유구역의 지정과 더불어 이들 3개 구에는 국
제도시가 개발되었다. 연수구에는 송도국제도시, 중구에는 영종국제
도시, 서구에는 청라국제도시 등의 시가지 개발 사업이 진행되었으
며, 이들 국제도시에 입주할 계획인구는 송도국제도시 26만 4천 명,
영종국제도시 17만 7천 명, 청라국제도시 9만 명이다. 따라서 이들
3개 구로의 전입자 규모가 증가함과 동시에 3개 구를 도착지로 선택
한 이주자의 비중도 시간의 흐름과 함께 높아지고 있는 추세이다.

　연수구로 이주하는 사람의 비중은 1995년 이후 점진적으로 증가하
였지만, 증가 현상이 두드러지게 나타난 것은 2005년 이후의 일이
다. 연수구를 도착지로 선택한 사람의 비중 증가는 송도매립지의 완
공 이후 건설된 송도국제도시와 연관이 있다. 송도국제도시에서는
2005년에 공동주택단지가 최초로 건설되었으며, 이후에도 대규모의
아파트 단지가 들어서면서 송도국제도시를 관할하는 연수구 송도1
동~3동에서는 인구규모가 크게 증가하였다. 2017년 12월 말 기준으
로 송도국제도시에는 12만 3,832명이 거주하고 있다.[1] 송도국제도
시의 인구는 2005년 말에 1만 7,729명이었다가 2011년에 5만 5,178
명으로 늘었으며, 2016년에는 10만 명을 돌파했을 정도로 빠르게 증
가하였다. 송도국제도시로 이주해온 사람이 많아지면서 인천광역시
내부에서의 인구이동과 더불어 인천 이외의 지방에서 이주해온 사람

---

1) 인천경제자유구역, http://www.ifez.go.kr, 「인구통계 현황(2017년 12월말 기준)」.

의 규모가 증가하였고, 이는 곧 인천 외부에서 연수구를 도착지로 선택한 이주자의 비중이 증가하는 계기가 되었다.

중구에 자리한 영종국제도시의 인구는 2003년에 2만 5,778명에서 2013년 5만 2,145명으로 늘었으며, 2017년 말 기준 6만 8,406명을 기록하였다. 서구에 자리한 청라국제도시의 인구는 2010년에 4,463명에 불과하였던 것이 2012년에 5만 5,451명으로 급증하였고, 2017년 말 기준 인구는 8만 9,247명에 달하였다. 이와 같이, 새롭게 조성된 국제도시로의 인구 집중은 연수구를 비롯하여 중구와 서구가 인천 이외의 다른 지방에서 인천으로 이주한 사람들의 1차적인 도착지로 기능하면서 이주자의 비중을 증가시키는 요인으로 작용하였다.

인천에서 구도심에 해당하는 동구는 이주자의 도착지 비중이 감소하는 지역이다. 동구는 중구와 더불어 개항장인 제물포의 배후에서 인천시가지를 태생한 원도심에 해당한다. 중구는 인천국제공항이 자리한 영종동을 행정구역에 포함하면서 구 전체적으로 이주자의 비중이 증가하였지만, 동구는 개발 역사가 오래된 기성시가지에 대한 도시재생 사업이 국지적으로 이루어짐에 따라 대규모로 인구를 흡인할 요인이 많지 않았다. 또한, 동구의 도시환경이 상대적으로 열악한 것도 동구로 향하는 이주자의 비중을 감소시킨 요인으로 보인다.

남동구로 향하는 이주자의 비중은 2005년에 크게 감소하였지만, 그 이후 다시 증가하였다. 남동구의 논현고잔동 일대에서 이루어진 택지개발사업으로 대단위의 주거단지가 조성되면서, 인천 이외의 지방에서 남동구로 향한 이주자의 비중이 최근에 크게 증가하였다. 법정동 논현동과 고잔동을 통합하여 1998년 11월에 탄생한 논현고잔동은 택지개발에 따른 인구증가로 2011년 5월 논현1동, 논현2동, 논현

고잔동의 3개 행정동으로 분리되었다.

한편 남동국가산업단지를 품고 있는 남동구에 거주하는 인구는 2005년까지 감소하였다가 이후 택지개발이 마무리되면서 증가 추세로 전환되었다. 남동구의 인구는 2005년에 37만 9,310명이었다가 2007년에 42만 5,217명으로 늘었고, 2012년에는 50만 3,597명, 2017년에는 53만 6,578명을 기록하였다. 남동구의 인구는 1995년 이후 최저점을 찍었던 2005년부터 2011년 사이에 매우 큰 폭으로 증가하였는데, 이 시기는 표 8-1에 제시된 것처럼 인천 이외의 지방에서 남동구로 이주한 사람의 비중이 크게 증가한 시기와 일치한다. 제조업이 밀집한 남동구는 우리나라에서 이주한 사람뿐만 아니라 해외에서 국경을 넘어 이주한 외국인의 규모도 인천의 다른 구에 비해 큰 편이다.

미추홀구로 향하는 이주자의 비중은 2015년에 일시적으로 감소하였다가 다시 증가 추세로 전환되었지만, 1990년대 및 2000년대와 비교하면 큰 변화는 없다. 한편 도서부로 구성된 강화군과 옹진군으로 이주하는 사람의 비중도 2000년 이후 증가하는 경향을 나타내었다. 특히 옹진군으로 이주하는 사람의 비중은 2015년을 기준으로 도시화가 진행된 인천의 옛 중심지인 동구로 이주하는 사람의 비중을 앞질렀다. 이를 통해 인천광역시 외부에서 인천으로 이주하는 사람이 가장 선호하지 않는 지역이 동구라고 해석할 수 있다.

물론 개항장을 중심으로 형성된 중구의 기성시가지로 이주하는 사람의 비율도 높은 수준은 아니다. 인천으로 주거지를 이전하는 사람들의 도착지 분포에서 나타난 변화를 통해, 부평구의 흡인력이 약해진 반면 서구의 흡인력이 강력해지고 있으며, 더불어 경제자유구역이 조성된 연수구와 중구의 흡인력도 강화되고 있음을 알 수 있다. 현대도시 인천의 시발점이라 할 수 있는 원도심의 흡인력이 약화된 것이다. 인천의 원도심인 개항장 일대는 오랫동안 인천의 심장 역할을 수행하였지만, 1990년대 후반부터 도시의 중추관리기능이 외곽으로 이전해가면서 점차 쇠퇴하는 양상을 보였다. 도심의 인구와 기능이 외곽으로 빠져나가는 도심공동화는 인천에서 중구와 동구의 매력을 감퇴시키고 주거지로서의 기능도 약화시켰다. 원도심을 포함하는 중구의 흡인력이 강화된 것은 원도심과는 공간적으로 분리된 영종국제도시로의 집중 때문이다.

2) 각 지방에서 인천의 어느 곳으로 많이 이주했나?

여기에서는 1995년 이후에 인천으로 이주한 사람들이 인천의 어느 곳에 주로 정착했는지를 그들의 출발지와 연계하여 살펴보고자 한다. 출발지는 우리나라의 광역자치단체인 시도 단위로 구분하였으며, 인천의 도착지는 앞에서와 마찬가지로 기초자치단체인 구와 군 단위로 나누어서 살펴보았다.

우리나라의 광역자치단체는 1995년에 1특별시(서울) 5광역시(부산, 대구, 인천, 광주, 대전) 9도(경기, 강원, 충북, 충남, 전북, 전남, 경북, 경남, 제주)로 구성되었다. 이후 1997년에 울산이 광역시로 승격하였으며, 2006년에는 제주도가 제주특별자치도로 지정되었고, 2012년에는 우리나라의 중앙정부 기능이 이전하면서 행정중심복합도시로 자리매김한 세종특별자치시가 설치되었다. 이렇게 해서 우리나라의 행정구역은 2017년 기준으로 1특별시 6광역시 1특별자치시 8도 1특별자치도로 구성되었다. 광역자치단체를 시도(市道)라는 행정체계로 요약하면, 1995년의 6시 9도 체제가 2017년에는 8시 9도체제로 전환된 셈이다. 지금부터 기술하는 광역단체의 순서는 2017년 기준으로 인천으로 이주한 인구의 규모가 큰 순위이다.

(1) 경기도에서 온 이주자

인천으로 이주해온 인구의 규모가 가장 큰 경기도 출신은 표 8-2에서 보는 바와 같이, 1995년부터 2017년에 이르기까지 부평구로 이주한 사람이 가장 많았다. 경기도에서 인천으로 주거지를 옮긴 사람이 둥지를 많이 튼 곳은 1995년과 2000년에 부평구-남동구-계양구의 순으로 이주했지만, 2005년에는 부평구-서구-계양구의 순으로 정착지에 변화가 발생하였다. 즉 서구가 2005년 들어 경기도에서 이주해온 사람들의 주요한 도착지로 등장하였다. 서구는 2005년 이후 2017년에 이르기까지 부평구의 뒤를 이어 경기도에서 이주한 사람들이 두 번째로 많이 정착하는 곳으로 자리매김했다.

한편 남동구는 2010년 이후 경기도민들이 세 번째로 많이 이주하

표 8-2. 경기도에서 온 이주자의 도착지 순위 변화

순위 연도	1	2	3	4	5	6	7	8	9	10
1995	부평구	남동구	계양구	서구	미추홀구	연수구	강화군	중구	동구	옹진군
2000	부평구	남동구	계양구	서구	미추홀구	연수구	중구	강화군	동구	옹진군
2005	부평구	서구	계양구	남동구	미추홀구	연수구	중구	강화군	동구	옹진군
2010	부평구	서구	남동구	계양구	미추홀구	연수구	중구	강화군	동구	옹진군
2015	부평구	서구	남동구	연수구	미추홀구	계양구	중구	강화군	옹진군	동구
2017	부평구	서구	남동구	연수구	미추홀구	계양구	중구	강화군	옹진군	동구

는 지역으로 순위가 하락하였다. 경기도 출신들이 인천으로 이주하여 최초로 정착하는 지역에서 연수구의 비중이 높아진 반면, 계양구의 비중은 감소하는 모습도 확인할 수 있다. 동구로 향하는 경기도 출신 이주자의 규모가 줄어들면서 옹진군보다 하위에 동구가 자리하는 경향도 확인할 수 있다.

(2) 서울특별시에서 온 이주자

서울특별시에서 인천으로 이주한 사람들의 주요 도착지는 1995년에 부평구–계양구–남동구의 순으로 분포하였으나 2017년에는 서구–부평구–남동구의 순서로 배치가 변화하였다(표 8-3). 청라국제도시가 건설된 서구는 2000년 들어서부터 서울에서 이주한 사람들이 많이 정착하는 지역으로 부상하였으며, 2015년부터 서울을 벗어난 사람들이 가장 많이 찾는 도착지로 부상하였다.

서울을 벗어나 인천으로 주거지를 옮긴 사람들 가운데 서구로 이주하는 사람의 비중이 증가함에 따라 예로부터 서울에서 이주한 사람들이 많이 정착하였던 부평구와 계양구로 향한 서울 출신 이주자

표 8-3. 서울특별시에서 온 이주자의 도착지 순위 변화

순위 연도	1	2	3	4	5	6	7	8	9	10
1995	부평구	계양구	남동구	서구	미추홀구	연수구	강화군	중구	동구	옹진군
2000	부평구	계양구	서구	남동구	미추홀구	연수구	중구	강화군	동구	옹진군
2005	부평구	서구	계양구	미추홀구	남동구	연수구	중구	강화군	동구	옹진군
2010	부평구	서구	계양구	남동구	미추홀구	연수구	중구	강화군	동구	옹진군
2015	서구	부평구	남동구	연수구	계양구	미추홀구	중구	강화군	동구	옹진군
2017	서구	부평구	남동구	연수구	미추홀구	계양구	중구	강화군	동구	옹진군

의 비중은 줄어들었다. 또한, 송도국제도시가 개발된 연수구로 향하
는 서울 출신 이주자의 비중도 2010년 이후 증가하는 경향을 나타내
었다. 이에 반해 인천의 구도심인 중구와 동구를 비롯하여 도서지역
으로 구성된 강화군 및 옹진군으로 이주하는 서울 출신들의 비중은
크지 않았다. 특히 서울에서 동구로 이주하는 사람의 비중은 강화군
으로 이주하는 사람의 비중보다 낮은 점도 특징적이다. 서울에서 서
구와 부평구로 향하는 사람들의 수가 많아짐에 따라, 서울과 지리적
으로 가장 인접해 있는 계양구로 이주하는 사람의 비중과 그 순위도
꾸준히 하락하고 있다.

(3) 충청남도에서 온 이주자

인천으로 이주한 사람의 규모가 세 번째로 큰 충청남도에서 인천
으로 이주한 사람의 수는 1995년에 부평구-남동구-미추홀구의 순
으로 분포했지만, 2017년 들어서는 남동구-서구-미추홀구의 순으
로 변화하였다(표 8-4). 2010년까지만 해도 부평구가 1위의 자리를
차지하였고 서구가 4위의 자리를 유지했지만, 2015년부터는 부평구
의 비중이 감소한 대신 남동구와 서구로 이주하는 충청남도 출신 이
주자의 비중이 증가하였다.

남동구는 2017년에도 충청남도에서 이주한 사람들이 가장 많이 정
착하는 곳으로서의 지위를 유지하였지만, 부평구의 상황은 크게 달
라졌다. 충청남도에서 인천으로 이주하는 사람이 가장 많이 정착했
던 곳은 2010년까지만 해도 부평구이었지만, 2015년 이후 부평구로
향하는 사람의 수는 크게 줄어들었다. 그 대신 서구로 향하는 충청남

표 8-4. 충청남도에서 온 이주자의 도착지 순위 변화

순위 / 연도	1	2	3	4	5	6	7	8	9	10
1995	부평구	남동구	미추홀구	서구	계양구	연수구	동구	중구	강화군	옹진군
2000	부평구	남동구	미추홀구	서구	계양구	연수구	동구	중구	강화군	옹진군
2005	부평구	미추홀구	남동구	서구	연수구	계양구	중구	동구	강화군	옹진군
2010	부평구	남동구	미추홀구	서구	계양구	연수구	중구	동구	강화군	옹진군
2015	남동구	부평구	서구	미추홀구	연수구	계양구	중구	동구	옹진군	강화군
2017	남동구	서구	미추홀구	부평구	연수구	계양구	중구	동구	강화군	옹진군

도 출신의 이주자의 비중이 꾸준히 상승하고 있다. 연수구와 계양구는 순위에 큰 변화가 없으며, 구시가지인 중구와 동구 및 도서지역으로 향하는 충청남도 출신의 이주자 규모도 크지 않았다. 중구는 2000년까지 동구보다 비중이 작았지만 그 이후부터는 동구를 앞지르기 시작했다.

(4) 강원도에서 온 이주자

강원도에서 인천으로 이주한 사람의 규모는 1995년에 전국에서 5위를 기록하였다가 2006년 이후 4위에 자리하기 시작하였다. 그러나 이주자의 규모는 5천 명 내외로 그리 많은 정도는 아니다. 강원도에서 인천으로 향한 이주자들이 많이 정착한 곳은 1995년에 부평구-남동구-미추홀구의 순으로 분포하였지만, 2017년에는 남동구-서구-부평구의 순으로 바뀌었다(표 8-5).

부평구는 2015년까지 강원도에서 이주해온 사람들이 가장 많이 정착하는 지역이었지만, 2017년에는 수위지역의 지위를 남동구에 넘겨

표 8-5. 강원도에서 온 이주자의 도착지 순위 변화

순위 연도	1	2	3	4	5	6	7	8	9	10
1995	부평구	남동구	미추홀구	서구	계양구	연수구	동구	중구	강화군	옹진군
2000	부평구	서구	미추홀구	남동구	계양구	연수구	중구	동구	강화군	옹진군
2005	부평구	미추홀구	서구	남동구	계양구	연수구	중구	강화군	동구	옹진군
2010	부평구	남동구	서구	미추홀구	계양구	연수구	중구	강화군	옹진군	동구
2015	부평구	서구	남동구	미추홀구	연수구	계양구	중구	옹진군	동구	강화군
2017	남동구	서구	부평구	미추홀구	연수구	계양구	중구	동구	강화군	옹진군

주었다. 남동구와 서구로 이주하는 강원도 출신 이주자의 비중이 증가함에 따라, 강세를 보였던 부평구와 미추홀구로 향하는 이주자의 비중은 감소하는 추세로 전환되었다. 한편 강원도에서 이주한 사람이 향하는 도착지 순위에서 5위와 6위에 자리하였던 계양구와 연수구는 송도국제도시가 개발되고 입주가 시작된 2010년대 초반 이후 순위가 서로 바뀌었다. 강원도에서 인천의 구도심인 중구와 동구를 비롯하여 도서지역인 강화군과 옹진군으로 이주한 사람의 규모는 크지 않았다. 강원도에서 동구로 이주한 사람의 규모는 한때 옹진군이나 강화군으로의 이주자 수보다 작았다.

(5) 전라북도에서 온 이주자

전라북도에서 인천으로 이주한 사람의 도착지 순위는 1995년에 부평구-미추홀구-남동구의 순으로 전개되었지만, 2017년에는 남동구-부평구-서구의 순으로 변화하였다(표 8-6). 부평구로 향한 이주자의 규모는 2015년 들어 큰 폭으로 감소하였으며, 그 대신 남동구가 전라북도 출신 이주자들이 최초로 정착하는 새로운 수위지역으로 등

표 8-6. 전라북도에서 온 이주자의 도착지 순위 변화

순위 연도	1	2	3	4	5	6	7	8	9	10
1995	부평구	미추홀구	남동구	서구	계양구	연수구	동구	중구	강화군	옹진군
2000	부평구	남동구	미추홀구	계양구	서구	연수구	중구	동구	강화군	옹진군
2005	부평구	미추홀구	계양구	서구	남동구	연수구	중구	동구	강화군	옹진군
2010	부평구	남동구	미추홀구	서구	연수구	계양구	중구	옹진군	동구	강화군
2015	남동구	서구	부평구	미추홀구	연수구	계양구	중구	동구	옹진군	강화군
2017	남동구	부평구	서구	미추홀구	연수구	계양구	중구	옹진군	동구	강화군

장하였다.

남동구는 미추홀구와 함께 1995년부터 2000년 사이에 전라북도 출신 이주자들이 도착하는 지역의 순위에서 2위와 3위의 자리를 주고받았지만, 2005년에 남동구의 순위가 크게 하락하기도 했었다. 전라북도에서 미추홀구로 향한 이주자의 비중은 2005년 이후 점진적으로 감소하는 추세에 있다. 요컨대 전라북도에 거주하다가 인천으로 주거지를 이전한 사람들이 인천에서 선택하는 정착지 분포 변화를 보면, 남동구와 서구의 중요성은 상대적으로 높아진 반면, 부평구와 미추홀구의 비중은 감소하는 경향을 나타내었다.

(6) 경상북도에서 온 이주자

경상북도에서 인천으로 이주한 사람의 도착지 순위는 1995년에 부평구-남동구-미추홀구의 순으로 전개되었지만, 2017년에는 미추홀구-남동구-서구의 순으로 바뀌었다(표 8-7). 경상북도 출신자들이 인천으로 이주하면서 정착한 수위지역은 다른 지방 출신자들이 정착한 수위지역에 비해 변화가 많았다. 대부분 지방에서 인천으로 이주

표 8-7. 경상북도에서 온 이주자의 도착지 순위 변화

순위 연도	1	2	3	4	5	6	7	8	9	10
1995	부평구	남동구	미추홀구	서구	계양구	연수구	중구	동구	옹진군	강화군
2000	부평구	남동구	미추홀구	계양구	서구	연수구	옹진군	중구	강화군	동구
2005	부평구	미추홀구	서구	계양구	남동구	연수구	중구	옹진군	동구	강화군
2010	연수구	부평구	남동구	서구	미추홀구	계양구	옹진군	중구	동구	강화군
2015	서구	남동구	부평구	미추홀구	연수구	옹진군	계양구	중구	강화군	동구
2017	미추홀구	남동구	서구	연수구	부평구	중구	옹진군	계양구	동구	강화군

하면서 선택한 도착지의 수위지역은 1995년에 부평구이었다가 그 이후 다른 구로 변화하였으며, 새로 등장한 수위지역은 2017년에 이르기까지 그 지위를 이어오고 있다. 경상북도에 거주하다가 인천으로 이주한 사람들의 정착지 수위지역 역시 1995년 이후 부평구가 차지한 점은 다른 지방 출신자들의 경우와 크게 다르지 않다. 그러나 부평구가 수위지역의 지위를 잃은 후 새롭게 등장한 수위지역이 연수구, 서구, 미추홀구 등으로 계속 변화하고 있다는 점이 경상북도 출신 이주자들의 정착지 분포에서 나타난 특징이다.

부평구는 2010년부터 경상북도 출신자들이 이주하는 도착지로서의 비중이 작아지기 시작하여 2017년에는 그 순위가 5위로 밀려났다. 남동구는 2005년에 순위가 5위까지 내려갔다가 다시 상승하였고, 서구와 연수구도 순위 변동이 심한 편이다. 경상북도에서 인천으로 이주한 사람들의 정착지 분포에서 찾을 수 있는 또 다른 특이점은 옹진군이 다른 지방 출신자의 정착지 분포에서와 달리 나름대로 상위권에 자리한다는 점이다. 이는 주거지 이동 사유에 관한 언급에서 후술하겠지만 직업 때문에 경상북도에서 옹진군으로 주거지를 옮기

는 빈도가 크기 때문이다. 경상북도와 옹진군의 이주 연계가 상대적
으로 강한 이유를 직업이라는 관점에서 살펴보면 대한민국의 서해5
도를 아우르는 서북도서에 근무하는 해병대 부대원들의 이동에서 찾
을 수 있겠다.

(7) 전라남도에서 온 이주자

전라남도에서 인천으로 이주한 사람의 도착지 순위는 1995년에 부
평구-미추홀구-남동구의 순으로 전개되었지만, 2017년에는 부평구
-서구-미추홀구의 순으로 바뀌었다(표 8-8). 부평구는 1995년 이후
2017년에 이르기까지 전라남도에서 이주해온 사람들이 가장 많이 정
착하는 수위지역으로 지위를 유지하였다.

미추홀구로 이주하는 사람의 비중은 2005년 이후 감소하기 시작
하여 그 순위가 4위로 내려갔지만, 서구로 이주하는 사람의 비중은
2010년부터 꾸준히 순위가 상승하였다. 전라남도에서 이주한 사람
들의 정착지 분포는 부평구가 독보적인 1순위에 자리하고 서구, 남동
구, 미추홀구가 2위~4위 자리를 오르내리는 경향이며, 이들 3개 구

표 8-8. 전라남도에서 온 이주자의 도착지 순위 변화

순위 / 연도	1	2	3	4	5	6	7	8	9	10
1995	부평구	미추홀구	남동구	서구	계양구	연수구	동구	중구	강화군	옹진군
2000	부평구	남동구	서구	미추홀구	계양구	연수구	중구	동구	강화군	옹진군
2005	부평구	미추홀구	서구	남동구	계양구	연수구	중구	동구	강화군	옹진군
2010	부평구	남동구	미추홀구	서구	연수구	계양구	중구	강화군	동구	옹진군
2015	부평구	남동구	서구	미추홀구	계양구	연수구	중구	옹진군	동구	강화군
2017	부평구	서구	남동구	미추홀구	연수구	계양구	중구	옹진군	강화군	동구

가운데 미추홀구의 흡인력이 감소하는 추세이다. 한편 도서지역 가운데 옹진군은 최근 들어 전라남도에서 이주한 사람들이 최초로 정착하는 비중이 증가하였으며, 인천의 원도심에 포함되는 동구로의 집중도는 지속적으로 감소하고 있다.

(8) 충청북도에서 온 이주자

충청북도에서 인천으로 이주한 사람의 도착지 순위는 1995년에 부평구-남동구-미추홀구의 순으로 전개되었지만, 2017년에는 남동구-서구-부평구의 순으로 정착지의 순위가 변경되었다(표 8-9). 충청북도에서 인천으로 이주한 사람들이 최초로 정착하는 곳의 집중도는 2015년 이후 남동구에서 가장 높게 형성되었으며, 서구로 이주하는 경향은 2005년부터 두드러지기 시작하였다.

반면 2010년까지 충청북도에서 이주한 사람들이 가장 많이 모여들었던 부평구는 2015년 들어 순위가 3위로 내려앉았다. 미추홀구로 이주한 사람의 비중도 2010년 이후 감소하였으며, 계양구로 향한 이주자의 비중도 2015년 이후에는 6위로 하락하였다. 구도심이 형성된 동

표 8-9. 충청북도에서 온 이주자의 도착지 순위 변화

순위 연도	1	2	3	4	5	6	7	8	9	10
1995	부평구	남동구	미추홀구	서구	계양구	연수구	동구	중구	강화군	옹진군
2000	부평구	남동구	계양구	미추홀구	서구	연수구	중구	동구	강화군	옹진군
2005	부평구	미추홀구	서구	남동구	계양구	연수구	중구	동구	강화군	옹진군
2010	부평구	남동구	서구	미추홀구	계양구	연수구	중구	강화군	동구	옹진군
2015	남동구	서구	부평구	미추홀구	연수구	계양구	중구	동구	강화군	옹진군
2017	남동구	서구	부평구	미추홀구	연수구	계양구	중구	강화군	옹진군	동구

구로의 집중도는 최근 들어 감소하기 시작하여 2017년에는 도서지역인 강화군이나 옹진군으로의 이주 비율보다 낮은 수준을 기록하였다.

(9) 경상남도에서 온 이주자

경상남도에서 인천으로 이주한 사람의 도착지 순위는 1995년에 부평구-남동구-미추홀구의 순으로 전개되었지만, 2017년에는 남동구-서구-미추홀구의 순으로 변화가 발생했다(표 8-10). 부평구는 2010년까지 경상남도에서 이주해온 사람들의 최초 정착지 분포에서 수위 지역의 지위를 유지해 오다가 2015년 들어 4순위로 밀려났다.

반면 1995년에 2위에 자리하였던 남동구로 향하는 경상남도 출신 이주자의 규모가 증가하면서, 남동구는 2015년부터 경상남도에서 이주한 사람들이 가장 많이 정착하는 지역으로 등장하였다. 남동구와 더불어 서구 역시 경상남도에서 이주한 사람이 많이 정착하는 지역으로 자리매김하였다. 구도심 가운데 중구는 1995년 이후 순위가 상승하여 2017년에는 계양구를 제치고 6위에 자리하였다.

표 8-10. 경상남도에서 온 이주자의 도착지 순위 변화

순위 연도	1	2	3	4	5	6	7	8	9	10
1995	부평구	남동구	미추홀구	계양구	서구	연수구	동구	중구	강화군	옹진군
2000	부평구	남동구	미추홀구	서구	계양구	연수구	중구	옹진군	동구	강화군
2005	부평구	미추홀구	서구	남동구	계양구	연수구	중구	옹진군	강화군	동구
2010	부평구	남동구	미추홀구	서구	계양구	연수구	중구	옹진군	동구	강화군
2015	남동구	서구	미추홀구	부평구	연수구	계양구	중구	옹진군	강화군	동구
2017	남동구	서구	미추홀구	부평구	연수구	중구	계양구	옹진군	강화군	동구

(10) 부산광역시에서 온 이주자

부산광역시에서 인천으로 이주한 사람의 도착지 순위는 1995년에 부평구-남동구-미추홀구의 순으로 전개되었지만, 2017년에는 서구-남동구-연수구의 순으로 바뀌었다(표 8-11). 부산광역시에서 이주한 사람들의 도착지 순위에서 부평구가 1위 자리를 내준 시기는 다른 지방에서 인천으로 이주한 사람들의 분포에서 부평구의 순위가 하락한 때보다 다소 이른 시기이다.

부평구는 1995년부터 2005년까지 부산광역시에서 인천으로 이주한 사람들이 가장 많이 정착하는 곳이었지만, 2010년부터는 부산광역시에서 인천으로 이주한 사람들이 가장 많이 정착하는 곳이 서구로 바뀌었다. 부산광역시 출신 이주민의 최초 정착지로서 부평구의 순위는 2010년부터 하락하기 시작하여 2017년에는 5위로 하락했다. 부산광역시에서 인천으로 이주한 사람의 분포에서 부평구와 미추홀구로의 집중도가 감소한 반면, 서구와 남동구로의 집중도는 향상되었다. 영종국제도시가 개발된 중구로의 집중도 역시 2015년 이후 계양구를 앞질렀다.

표 8-11. 부산광역시에서 온 이주자의 도착지 순위 변화

순위 연도	1	2	3	4	5	6	7	8	9	10
1995	부평구	남동구	미추홀구	서구	계양구	연수구	중구	동구	강화군	옹진군
2000	부평구	미추홀구	계양구	남동구	서구	연수구	중구	동구	옹진군	강화군
2005	부평구	미추홀구	서구	연수구	계양구	남동구	중구	동구	강화군	옹진군
2010	서구	부평구	미추홀구	남동구	연수구	계양구	중구	옹진군	동구	강화군
2015	서구	남동구	부평구	연수구	미추홀구	중구	계양구	옹진군	동구	강화군
2017	서구	남동구	연수구	미추홀구	부평구	중구	계양구	옹진군	동구	강화군

(11) 대전광역시에서 온 이주자

대전광역시에서 인천으로 이주한 사람의 도착지 순위는 1995년에 부평구-남동구-미추홀구의 순으로 전개되었지만, 2017년에는 연수구-서구-남동구의 순으로 변화하였다(표 8-12). 부평구는 2010년 이후 대전광역시 출신 이주민의 정착지 순위에서 1위 자리를 서구에 내주었으며, 서구는 다시 2017년에 수위자리를 연수구에 내주었다.

연수구가 수위자리에 올라서면서 한때 대전광역시 이주민이 가장 많이 정착했던 서구의 지위도 2위로 내려앉았다. 2000년대 중반까지 대전광역시에서 이주한 사람들이 주로 정착했던 부평구·남동구·미추홀구는 2010년대 이후 집중도가 감소하면서 수위가 하락한 반면, 연수구와 서구로의 집중도는 증가하였다.

표 8-12. 대전광역시에서 온 이주자의 도착지 순위 변화

순위 연도	1	2	3	4	5	6	7	8	9	10
1995	부평구	남동구	미추홀구	계양구	서구	연수구	중구	동구	강화군	옹진군
2000	부평구	남동구	미추홀구	계양구	서구	연수구	중구	동구	옹진군	강화군
2005	부평구	서구	남동구	미추홀구	계양구	연수구	중구	강화군	동구	옹진군
2010	서구	미추홀구	부평구	남동구	연수구	계양구	중구	동구	강화군	옹진군
2015	서구	부평구	남동구	연수구	미추홀구	계양구	중구	옹진군	강화군	동구
2017	연수구	서구	남동구	부평구	미추홀구	중구	계양구	옹진군	강화군	동구

(12) 광주광역시에서 온 이주자

광주광역시에서 인천으로 이주한 사람의 도착지 순위는 1995년에 부평구-미추홀구-남동구의 순으로 형성되었지만, 2017년에는 연수구-서구-남동구의 순으로 변경되었다(표 8-13). 부평구는 2015년부

표 8-13. 광주광역시에서 온 이주자의 도착지 순위 변화

순위 연도	1	2	3	4	5	6	7	8	9	10
1995	부평구	미추홀구	남동구	서구	계양구	연수구	중구	동구	강화군	옹진군
2000	부평구	계양구	남동구	미추홀구	서구	연수구	중구	동구	강화군	옹진군
2005	부평구	미추홀구	서구	계양구	남동구	연수구	중구	동구	강화군	옹진군
2010	부평구	서구	남동구	미추홀구	계양구	연수구	중구	동구	옹진군	강화군
2015	서구	남동구	연수구	부평구	미추홀구	계양구	중구	옹진군	강화군	동구
2017	연수구	서구	남동구	미추홀구	부평구	중구	계양구	옹진군	강화군	동구

터 광주광역시에서 이주해온 사람들이 정착하는 지역의 순위에서 수위자리를 서구에 내주었다. 2017년에는 연수구가 1위를 차지하면서 서구의 지위도 2위로 내려앉았다. 이는 앞에서 본 대전광역시에서 인천으로 이주해온 사람들의 정착지 분포 패턴과 비슷하다. 2000년대 중반까지 광주광역시에서 이주한 사람들이 주로 정착했던 부평구와 미추홀구는 2010년대 이후 집중도가 감소하면서 전체적으로 순위가 하락하였다. 반면, 국제도시가 개발되고 신규의 주택공급이 확대된 연수구·서구·중구는 광주광역시에서 이주해온 사람의 수가 증가하는 경향을 보였다.

(13) 대구광역시에서 온 이주자

대구광역시에서 인천으로 이주한 사람의 도착지 순위는 1995년에 부평구-계양구-남동구의 순으로 전개되었지만, 2017년에는 연수구-부평구-서구의 순으로 바뀌었다(표 8-14). 부평구는 2015년부터 대구광역시에서 이주해온 사람들의 정착지 순위에서 1위 자리를 서구에 내주었다. 서구는 2017년에 다시 연수구에 수위자리를 빼앗겼다.

표 8-14. 대구광역시에서 온 이주자의 도착지 순위 변화

순위 연도	1	2	3	4	5	6	7	8	9	10
1995	부평구	계양구	남동구	미추홀구	서구	연수구	중구	동구	강화군	옹진군
2000	부평구	계양구	남동구	서구	미추홀구	연수구	중구	동구	강화군	옹진군
2005	부평구	미추홀구	서구	연수구	계양구	남동구	중구	동구	강화군	옹진군
2010	부평구	남동구	서구	연수구	미추홀구	계양구	중구	옹진군	강화군	동구
2015	서구	부평구	연수구	남동구	미추홀구	계양구	중구	옹진군	강화군	동구
2017	연수구	부평구	서구	남동구	미추홀구	중구	계양구	옹진군	강화군	동구

연수구가 1위 자리를 차지한 2017년에 서구의 순위는 3위로 하락하였다. 2000년대 중반까지 대구광역시에서 이주한 사람들이 주로 정착했던 계양구와 남동구 등지는 2010년대 들어서 대구광역시에서 이주한 사람들의 집중도가 감소한 반면, 연수구와 서구로의 집중도가 올라가는 경향을 보였다.

(14) 제주특별자치도에서 온 이주자

제주특별자치도에서 인천으로 이주한 사람의 도착지 순위는 1995년에 부평구-남동구-미추홀구의 순으로 전개되었지만, 2017년에는 서구-연수구-남동구의 순으로 변화하였다(표 8-15). 제주특별자치도에서 인천으로 이주한 사람들의 정착지 분포에서 가장 두드러진 특징은 부평구로의 집중도가 다른 지방에서 온 사람들에 비해 상대적으로 높지 않았다는 점으로, 이는 제주특별자치도에서 온 이주자의 최초 정착지 순위에서도 그대로 확인할 수 있다.

부평구는 1995년에 제주특별자치도에서 전입한 사람들이 가장 많이 정착한 곳이었지만 2000년 들어 1위 자리를 빼앗겼다가 2010년

표 8-15. 제주특별자치도에서 온 이주자의 도착지 순위 변화

순위 연도	1	2	3	4	5	6	7	8	9	10
1995	부평구	남동구	미추홀구	서구	계양구	연수구	중구	옹진군	동구	강화군
2000	미추홀구	계양구	부평구	서구	남동구	연수구	옹진군	중구	강화군	동구
2005	서구	미추홀구	부평구	계양구	남동구	중구	연수구	동구	강화군	옹진군
2010	부평구	서구	남동구	미추홀구	연수구	계양구	중구	옹진군	동구	강화군
2015	서구	부평구	남동구	미추홀구	연수구	계양구	중구	강화군	옹진군	동구
2017	서구	연수구	남동구	미추홀구	부평구	계양구	중구	강화군	옹진군	동구

에 일시적으로 1위에 올라서는 등 이주자의 정착지 분포에서 순위 변동이 심했다. 제주특별자치도에서 온 이주자가 부평구보다는 서구로 많이 집중했다는 점도 다른 지방에서 인천으로 이주한 사람들의 정착지 분포와 가지는 차이점이다. 도서지역인 제주특별자치도에서 인천으로 이주한 사람들이 정착한 곳 가운데 인천의 도서지역인 옹진군의 순위 변화도 주목할 만하다. 옹진군은 경상북도에서 온 이주자들을 제외하면 대체로 정착지로 크게 선호되지 못하였지만, 섬으로 이루어져 있고 어업이 활발하다는 유사점을 가진 제주특별자치도를 출발한 사람들의 정착 빈도가 다른 지방 출신들에 비해 큰 편이다.

(15) 울산광역시에서 온 이주자

울산광역시는 경상남도에 속해 있다가 1997년에 광역시로 승격한 도시이다. 따라서 울산광역시에서 인천으로 이주해온 사람들의 정착지 분포는 2000년 이후부터 살펴보기로 한다. 경상남도에서 분리된 울산광역시에서 인천으로 이주한 사람의 도착지 순위는 2000년에 부평구-미추홀구-서구의 순으로 전개되었지만, 2017년에는 서구-

표 8-16. 울산광역시에서 온 이주자의 도착지 순위 변화

순위 연도	1	2	3	4	5	6	7	8	9	10
2000	부평구	미추홀구	서구	남동구	연수구	계양구	중구	동구	옹진군	강화군
2005	부평구	미추홀구	서구	연수구	남동구	계양구	중구	동구	강화군	옹진군
2010	미추홀구	부평구	남동구	서구	연수구	계양구	중구	동구	옹진군	강화군
2015	서구	남동구	연수구	부평구	미추홀구	계양구	중구	옹진군	동구	강화군
2017	서구	남동구	미추홀구	연수구	부평구	중구	계양구	옹진군	강화군	동구

남동구-미추홀구의 순으로 크게 변화하였다(표 8-16).

부평구는 2010년부터 울산광역시에서 이주해온 사람들이 정착하는 1위 자리에서 밀려났으며, 부평구를 대신하여 미추홀구가 수위지역으로 등장하였다. 2015년 이후에는 서구가 1위를 차지하면서 부평구로의 집중도는 지속적으로 감소하였다. 이에 대해 2000년에는 순위가 낮았던 남동구로의 집중도가 2010년부터 높아진 점이 특징적이다. 남동구는 울산광역시에서 인천으로 이주한 사람의 집중도가 서구 다음으로 높은 지역으로 부상하였다.

2015년 이후 상위자리를 차지한 서구 및 남동구가 울산광역시와 가지는 유사점은 제조업을 중심으로 하는 공업지대의 발달이다. 2010년 이전에는 서구 및 남동구가 울산광역시에서 이주해온 사람들의 정착지 순위에서 상위권에 자리하지 않았기 때문에 2015년 이후 울산광역시에서 인천의 서구 및 남동구로 많이 이주하는 현상을 공업지역의 특징으로만 설명하는 데에는 무리가 있다. 그렇지만, 이주자의 출발지와 정착지의 속성이 유사하다는 점이 이주에 영향을 미쳤음은 부인할 수 없을 것이다.

표 8-17. 세종특별자치시에서 온 이주자의 도착지 순위 변화

연도＼순위	1	2	3	4	5	6	7	8	9	10
2015	서구	부평구	연수구	남동구	계양구	미추홀구	중구	강화군	옹진군	동구
2017	남동구	연수구	미추홀구	부평구	서구	계양구	중구	동구	옹진군	강화군

(16) 세종특별자치시에서 온 이주자

2012년 우리나라의 중앙행정기관이 이전함에 따라 설치된 세종특별자치시에서 인천으로 이주한 사람의 도착지 분포는 2015년에 서구–부평구–연수구의 순으로 전개되었지만, 2017년에는 남동구–연수구–미추홀구의 순으로 변화하였다(표 8-17). 세종특별자치시가 신설된 후 인천으로의 이주 역사는 그리 오래되지 않았기에 세종시에서 인천으로 이주한 사람들의 정착지 특성을 일반화하기는 어렵다. 짧은 기간 동안의 이주지 분포에서 볼 수 있는 특징은 남동구와 연수구로의 집중도가 높은 반면, 서구와 부평구로의 집중도가 감소하고 있는 정도이다. 그리고 미추홀구가 차지하는 순위도 상승한 것을 확인할 수 있다.

2. 인천 이주자의 정착지 및 출발지 분포의 유사성

지금까지 우리나라의 각 광역자치단체에서 인천으로 이주한 사람의 규모를 인천을 구성하는 기초자치단체인 구와 군으로 세분하여 출발지와 도착지 간의 관계를 살펴보았다. 대부분의 지방에서 부평구로 이주한 사람의 수가 가장 많았지만, 시간이 흐름에 따라 부평구

가 아닌 다른 곳으로 이주하는 사람의 비중이 증가한 것도 확인하였다. 즉 인천으로 이주한 사람들의 정착지 분포에서 부평구로의 집중도가 낮아진 대신 신규의 주택단지가 개발된 서구 및 연수구로 향하는 이주자의 수가 증가하는 경향을 보였다.

우리나라의 6개 광역시에서 인천으로 이주한 사람들의 정착지 분포에서는 서구와 연수구로의 집중 경향이 강해진 반면, 도시화 수준이 상대적으로 낮은 도 단위에서 인천으로 이주한 사람들의 분포에서는 연수구나 서구로의 집중도가 낮은 특징을 보였다. 또한, 2017년에는 6개 광역시에서 인천으로 이주한 집단의 규모 순위에서 중구가 계양구보다 높은 순위를 기록한 점도 눈여겨 볼만하다. 이 절에서는 각 지방에서 인천의 각 구·군으로 이주한 사람의 규모를 서열척도(순위)로 환산하여 앞에서 살펴본 6개 시기(1995년, 2000년, 2005년, 2010년, 2015년, 2017년)의 순위 평균값을 산출해 보았다(표 8-18).

인천으로 이주한 사람들이 가장 선호하는 정착지는 표 8-18에서 보는 것처럼 부평구이다. 부평구는 경기도와 전라남도에서 이주해오는 사람들이 가장 많이 정착하는 장소이며, 다른 지방에서 이주해온 사람들의 규모도 대체로 큰 편이다. 그러나 최근 들어 부평구를 최초 정착지로 선택하는 사람의 비중은 감소하고 있다.

부평구의 뒤를 이어 전체 평균 순위가 높은 지역은 남동구와 서구이다. 남동구는 충청남도·충청북도·경상남도에서 이주한 사람이 많이 찾는 장소이며, 서구는 서울특별시·제주특별자치도·부산광역시 등지에서 이주해온 사람들이 많이 정착한 곳이다. 이들 3개 구에 더해 미추홀구로 이주해온 이주민의 규모도 작은 수준은 아니었다. 연수구와 계양구로 향한 이주자의 규모가 미추홀구의 뒤를 이었다.

표 8-18. 인천으로 이주한 사람들의 출발지-정착지별 평균 순위

정착지 출발지	중구	동구	미추홀구	연수구	남동구	부평구	계양구	서구	강화군	옹진군
경기	7.2	9.3	5.0	5.3	2.8	1.0	4.2	2.7	7.8	9.7
서울	7.2	9.0	5.0	5.3	3.7	1.3	3.5	2.2	7.8	10.0
충남	7.3	7.7	3.0	5.5	1.8	1.7	5.5	3.5	9.2	9.8
강원	7.2	8.5	3.3	5.7	2.7	1.3	5.3	2.7	8.8	9.5
전북	7.2	8.2	3.0	5.5	2.3	1.5	5.0	3.7	9.5	9.2
경북	7.3	9.2	3.0	4.7	2.7	2.2	5.7	3.3	9.7	7.3
전남	7.2	8.5	3.2	5.7	2.7	1.0	5.3	3.2	9.0	9.3
충북	7.2	8.3	3.5	5.7	2.0	1.7	5.0	3.2	8.7	9.8
경남	7.0	9.2	2.8	5.7	2.0	2.0	5.3	3.3	9.3	8.3
부산	6.7	8.5	3.2	4.7	3.3	2.2	5.5	2.5	9.7	8.8
대전	6.8	8.8	3.7	4.7	2.8	2.0	5.3	2.7	9.0	9.2
광주	6.8	8.7	3.5	4.7	3.2	2.2	4.8	2.8	9.2	9.2
대구	6.8	9.0	4.3	4.0	3.7	1.3	4.7	3.2	9.0	9.0
제주	7.0	9.3	3.0	5.2	3.5	2.5	4.8	2.2	9.0	8.5
울산	6.8	8.6	2.6	4.2	3.2	2.6	6.2	2.4	9.6	8.8
세종	7.0	9.0	4.5	2.5	2.5	3.0	5.5	3.0	9.0	9.0
평균	7.0	8.7	3.5	4.9	2.8	1.8	5.1	2.9	9.0	9.1

* 주 : 1995년, 2000년, 2005년, 2010년, 2015년, 2017년 등 6개 시기의 순위를 평균한 값이며, 울산은
2000년 이후, 세종은 2015년 이후의 시기만을 대상으로 하였다.

연수구의 이주자 규모 평균 순위가 높았던 출발지는 주요 광역시와
영남지방이었으며, 계양구의 평균 순위는 서울특별시와 경기도를 아
우르는 수도권에서 높게 형성된 차이점이 있다.

원도심인 중구와 동구를 비롯하여 도시적 성격이 약한 도서지역인
강화군과 옹진군의 평균 순위는 매우 낮았다. 이들 4개 지역 가운데
중구의 평균 순위가 상대적으로 높은 이유는 영종국제도시의 건설에

따른 이주자 규모의 증가에 기인한다. 중구와 달리 특별한 흡인 요인
을 지니지 못한 동구·강화군·옹진군의 평균 순위는 아주 낮게 형성
되었다. 그렇지만 수도권에 자리한 서울특별시와 경기도에서 강화군
으로 이주한 사람의 규모는 다른 지방에서 이주해온 사람들에 비해
상대적으로 높은 값을 기록하였다. 옹진군으로 이주한 인구규모의
평균 순위 분포에서 경상북도가 다른 지방에 비해 높은 이유는 직업
적 요인에 의해 군부대에 근무하는 군인과 그 가족들 때문이다.

 각 지방에서 인천으로 이주한 사람들의 도착지 특징을 살펴보기
위하여 계량적 분석을 실시해 보았다. 즉 각 지방에서 출발한 이주자
의 정착지 순위에 대한 평균을 산출한 후, 이를 토대로 다차원척도법
(multi-dimension scaling)을 적용하였다. 앞에서 살펴본 6시기의 정

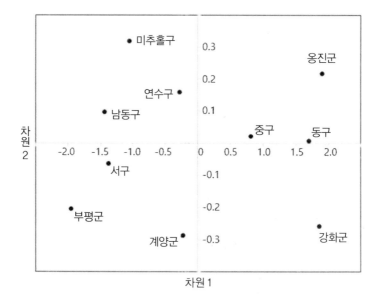

그림 8-1. 인천 이주자 정착지 분포의 유사성

착지 순위를 토대로 인천을 제외한 16개 광역자치단체에서 인천으로 이주한 사람들의 정착지 분포가 지니는 유사성(similarity)을 나타낸 것이 그림 8-1이다.

먼저 차원1에서 정(+)의 값을 가진 중구·동구·강화군·옹진군은 다른 지방에서 이주해온 사람의 규모가 크지 않은 곳이다. 반대로 차원1에서 부의 값을 가진 부평구·서구·남동구 등지는 다른 지방에서 이주해온 사람의 규모가 커서 인천 전체의 이주자에서 차지하는 비중이 높은 곳으로 구성되었다. 이렇게 본다면 인천으로 이주한 사람들이 선택한 정착지 분포의 유사성을 보여주는 그림 8-1에서 차원1은 이주자의 규모 또는 인천으로 이주한 전체 이주자에서 차지하는 비중과 관련된 속성을 내포한다.

차원2에서 부(-)의 값을 가진 부평구·계양구·강화군은 16개 시도 가운데 서울특별시와 경기도에서 이주해온 이주자의 규모가 상대적으로 큰 곳에 해당한다. 즉 이들 3개 구는 수도권에 거주하던 사람들이 선호하는 초기 정착지의 특징이 강하다. 반면, 차원2에서 정의 값을 가진 미추홀구와 옹진군 등은 수도권에서 이주한 사람의 비중이 낮은 곳이다. 따라서 차원2는 수도권(또는 비수도권)에서의 이주와 관련한 속성을 가진다. 예컨대, 제3사분면에 자리한 계양구로 이주해온 사람들의 출발지 순위 평균값은 경기도가 4.2위이고 서울특별시가 3.5위를 차지하였지만, 충청남도는 5.5위, 강원도는 5.3위, 전라북도는 5.0위를 기록하였다. 제2사분면에 자리한 미추홀구로 이주해온 사람들의 출발지 순위 평균값은 경기도와 서울특별시가 각각 5.0위를 기록하였지만, 충청남도는 3.0위, 강원도는 3.3위, 전라북도 3.0위 등을 기록하였다. 이처럼 이주자의 출발지와 인천 내에서의 정착지 분포 간에는 다소의 연관이 있음을 알 수 있다.

정착지 분포의 유사성 분석과 동일한 방법을 적용하여 16개 광역
자치단체에서 인천으로 이주한 사람들의 출발지 분포가 가지는 유사
성을 분석하였으며, 그 결과를 나타낸 것이 그림 8-2이다. 차원1에
서 정(+)의 값을 가지는 서울특별시와 경기도는 수도권에 포함되는
곳이고, 차원1에서 부(-)의 값을 가지는 경상북도, 울산광역시, 경상
남도, 부산광역시 등은 영남지방에 포함된다. 즉 이주자의 출발지 유
사성을 보여주는 산포도에서 차원1의 속성은 우측에 자리한 수도권
과 좌측에 자리한 영남지방을 통해 도출할 수 있다. 앞에서 언급된
내용들을 종합해 보면, 차원1에서 정의 값을 가지는 지방은 부평구로
의 이주 경향이 강한 곳으로, 부평구의 순위 평균은 모두 1.0위에서

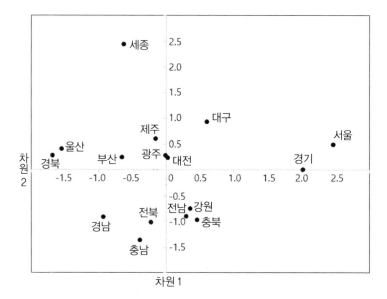

그림 8-2. 인천 이주자 출발지 분포의 유사성

1.7위 사이에 포함되었다. 최근 들어 부평구로의 집중도가 약화되는 경향을 보이긴 하지만, 차원1에서 정의 값을 가진 지방은 전통적으로 부평구로의 이주 경향을 강하게 나타낸 곳으로 구성되었다. 반면 차원1에서 부의 값을 가진 지방 가운데 경상북도, 울산광역시 등은 부평구의 평균 순위가 2.0위보다 낮았다. 즉 차원1은 부평구로의 이주 경향성이라고 할 수 있겠다.

차원2는 서구로의 집중도라 할 수 있다. 차원2에서 정의 값을 가진 세종특별자치시, 서울특별시, 대구광역시, 제주특별자치도 등은 2015년 이후 서구로의 이주 경향이 가장 강한 지방이었다. 2010년까지만 해도 서구로 향한 이주자 규모의 순위가 1위를 차지하지 못하였지만, 2015년 이후부터는 상기한 지방에서 서구로 향한 이주자의 규모가 가장 컸다. 차원2에서 부의 값을 기록한 충청남도, 경상남도, 전라북도, 충청북도 등은 서구로의 이주자 규모가 단 한번도 1위 자리를 차지하지 못하였다. 따라서 차원2의 속성은 2000년대 중반 이후 시가화구역이 확장되고 신규 주거단지가 조성된 신시가지로의 이주 경향성이라 할 수 있겠다.

이상에서 인천 이외의 지방에서 인천으로 이주한 사람들에게서 국경을 넘어 다른 인종이나 국적을 가진 사람들과 혼거하는 과정에서 소수집단이 만들어내는 연쇄이주의 과정을 개략적으로 확인할 수 있었다. 특히 2010년에 이르기까지 부평구로 이주해온 사람이 대부분의 지방에서 가장 많았음은 인천의 부평구가 대다수의 이주자들에게 희망의 장소나 이상적인 장소로 인식되었음을 의미한다고 볼 수 있다. 이에 따라 부평구로 먼저 이주해온 올드커머(old comer)의 뒤를 따라 뉴커머(new comer)들이 이주해오는 경향이 2000년대 중후반까지 지속된 것으로 보인다.

부평구로의 이주 경향이 완화된 2010년대는 인천에서 경제자유구역에 새로운 국제도시가 개발되었고 검단동을 필두로 대규모의 신도시가 개발되기도 하였다. 이와 같은 도시공간의 재편은 인천으로 전입해 오는 이주자들의 정착지 선택에도 영향을 미쳤다. 뿐만 아니라 세계화시대의 도래와 함께 꾸준히 증가하고 있는 외국인 이주자도 부평구를 향한 이주 경향을 완화시킨 요인으로 작용하였다.

부평구는 2000년대 중반 이후 인천에서 외국인 이주자의 밀집지역으로 등장하였다. 2018년 9월 기준 인천광역시에서 등록외국인이 가장 많은 곳이 바로 부평구이다. 2000년만 해도 부평구의 등록외국인 수는 1,625명에 불과하였으며, 당시 가장 외국인 규모가 컸던 남동구(5,198명)의 1/3 수준에도 미치지 못하였다. 그러나 2000년대 들어 부평구로의 외국인 집중 현상은 매우 뚜렷하게 진행되었다. 그 결과 2018년 9월에는 부평구의 외국인이 1만 2,910명으로 인천의 10개 자치단체 가운데 가장 많은 외국인이 거주하는 지역으로 변모하였다.

외국인의 증가는 곧 기존에 거주하던 내국인을 다른 곳으로 밀어내기 마련이다. 도시공간에서 진행되는 침입과 천이(invasion and succession)의 과정을 거쳐 한국인의 자리를 외국인이 대체하기 때문이다. 그리고 소수집단에 불과한 외국인은 그들만의 영역을 점유하면서 영역성을 강화시키고, 궁극적으로는 한국인과 단절된 주거공간에서 거주하는 주거지 분화를 유발한다. 외국인이 많아지는 곳에 굳이 이주해 들어갈 한국인은 많지 않을 것이다. 이러한 연유로 2000년대 중반 이후 다른 지방에서 부평구로 이주하는 경향이 약해진 것으로 풀이된다.

3. 인천으로의 이주 동인

인천 이외의 지방에서 인천으로 이주한 사람들이 인천으로 주거지를 옮긴 이유는 무엇일까? 이에 대한 궁금증을 해소하기 위하여 통계청에서 2015년과 2017년에 발표한 최근의 이주 사유를 분석해 보았다. 그 결과에 따르면, 인천으로 이주해온 이유는 주택〉직업〉가족의 순서에서 2017년에는 직업〉주택〉가족의 순으로 변화하였다. 이들 3가지 이외에 교육, 주거환경, 자연환경 등은 이주에 미치는 영향력이 그리 크지 않았다.

2015년과 2017년에 인천으로 이주한 이유는 표 8-19에서 보는 바와 같다. 인천 전체적으로는 전술한 바와 같이, 주택이 가장 크게 작용한 이주 요인이었지만, 각 구와 군으로 나누어 보면 다른 양상을 확인할 수 있다. 연수구·남동구·부평구·계양구·서구는 주택이 이주의 가장 중요한 요인으로 작용한 지역이었다. 인천의 구도심에 해당하는 중구와 동구는 주택이 이주에 미친 영향이 가장 큰 곳은 아니었다. 중구로 이주한 이유는 직업이 가장 큰 영향을 미쳤으며, 동구는 가족이 가장 큰 영향을 미쳤다. 미추홀구는 직업과 주택이 비슷한 수준으로 영향을 미쳤지만, 직업이 약간 높은 비중을 차지하였다.

도시화의 진행 속도가 느리고 농촌적 성격이 강한 강화군은 가족과 주택이 큰 영향을 미친 이주 요인으로 조사되었다. 강화군이 비도시적 성격을 내포함에도 주택이 이주에 큰 영향을 미친 이유는 전원적 성격을 가진 곳으로의 이주 때문으로 풀이된다. 강화군으로 이주한 이유 가운데 자연환경을 고려하였다는 이주자의 비중이 다른 구나 군에 비해 월등히 높게 형성된 것도 목가적이고 전원적인 생활을 영위할 수 있는

표 8-19. 다른 시도에서 인천으로 이주한 이유

(단위: %)

이유 도착지	직업		가족		주택		교육		주거환경		자연환경		기타	
	2015	2017	2015	2017	2015	2017	2015	2017	2015	2017	2015	2017	2015	2017
중구	49.5	56.1	21.0	19.0	19.4	15.1	2.3	2.1	1.0	1.7	1.0	1.3	5.8	4.6
동구	28.5	33.2	34.6	34.2	27.5	22.5	3.7	3.2	1.6	2.0	0.4	0.3	3.6	4.5
미추홀구	30.4	28.7	23.6	25.8	30.0	28.4	5.1	7.1	1.2	1.9	0.3	0.6	9.3	7.6
연수구	31.0	34.5	22.7	27.2	33.9	21.6	5.5	6.6	1.9	2.7	0.4	0.4	4.6	7.0
남동구	27.1	24.5	28.3	27.6	36.1	35.9	2.5	2.3	1.2	1.8	0.4	0.6	4.4	7.2
부평구	23.3	23.6	29.4	29.8	38.5	35.1	2.2	2.3	1.6	2.4	0.4	0.6	4.6	6.1
계양구	22.4	23.8	30.7	33.7	38.3	31.9	2.4	2.5	1.6	1.9	0.7	1.0	3.9	5.2
서구	25.8	28.8	26.6	28.9	37.0	30.7	2.1	2.4	2.4	2.3	0.5	0.7	5.6	6.2
강화군	24.0	21.6	29.9	28.5	29.4	29.8	3.9	4.5	1.7	2.2	7.8	7.4	3.4	6.1
옹진군	75.1	69.1	16.3	17.6	4.9	8.3	0.3	1.0	0.6	0.3	1.9	1.9	1.0	1.7
인 천	28.6	29.8	26.7	27.8	34.3	29.5	3.0	3.5	1.7	2.1	0.7	0.9	5.2	6.3

* 자료 : 국가통계포털(http://kosis.kr).

주거여건을 찾아 이주한 사람의 비중이 높은 현상을 설명해준다.

한편 전체 이주자의 규모가 크지 않은 옹진군은 직업이 이주의 가장 강력한 요인으로 조사되었다. 옹진군은 도서지역이고 비도시적 성격이 강하기 때문에, 주택, 교육, 주거환경 등이 이주에 미치는 영향력은 다른 지역에 비해 낮았지만, 자연환경이 이주에 미친 영향력은 인천의 도시지역에 비해 강하였다. 직업이 옹진군으로의 이주에 큰 영향을 미쳤음은 옹진군의 지역 특성과 결부시켜 생각해 볼 필요가 있다. 특히 군부대에 근무하는 군인들의 이주를 무시할 수 없을 것이다. 인천항과 옹진군의 도서를 운항하는 선박의 이용료가 옹진군민에게는 할인되기 때문에, 옹진군의 백령도나 연평도와 같은 도서지역에 근무하는 장병 가운데 군에 복무하는 기간 동안 옹진군으로 주소지를 이전하는 사람도 많다고 한다.

4. 맺음말

이 글에서는 인천으로 이주한 사람들의 최초 정착지 분포를 통해 그들에게서도 출신지에 따른 연쇄이주 현상이 나타나는지를 확인해 보았다. 인천으로 이주해온 사람들은 부평구를 제1의 정착지로 선택하였다. 시간의 흐름과 함께 부평구로 향하는 이주자의 비중이 감소하고 있지만, 여전히 부평구는 인천 이외의 지방에서 인천으로 이주하는 사람들이 선호하는 곳이다. 부평구와 더불어 남동구 및 미추홀구로 향하는 이주자의 비중은 크게 변화하지 않았다. 이에 반해 계양구를 최초 목적지로 이주해온 사람들의 비중은 점진적으로 감소하였다.

인천 이외의 지방에서 인천으로 이주한 사람의 규모가 두드러지게 증가한 지역은 서구·연수구·중구가 대표적인데, 이들 3개 지역이 가지는 공통점은 경제자유구역 및 국제도시의 지정과 함께 새로운 도시개발이 진행되었고 대규모의 주거단지가 신규로 조성되었다는 것이다. 즉 신규주택단지가 조성되고 주택공급이 증가하면서 경제자유구역이 조성된 지역을 정착지로 선택한 이주자가 증가하였다. 인천의 원도심인 중구는 2000년대 들어 시가지의 성격이 이원화되었다. 그 이유는 영종도에 건설된 인천국제공항 때문이다. 즉 인천항일대는 구도심의 성격을 지니면서 시가지의 쇠퇴현상이 나타나지만, 인천국제공항이 자리한 영종동은 신시가지의 성격을 가진다. 인천항을 중심으로 하는 구도심에서는 인구의 흡인력이 약화되었지만, 영종도에 인천국제공항과 더불어 신도시 및 국제도시가 형성됨에 따라 중구 전체적으로는 인구의 흡인력이 강화되었다.

인천 이외의 지방에서 인천으로 주거지를 이전하는 이유는 도시 전체적으로는 주택이 가장 큰 요인으로 작용하였다. 구체적으로는 주택, 직업, 가족 사유 등이 인천으로 이주하는 주요한 요인으로 작용하였으며, 교육·주거환경·자연환경 등은 인천으로의 이주에 큰 영향을 미치는 요소는 아니었다. 비도시적 성격이 강한 강화군은 가족과 주택 요인이 이주에 큰 영향을 미쳤지만, 시가화 구역으로 이루어진 도시지역에서는 주택이 가장 주요한 이주 요인이었다. 도서지역으로 구성되어 외부에서 이주해오는 사람의 상대적으로 규모가 크지 않은 옹진군을 정착지로 선택한 이주자들의 이동에 큰 영향을 미친 요인은 인천광역시의 다른 지역과 달리 군부대와 관련한 사항이었다. 직업적으로 군에 종사하는 사람들과 그 가족의 이주가 옹진군에서 가장 두드러진 이주 동인으로 작용하였다.

이상에서 다른 시도에서 인천으로 이주해온 사람들의 최초 정착지 선택은 그들의 출신지에 큰 영향을 받지 않은 것을 볼 수 있었다. 전통적으로 외부지역의 인구를 끌어들이는 흡인력이 강했던 부평구가 다른 지방에서 출발한 이주자들의 최초 정착지로 중요시되었지만, 시간이 흐름에 따라 부평구의 정착지 비중이 줄어들면서 다양한 지역으로 분산되는 이주 패턴이 형성되었다. 따라서 인천으로 이주해오는 사람들의 출신지에 따른 연쇄이주 경향은 2000년대 중반 이후 약화되기 시작하였다.

/ 손승호

참고문헌

• 국문 도서·논문·간행물

가브리엘 포페스쿠(이영민 외 역)(2018), 『국가·경계·질서: 21세기 경계의 비판적 이해』, 푸른길.

강경주(2012), 「재인 충남인의 사회·경제적 네트워크」, 한국교원대학교 석사 학위논문.

건설부 국립지리원(1984), 『한국지지 지방편 I: 서울, 인천, 경기』, 서울대학교 출판부.

관세청 인천세관본부(2003), 『인천세관 120년사(1883~2003)』.

구모룡(2008), 「부산: 식민도시와 근대도시를 넘어서」, 『인천학연구』 8, pp.3-32.

국사편찬위원회 편(1973), 『한국사료총서』 제20집 여지도서 상.

김석희 역(2007), 『신찬 인천사정』, 인천학연구원.

김희철·안건혁(2011), 『이주회로별 수도권 외국인 거주지역 공간분포와 영향 요인-전문인력과 노동자 유형의 외국인을 중심으로』, 국토계획 46(5), pp.233-248.

대한콘설턴트(1969), 『인천시종합개발계획 기본자료조사서』, 인천광역시.

도린 매시(정현주 역)(2005), 『공간 장소 젠더』, 서울대학교출판문화원.

류제헌 외(2010), 「인천시 아이덴티티 형성의 인구·문화적 요인」, 『인천학연구』 13, pp.229-274.

마이클 새머스(이영민 외 역)(2013), 『이주』, 푸른길.

민지선·김두섭(2013), 「거주지역의 외국인 비중이 외국인에 대한 사회적 거리감에 미치는 영향」, 『한국인구학』 36(4), pp.71-94.

박세훈(2010), 「한국의 외국인 밀집지역: 역사적 형성과정과 사회공간적 변화」, 『도시행정학보』 23(1), pp.69-100.

박세훈·정소양(2010), 「외국인 주거지의 공간분포 특성과 정책함의」, 『국토연구』 64, pp.59-76.

박윤환(2010), 「수도권 지역 외국인들의 거주지 분리에 대한 연구」, 『행정논총』 48(4), pp.429-453.

박인옥·양준호(2017), 『다중스케일 관점에서 본 인천의 공업단지』, 보고사.

박진한·남동걸·김종근·이호상(2016), 『지도로 만나는 개항장 인천』, 인천학연구원.

손승호(2010), 「사회경제적 속성을 통해 본 인천의 도시구조」, 『한국도시지리학회지』 13(3), pp.27-38.

_____(2016), 「서울시 외국인 이주자의 인구구성 변화와 주거공간의 재편」, 『한국도시지리학회지』 19(1), pp.57-70.

손정목(1994), 『한국 개항기 도시변화 과정 연구』, 일지사.

신성희(2009), 『인천의 다문화 분포와 공간적 특성, 인천연구원 연구보고서 2009-02』, 인천연구원.

신지원(2015), 「국제이주와 발전의 연계 담론에서 '디아스포라'의 역할에 대한 비판적 검토」, 『디아스포라연구』 9(2), pp.7-36.

윤대실(2000), 「인천시 인구에 관한 지리학적 연구: 1980~1995년을 중심으로」, 이화여자대학교 석사학위논문.

윤진희·권오규·마강래(2014), 「서울시 중국국적 외국인의 주거지 분포 변화에 관한 연구: 한국계 중국인과 비한국계 중국인 비교」, 『한국지역개발학회지』 26(2), pp.39-54.

이영민(2011), 「인천의 문화지리적 탈경계화와 재질서화: 포스트식민주의적 탐색」, 『한국도시지리학회지』 14(3), pp.31-42.

_____(2013), 「이주: 장소와 문화의 재구성」, 『현대문화지리의 이해』, 한국문화역사지리학회 편, 푸른길, pp.195-226.

_____·김수정(2017), 「인천시 외국인 이주자의 분포 특성과 다문화 로컬리티에 관한 예비적 연구-출신 국가와 체류유형을 중심으로」, 『로컬리티 인문학』 17, pp.197-238.

_____·이은하·이화용(2014), 「서울시 중국인 이주자 집단의 거주지 특성과

장소화 연구-조선족과 한족의 비교를 중심으로」, 『한국도시지리학회지』 17(2), pp.15-31.

이영민·이종희(2013), 「이주자의 민족경제 실천과 로컬리티의 재구성: 서울 동대문 몽골타운을 사례로」, 『한국도시지리학회지』 16(1), pp.19-36.

이용균(2013), 「이주자의 주변화와 거주공간의 분리」, 『한국도시지리학회지』 16(3), pp.87-100.

_____(2016), 『글로벌 이주: 이동, 관계, 주변화』, 전남대학교 출판부.

이진영·남진(2012), 「수도권에서 외국인 거주지 분포의 특성과 영향요인에 관한 연구」, 『국토계획』 47(1), pp.85-100.

이혜경(2012), 「외국인 이주자의 생활공간에 관한 연구: 주거·소비·여가공 간을 중심으로」, 『현대사회와 다문화』 2(1), pp.133-173.

이호상(2011), 「에스닉 커뮤니티 성장에 따른 지역사회의 변화: 도쿄 신오쿠보 를 사례로」, 『한국도시지리학회지』 14(2), pp.125-137.

이희연(1993), 『인구지리학』, 법문사.

인천광역시(2017), 『인천의 도시계획(1883-2014)』.

인천광역시 역사자료관(2004), 『인천역사문화총서 9: 역주 인천부읍지』.

_____(2004), 『인천역사문화총서 12: 역주 인천개항25년사』.

_____(2004), 『인천역사문화총서 13: 역주 인천개항25년사』.

_____(2006), 『인천역사문화총서 29: 역주 한국2대항실세』.

_____(2008), 『최근의 인천』.

_____(2010), 『인천역사문화총서 60: 인천역사 7호: 인천 지리의 재발견』.

_____(2011), 『역주 인천부세일반(1935~1936)』.

인천문화발전연구원 부설 개항문화연구소(2004), 『역주 인천부사: 1883~ 1933』.

인천발전연구원(2014), 『인천의 도시연표』.

장영진(2006), 「이주 노동자를 대상으로 하는 상업 지역의 성장과 민족 네트워 크: 안산시 원곡동을 사례로」, 『한국지역지리학회지』 12(5), pp.523-539.

정남지(2017), 『인천시 산업단지 조성에 관한 실증연구: 부평·주안지구를 중심으로』, 인천연구원.

정수열·이정현(2014), 「이주 경로를 통해 살펴본 출신국가별 외국인 집중거
　주지의 발달 과정」, 『국토지리학회지』 48(1), pp.93-107.

정연주(2001), 「외국인 노동자 취업의 공간적 전개 과정: 경인지역을 사례로」,
　『한국도시지리학회지』 4(1), pp.27-42.

정환영(2008), 「충청남도 유출입 인구의 속성 비교」, 『한국도시지리학회지』
　11(2), pp.33-46.

조엔 샤프(이영민·박경환 역)(2011), 『포스트식민주의의 지리: 권력과 재현의
　공간』, 도서출판 여이연.

조영희(2014), 『국제이주-개발의 연계와 개발 협력 패러다임의 변화』, IOM
　이민정책연구원 워킹페이퍼(2014-6).

최병두·박은경(2012), 「외국인 이주자의 기본활동 공간에서의 일상생활과 사
　회적 관계」, 『현대사회와 다문화』 2(1), pp.84-132.

최영준(1974), 「개항 전후의 인천의 자연 및 인문경관」, 『지리학』 10,
　pp.43-59.

하성규·마강래·안아림(2011), 「서울시 외국인 주거지의 공간적 분리패턴에
　관한 연구」, 『서울도시연구』 12(3), pp.91-105.

한주성(1999), 『인구지리학』, 한울아카데미.

행정자치부(2016), 『2015년 지방자치단체 외국인주민 현황』.

홍미희(2010), 「2009년 인천시 다문화가정 실태 조사보고서」, 인천발전연구
　원 기획연구과제.

• 일문 도서·간행물

大藏省印刷局 編, 明治21年, 官報. 1888年03月12日.

　　　　　　 編, 明治23年, 官報. 1890年01月21日.

　　　　　　 編, 明治26年, 官報. 1893年01月14日.

香月源太郎, 1902, 韓國案內.

朝鮮總督府 京畿道統計年報, 각 년도.

朝鮮總督府 國勢調查結果, 각 년도.

朝鮮總督府 臨時土地調查局, 1918, 朝鮮地誌資料.

統監府, 1908, 韓國條約類纂 : 附・各國關稅對照表.

・영문 도서・논문

Castles, S., and Miller, M.J., 1993, *The Age of Migration: International Population Movements in the Modern World*, The Guilford Press, New York.

Cresswell, T., 2011, Mobilities I: Catching up, *Progress in Human Geography*, 35(4). pp.550-558.

_____, 2004, *Place: a short introduction*, John Wiley & Sons.(심승희 역, 2012), 『짧은지리학개론시리즈 장소』, 시그마프레스.

Emerson, M. O., Chai, K. J., and G. Yancey, 2001, Does Race Matter in Residential Segregation? Exploring the Preferences of White Americans, *American Sociological Review*, 66(6), pp.922-935.

Farley, K., and T. Blackman, 2014, Ethnic Residential Segregation Stability in England, 1991-2001, *Policy & Politics*, 42(1), pp.39-54.

Gibbons, J., 2015, Does Racial Segregation Make Community-Based Organizations More Territorial?, Evidence from Newark, NJ, and Jersey City, NJ, *Journal of Urban Affairs*, 37(5), pp.600-619.

Glick Schiller, N., *et. al.*, 1992, Transnationalism: an new analytic framework for understanding migration, in N. Glick Schiller, *et. al.*(eds.), *Towards a transnational perspective on migration: race, class, ethnicity and nationalism reconsidered*, New York: New York Academy of Sceiences, pp.1-24.

Hiebert, D., 1999, Local Geographies of Labor Market Segmentation: Montreal, Toronto, and Vancouver, 1991, *Economic Geography*, 75(4), pp.339-369.

Knox, P., and S. Pinch, 2010, *Urban Social Geography: An Introduction(6th edition)*, Prentice Hall, Harlow.

Knox. P.L., 1995, *Urban Social Geography*, Longman, New York.

Lee, E. S., 1966, A Theory of Migration. *Demography*, 3(1), pp.47-57.

Legeby, A., 2010, *Urban Segregation and Urban Form: From Residential Segregation to Segregation in Public Space*, KTH Royal Institute of Technology, Stockholm.

Logan, J. R., 2013, The Persistence of Segregation in the 21st Century Metropolis, *City & Community*, 12(2), pp.160-168.

Massey, D. S., 2012, Reflections on the Dimensions of Segregation, *Social Forces*, 91(1), pp.39-43.

Sammers, M., 2010, *Migration*, Routledge(이영민 외 역, 2013, 『이주』, 푸른길).

Sheller, M. and Urry, J., 2006, The new mobilities paradigm, *Environment and Planning A*, 38, pp.207-226.

Schiller, N. and Caglar, A., 2009, Towards a comparative theory of locality in migration stduies: migrant incorporation and city scale, *Journal of Ethnic and Migration Studies*, 35(2), 177-202.

Sharp, J., 2009, *Geographies of Postcolonialism: Space of Power and Representation*, London: SAGE(이영민·박경환 역, 2011, 『포스트식민주의의 지리: 권력과 재현의 공간』, 도서출판 여의연).

Warf, B. & Arias. F, 2009, *The spatial turn: interdisciplinary perspectives*, New York: Routledge.

Wu, F., 2002, Sociospatial Differentiation in Urban China: Evidence from Shanghai's Real Estate Markets, *Environment and Planning A*, 34(9), pp.1591-1616.

• 인터넷

국가기록원(http://www.archives.go.kr)

국가통계포털(http://kosis.kr)

규장각 한국학연구원(http://kyujanggak.snu.ac.kr)

인천광역시청(www.incheon.go.kr).

인천일보(http://www.incheonilbo.com)

일본 국회도서관(http://dl.ndl.go.jp)

출입국 외국인 정책본부(www.immigration.go.kr).

통계청 통계도서관(http://lib1.kostat.go.kr)

현대제철 충청향우회(https://cafe.naver.com/hdchungcheong/354)

• 신문기사

경향신문, 1958.7.11. 〈납량천제이집(納凉天第二輯)〉.

당진신문, 2009.5.18. 〈송산면 오도, 당진항 전설〉.

동아일보, 1962.5.15. 〈미국으로 처녀항해, 인천서 남해호 취항식 성대〉.

동아일보, 1970.7.9. 〈싱그러운 바다로, 해수욕장 가이드〉.

매일경제, 1980.10.17. 〈대성목재 수출 4천 5백만불 달성〉.

찾아보기

〈ㄱ〉

가구당 인구규모 116

가구당 인구수 84

각국 조계 130, 133

각국조계지도 91

강화도조약 72

개항장 75, 121, 135, 152, 186, 236

거류민 132

거류지 121, 131, 200

거시경제 이론 41

거시적응모델 41

게토 128

결부제 67

경계 32

경기도 200

경동사거리 133

경인공업지역 162

경인선 121, 140, 152, 204

경제인 43

경제자유구역 235, 237, 262

경제활동인구 206

고령화 206

고정성 패러다임 46

고지도 69

공간 32

공간적 범위 64

공간적 전환 47

관문기능 203

관문도시 121, 207, 228

관보 79

광역자치단체 238

국가별 가구수 84

국가별 인구 분포 101

국내이주 35

국민주택 190, 216

국세조사 96

국적별 인구구성 108

국제도시 235, 262

국제이주 35

국제이주기구 46

기성시가지 236

기원지 33

기초자치단체 255

〈ㄴ〉

난민 35

남동국가산업단지 237

남동면 187

네트워크 147

뉴커머 153, 261

〈ㄷ〉

다문화도시 28, 58

다차원척도법 258

대동여지도 69
대림동 128
대성목재 159
대한제분 158
도시재생 236
도심공동화 238
동양화학 178
동여도 69
동일방직 157
뜨내기성 58

〈 ㄹ 〉
로컬리티 128

〈 ㅁ 〉
만리포 177
만족자 43
매매가 220
목적지 33
문학면 187
문학산 187
문헌연구 24
미시행태적 이론 43
민족 147
밀집도 143, 145

〈 ㅂ 〉
배출 요인 39
뱃길 203, 229
병참기지화정책 156
본시가지 233
본질주의적 장소관 36

부내면 187
부평공단 162
부평도호부 233
비자발적(강제적) 이주 35

〈 ㅅ 〉
사회적 거리 126
사회적 관계 126
사회적 증가 21, 192, 201
산업화 155
산포도 260
삼리채 134, 136
상이지수 138, 146, 148
새터민들 23
서곶면 187
서북도서 246
서열척도 256
서울대도시권 190, 198, 230
성비 65, 202
소수집단 261
송금 34
송도국제도시 235
송도 신도시 198
수위지역 149, 226
순이동 192, 214
시가지 인구 100
시영아파트 216
식민도시 139
식민도시화 132
신도시 218, 225
신례원역 178
싸리재 134

〈 ㅇ 〉

여지도서 66
연쇄이주 53, 127, 149, 154, 232, 261
연안항로 204
영남지방 212, 230, 257
영세민 194
영세민종합대책 196, 216
영역화 124, 125, 147, 152, 154
영종국제도시 235
올드커머 153, 261
외국인 이주자 124
원도심 125, 236, 238, 247, 257
원주민 122, 139
유사성 259
이동변천 가설 37
이동성 34
이동성 전환 47
이원도시 141
이주 네트워크 55
이주 동인 263
이주-발전 연계 54
이주자 192, 199, 229
이주자 네트워크 149, 150, 154
이중도시 140
이촌향도 37, 155, 194, 230
인구 성장 192
인구성장률 191, 228
인구속성 185, 199
인구이동 33
인구증가율 97
인구피라미드 103, 205, 208
인종별 분리 149

인천국제공항 121, 236
인천도호부 187
인천부 187
인천부사 76
인천부읍지 62, 72
인천부지도 71
인천성 22
인천항 203, 207
인천항시가전도 91
인천항일본조계약서 131
인클레이브 128, 154
일본조계 122, 124, 130, 134, 136, 200
일상도시생활권 190, 196

〈 ㅈ 〉

자발적인 이주 35
자연적 증가 192, 201
적출항 207
전세가 220
전세 주택 197
절대적 분산 191
절대적 집중 196
정량적 연구 24
정성적 연구 24
정착지 232, 256
정치경제학적 접근 44
제국제마 인천공장 158
제물포 121, 129, 133, 200, 236
조계 65, 121, 122, 133, 138, 200
조계지 89
조선기계제작소 160
조선이연금속 인천공장 160

조선인 주거지 93
조선총독부 통계연보 96
종주성 145
주거지 분화 124, 125, 126, 138, 146,
    152, 262
주공아파트 216
주변화 129
주안공단 162
중랑천 190
지나예정조계 134
지리적 스케일 23
질서화/경계화 59
집산지 207

〈ㅊ〉
차이나타운 122, 135, 140, 147
철거민 190
청국조계 122, 124, 130, 134, 140
청라국제도시 235
초국가성 49
초국가적 이주 49
출발지 213

출생지 199, 203, 212
출생지 특성 114
침입과 천이 262

〈ㅌ〉
탈도시화 190, 191, 220
트랜스이주 49
특화도 143, 145

〈ㅎ〉
한국수출산업단지공단 161
한국안내 76
한국화약 157
한중 수교 142
행정구역 개편 99
허브(hub) 121
현대제철 160
호남지방 212, 230
혼거 127, 136, 139, 152, 261
화교 147
화상 152
흡인 요인 39, 228

이영민

이화여자대학교 사회과교육과 겸 대학원 다문화/상호문화 협동과정 교수. 서울대학교 지리교육과를 졸업하고, 미국 루이지애나주립대학교 지리/인류학과에서 박사학위를 받았으며, 한국도시지리학회 회장을 역임하였다. 저서로 〈세계의 도시와 건축〉(공저), 역서로 〈포스트식민주의의 지리〉(공역), 〈공간을 위하여〉(공역), 〈문화·장소·흔적: 문화지리로 세상 읽기〉(공역), 〈국가·경계·질서: 21세기 경계의 비판적 이해〉(공역) 등 다수가 있다. 포스트주의 이론들을 통해 문화와 지리의 관계를 밝히고, 글로벌이주 현상과 도시의 사회문화적 재구성 연구에 주력하고 있다. 〈인천의 문화지리적 탈경계화와 재질서화: 포스트식민주의적 탐색〉, 〈개항 이후 경인지역의 역사지리적 변화와 경인선 철도의 역할〉, 〈인천학과 지리학〉 등 인천에 관한 문화지리적 연구도 꾸준히 진행하고 있다.

이호상

인천대학교 일어일문학과 조교수 겸 지역인문정보융합연구소 부소장. 고려대 지리교육과를 졸업하고 일본 쓰쿠바(筑波)대학에서 박사 학위를 받았다. 〈지도로 만나는 근대도시 인천〉(공저), 〈지도로 만나는 개항장 인천〉(공저), 〈현장에서 바라본 동일본대지진: 3·11 이후의 일본 사회〉(공저), 〈도쿄 메트로폴리스: 시민사회·격차·에스닉 커뮤니티〉(공저) 등의 저서와 〈인천학의 현황과 지역학 연구의 새로운 방향 모색: 공간정보기술의 활용과 디지털 인문지도의 구축〉(공저), 〈나오시마(直島)의 아트프로젝트와 빈집문제에 대한 고찰〉(공저), 〈朝鮮末 日帝 參謀本部 장교의 한반도 정찰과 지도제작〉(공저) 등의 논문이 있다. 저성장, 인구감소, 고령화 등 사회의 구조적 변동에 따른 지역사회와 도시의 변화를 고찰하기 위해 우리나라와 일본의 사례를 중심으로 일련의 비교연구를 진행 중이다.

안종천

인천대학교 지역인문정보융합연구소 책임연구원. 건국대에서 지리학을 전공하여 박사학위를 받고, 국토연구원 책임연구원, 리버풀대학교 명예 방문연구원, 국무조정실 새만금추진기획단 전문위원, 국토교통부 중앙도시계획위원회 전문위원 등을 지냈다. 주요 논문으로는 〈상장기업 네트워크의 공간적 특성과 시장진출과정〉, 〈주거이동과 화물통행 패턴으로 본 인천의 공간구조〉, 〈원주 의료기기 산업 클러스터의 혁신환경 및 발전단계〉(공저) 등이 있으며, 주요 저서로는 〈리버풀 스토리: 역사와 문화를 아로새긴 도시재생〉(공저), 〈동아시아 관문도시 인천〉(공저) 등이 있고,

그 외에도 〈영국 그린벨트 관리정책의 변화와 시사점〉(공저), 〈영국 버켄헤드 공원: 센트럴 파크의 모델이 된 세계 최초의 공공공원〉 등의 정책적 기고문이 있다. 최근에는 지속가능한 도시성장을 비롯하여 지방 중소도시, 도시재생, 도시생산경관 등에 관심을 가지고 연구를 진행 중이다.

손승호

인천대학교 지역인문정보융합연구소 책임연구원. 고려대 지리교육과를 졸업하고 같은 대학에서 박사학위를 받았다. 〈지도로 만나는 근대도시 인천〉(공저), 〈서울의 도시구조 변화〉(공저), 〈세계화시대의 도시와 국토〉(공저), 〈대마도의 진실: 쓰시마인가 대마도인가〉(공저) 등의 저서가 있다. 서울 주변에 새롭게 만들어진 신시가지가 신도시가 개발된 도시의 기존 도시 공간과 가지는 관계를 그곳에 거주하는 생활권 및 도시공간의 변화라는 관점에서 연구하고 있다.

윤현위

인천대학교 지역인문정보융합연구소 책임연구원. 건국대학교에서 지리학을 전공하여 박사학위를 받고 한국토지공사, 인천연구원 등에서 도시와 지역에 관련된 다수의 연구과제에 참여하였다. 주로 인천을 대상으로 한 도시공간의 변화에 관한 연구를 진행하였다. 〈인천 전통시장의 성장과 쇠퇴〉(공저), 〈지도로 만나는 근대도시 인천〉(공저) 등의 저서와 〈다세대주택 밀집지역의 형성과 주거특성〉 등의 연구논문이 있다. 주요 관심 분야는 주거지역으로 주거지역의 형성과 변화를 주제로 연구를 진행 중에 있다.

인천학연구총서 41

이주로 본 인천의 변화

2019년 2월 28일 초판 1쇄

기   획 인천대학교 인천학연구원
지은이 이영민·이호상·손승호·안종천·윤현위
발행인 김흥국
발행처 보고사

등록 1990년 12월 13일 제6-0429호
주소 경기도 파주시 회동길 337-15 보고사 2층
전화 031-955-9797(대표)
     02-922-5120~1(편집), 02-922-2246(영업)
팩스 02-922-6990
메일 kanapub3@naver.com / bogosabooks@naver.com
http://www.bogosabooks.co.kr

ISBN 979-11-5516-872-1 94300
     979-11-5516-336-8 (세트)
ⓒ 이영민·이호상·손승호·안종천·윤현위, 2019

정가 23,000원